举头西北浮云，倚天万里须长剑。

人言此地，夜深长见，斗牛光焰。

我觉山高，潭空水冷，月明星淡。

待燃犀下看，凭栏却怕，风雷怒，鱼龙惨。

峡束苍江对起，过危楼，欲飞还敛。

元龙老矣！不妨高卧，冰壶凉簟。

千古兴亡，百年悲笑，一时登览。

问何人又卸，片帆沙岸，系斜阳缆？

辛弃疾《水龙吟·过南剑双溪楼》

给　中国的同学们

新卖桔者言

张五常经典作品系列

增订版

张五常 著

中信出版集团 | 北京

图书在版编目（CIP）数据

新卖桔者言 / 张五常著. -- 2版. -- 北京：中信
出版社, 2019.10 （2024.7 重印）
ISBN 978-7-5086-6976-2

Ⅰ. ①新… Ⅱ. ①张… Ⅲ. ①经济学—通俗读物
Ⅳ. ①F0-49

中国版本图书馆CIP数据核字(2016)第270353号

新卖桔者言

著　　者：张五常
出版发行：中信出版集团股份有限公司
　　　　　（北京市朝阳区东三环北路 27 号嘉铭中心　邮编　100020）
承 印 者：北京盛通印刷股份有限公司

开　　本：880mm×1230mm　1/32　　印　张：17.5　　字　数：335千字
版　　次：2019年10月第1版　　　　印　次：2024年7月第8次印刷
书　　号：ISBN 978-7-5086-6976-2
定　　价：65.00元

目录

序

这本书用闲话家常的文字来处理司空见惯的现象。记得在旧《卖桔者言》的某次再版的引言中,我说该书的普及是因为它不"科"而教。这是区区在下的独得之秘,当然保存着。当年可没有想到,二十五年后的今天,老人家还是宝刀未老。

用真实世界的例子示范怎样解释世事,卖桔者的方法牵涉到的理论不多,也浅,不需要真的学过。意之所之地魂游四方,怎样观察,怎样调查,怎样思考,怎样推理,怎样验证,或多或少地说了一些。为了争取比较全面的示范,我把题材分十组(注:二〇一九年增为十四组)处理。有些题材与经济学没有多大关系——例如"考古说"那一组——但处理的方法一样,是科学的方法。

学问者,玩意也。既然是玩意,学问有趣。奇怪,同学们往往不懂得怎样玩。为何如此说来话长,也不便说。不便说也要说的,是"成见"这个问题。学问这门玩意要为真理而执着,但成见避之则吉也。清除成见的法门是天真,而天真是对世事保持着长生不老的看法。读者能够每次看同样的事，或面对同样的问题，仿佛是第一次遇上吗？

不知道怎样教清除成见的法门，但自己容易做到。我喜欢走进自己的天地。朋友不少，但我喜欢争取独自遐思的空间。仰慕戴维德，他家中没有电视。我家中有电视，但自己不懂得怎样按掣打开。是在广西逃难时培养出来的品性吧。当时七八岁，我喜欢独自在田野呆坐到夕阳西下，胡乱地想着些什么。这习惯今天不改，只是呆坐的地方是舒适的房子了。我想，每次这样做是把自己的脑子清洗一番，成见于是不驱而散。这可能是某些宗教的哲理，但我可不是个和尚，或什么禅师的。天下美女如云，老人家这里那里总要偷看一眼。

这集子的文章动笔的时间逾四分之一个世纪，读者因而要注意每篇发表的日期。今天步入中年的国内朋友当时还是小孩子，感受不到昔日的辛酸。就是笔者重读那些曾经被认为是新奇的、以实例示范产权及交易费用的重要性的文章，或神州初放时表达着的一丝希望，自己也有无限的感慨。当年可没有想到，为这丝希望我后来以中文写了几百万字。

张五常

二〇〇九年圣诞

新卖桔者言

引言：《新卖桔者言》的构思

二〇〇九年十一月二十四日

一九八四年经《信报》出版的《卖桔者言》是我平生最畅销的书，重印或再版的次数算不出来了。同学们喜欢读。几年后四川的内地版删除了好些文章，几万本一下子卖清光，是什么原因不再印我懒得听，也懒得管。据说四川之前内地曾经有手抄本，也据说曾经被选为若干本影响力最大的书之一。

当年的《卖桔者言》今天有着它自己的生命，作者再管不着了。仿佛长大了的孩子离家而去，为父的怎可以管呢？该书的名字取自明人刘伯温的《卖柑者言》，改一个字。刘前辈没有真的卖过柑；我却真的卖过桔。《卖桔者言》是书中一篇文章的名目，选出来作为书名。虽然书中的文章一般可读，但二十五年后的今天回顾，读者最喜爱的还是那篇《卖桔者言》。有点新鲜感吧：一位大教授带着一群学生在香港街头卖桔，有证有据地推翻了经济学传统的大名鼎鼎的价格分歧理论。你说过瘾不过瘾？

《卖桔》一文对同学们的感染力使我意识到经济学

应该怎样处理才对，而这些年我也往往朝着这方向动笔。然而，有不少其他较为迫切的话题——例如关于中国的经改——《卖桔者言》那类作品就少写了。有时为了一抒胸怀，我喜欢写些与经济扯不上关系的散文。今天回顾，在专栏这玩意上我下的棋子是走错了一着的。

不久前，替我管理博客的同学（下称博管）被邀请到四川一个名叫自贡的地方讲话，讲我写的《中国的经济制度》。事后告诉我，自贡很多青年学习我的经济学，因为认为可以用。听来有点夸张，但博管跟着在网上发表她的自贡之行后，其他地方的读者的一般回应也说在学张五常的经济学，又是因为认为可以用。

这就带来一些重要的问题。学经济不是为了可以应用吗？不是有数之不尽的书的名目说是"实用"或"应用"的经济学吗？为什么博管的自贡行惹来的回响，只是区区在下的经济学可以用，没有提及其他？我自己当年学经济当然希望可以用，而跟着老老实实地用个不停。但我只管用自己学得然后改进了的，没有考虑他家的可不可以用。本是同根生，怎么会在应用的实践上我走的路跟行家们走的有那么大的分离呢？

为这些问题我想了几天，得到的解释是大家在科学方法上有分歧。有两方面。

第一方面，行内众君子写的"实用"或"应用"经济学，一般是以理论分析为起点，然后引用真实世界的例子作示范。我是倒转过来，先以一个自己认为是有趣的真实世界现象为起点，然后用经济学的理论分析。看似相同，这二者其实有大差别。前者是求对，后者是求错。换言之，前者是先搞好了理论，然后找实例支持。这是求对。后者呢？先见到一个需要解释的真实现象，然后以理论作解释，在思考的过程中研究的人无可避免地要找反证的实例。这是求错。找不到反证的实例，理论就算是被认可（confirmed）了。理论永远不可以被事实证实（cannot be proved by facts），只可以被认可（can be confirmed by facts）。找不到事实推翻就是认可，这是科学方法的一个重点，我在《科学说需求》的第一章——《科学的方法》——有详尽的解释。我要读到博管同学的自贡行带来的回响，才察觉到"求对"的科学没有多大实际用场。不是完全没有，而是有了理论之后才把实例塞进去，这样处理的工具很难学得怎样用。不客气地说，写"实用"或"应用"经济学的君子们，大多数自己也不知道怎样用。先搞理论然后找实例支持算不上是用理论作解释。

第二方面，也关于科学方法，是看不到则验不着。我喜欢用简单的经济理论：一条需求定律，把局限的转变化为价格或代价的转变。只此而已。当然，能达到得心应手的境界需要花长时日。这里不细说。要说的，是任何科学推出来的假说——甲的出现会导致乙的出现——甲与乙一定要是可以观察到的才可以验证。说

19

什么动机，什么恐吓、卸责、偷懒、勒索、博弈游戏、机会主义，等等，一般不是实物，无从观察，所以无从以这些术语连篇的理论推出可以被事实验证的假说来。不是说这些理论没有道理，或不可信，但基于无从观察的术语或概念发展出来的理论是在说故事，没有科学的解释力。

是的，在经济科学的范畴内，我连行内盛行的"效用"（utility，我喜欢翻为"功用"）也不用。这个边沁发明的概念，看不到，真实世界不存在，可以不用当然不要用了。专家们无疑可以加进方程式把"功用"分析弄得出神入化，但转到真实世界他们失误频频，很尴尬的。另一方面，科学的起点总要有些不是实物的概念或假设为起点。多个香炉多只鬼，经过多年的不断尝试，我不能不接受的看不到的概念只是"需求量"（quantity demanded），没有其他。拿着自己熟习的需求定律（其中"价"的转变是真有其物，但"需求量"是经济学者想出来的概念，非实物也），集中于局限转变来解释世事。原则上局限转变是可以观察到的。往往不容易，有时很困难，但原则上可以观察到。

不久前发生了一件有点尴尬的事。倡导新制度经济学的科斯学会（Ronald Coase Institute）的年会今年在厦门举行，邀请我讲话。我回信说："我对新制度经济学的发展非常失望，你们的会员可以接受严厉的批评吗？"对方的回信简而明："我们乐意听到批评。"

我于是给他们一个讲题：We Cannot Test What We Cannot See: The Disastrous State of New Institutional Economics。翻过来是："看不到则验不着：新制度经济学的灾难性发展"。这是针对满是看不到实物的术语的新制度经济学的发展了。

想不到，老人家科斯听到我建议的上述讲题时，吓了一跳，几番叫他的助手来信，希望我能对新制度经济学客气一点。老人家恐怕我历来开门见山的品性，会开罪一些搞新制度经济学的、巴泽尔曾经戏说是写术语字典的高人。其实任何场合邀请我讲学术，我不会想到真理之外的事。在同一天的早上，为厦门大学的同学们讲话，我建议的讲题是"再谈经济学的穷途末路"。自己老了，还可以指导同学的日子无多，不容许我在真理上左顾右忌，讨价还价。

上述的尴尬事件，使我对一九八四年二月十日在《信报》发表的《卖桔者言》重视起来。此文从亲历其境的现象观察起笔，然后带到有关的经济理论去。我很有点后悔二十多年来没有多写这类文章——虽然写过不少。我于是想到编一本《新卖桔者言》，选出大约六十篇从观察现象开始然后引进理论或假说作解释的文章。这样的结集会帮助那些对实用经济学有兴趣的同学。

一九八四初版的《卖桔者言》那本结集，今天还在发行的有五十四篇文章。不是说该结集中的《读书的方法》、《发明专利》等文章不可读，而是与《卖桔者言》那篇性质类同的我只能在该旧结集选出七篇有足够实力。其余的要保留在旧结集中。换言之，构思一本《新卖桔者言》，我要找五十多篇性质类同的文章加进去。不容易，花了几天大略地翻阅了二十多年来的文章，认为有机会可以凑够。

为恐凑不够有足够实力的，我希望在一两个月内多写几篇。怎样想就怎样动笔，几天前发表的《打假货是蠢行为吗？》是一例，可以收进《新卖桔者言》。这也好让同学们知道，地球上的有趣现象多得很，只要能放开自己的好奇心，没有成见，可取的题材俯拾即是。需要的理论根底，懂得选读物两年的苦学足够。其实只细读我写的三卷本的《经济解释》足够，但我打算明年全面大修这套书。需要长时日，近于永远不够的时日，是不断地在街头巷尾或真实世界观察，不断地尝试以学得的理论推出可以验证的假说。

构思《新卖桔者言》的目的，是希望可以训练同学们的观察力，训练同学们的想象力，训练同学们用简单的经济理论与概念来解释表面看是复杂无比的世界。只要同学们能用心尝试，客观得像火星人看地球，他们会体会到经济学是有趣非凡的学问。

一、旧《卖桔》原文（八篇）

卖桔者言

一九八四年二月十日

作为一个研究价格理论（price theory）的人，我对实证工作好之成癖。要理解玉石市场的运作，我曾经在广东道卖玉。在美国研究原油价格时，我到油田及炼油厂调查了好几个月。在华盛顿州研究蜜蜂采蜜及替果树作花粉传播的市场时，果园及养蜂场是我常到的地方。后来发表了《蜜蜂的神话》，很受欢迎，无意间我成为半个蜜蜂及果树专家。

因为从事实证研究而在某些行业上成为准专家的经济学者不少。理论若经不起实证的考验，很难站得住脚。一个有实据在手的后起之秀，有时只用三招两式，就可把一个纯理论的高手杀得片甲不留。

跟一般行家相比，我有两个较为例外的习惯，一好一坏。好的一面是我强调实地调查的重要。这观点起于在大学写论文时引用书本上的资料，中过计，痛定思痛而产生的。坏的一面是我的兴趣是在乎调查研究，不在乎写论文发表。满足了自己的好奇心，欣然自得，懒得将研究的结果不厌其详地写下来。关心的朋友对我那些千呼万唤也不出来的文章很失望。他们如果知道我年宵之夜在香港街头卖桔，会写信来查问所得。

香港年宵市场，在年宵的那一晚，需求的变动是极快、极大的。变动的方向大致上大家预先知道。一千块钱一棵桃花可在几个钟头之间变得一文不值。但若不是买卖双方在期待上出错，上好的桃花哪会有弃于街头的明显浪费？卖不出跟蚀大本卖出有什么分别？同样一枝花，有人用二百元买也有人用五十元买，是否浪费？年宵货品的不断变动的价格是怎样决定的？期待上的错误是怎样产生的？这些问题既困难又重要。

要在这些问题上多一点了解，我决定在年宵那一晚亲自卖桔。这算是第二次的经验。第一次是一年前的年宵。那次连天大雨，年宵当晚更是倾盆而下。摆了数天的桔子十之八九因为雨水过多而掉了下来。我见"空多桔少"，知道大势已去，无心恋战，数十元一盆成本的四季桔，以五元清货了事，无端端地蚀了数千元。

今年卷土重来，也是意不在酒。入货二百多盆，每盆成本四十，卖不出是不能退货的。送了一小部分给亲友，余下大约二百盆就决定在年宵晚上八时起，在借来的一个行人众多的空地盘出售。这数量是比一个普通年宵摊位的一晚销量大上好几倍。我和两个朋友与几位学生一起出售的只是四季桔，而在地盘邻近

26

少有卖桔的人，到凌晨三时半便将桔子全部卖出了。

全部卖出不一定有钱赚；赚钱与否要看每盆桔子平均售价的高低。在我们一定要全部卖出的局限下，入货的多少、价格转变的快慢、价格高低的分布、讨价还价的手法，都有很大的决定性。我们二百盆的平均售价大约每盆五十五元（最高八十元，最低二十元），若盆数减半，盈利会较高。我们赚得的就是那些送了给亲友的桔子，而我自己从卖桔领悟到的经济含义，却大有所值！

九时左右，客似云来。年宵市场没有不二价这回事。无论开价多少，顾客大都讲价。整晚我们只有五六盆桔是照开价卖出的。一般顾客知道年宵市场是讨价还价的，实行不二价很难成交。在这种情况下，我们的开价是预备要减的。每个顾客的讯息资料不同，所以成交价格不一。卖桔的人所求的是要以最高的平均价格，及时将全部货品出售。我们起初开价是每盆八十元，最低六十元出售。十一时开始下雨，开价立减；半小时后雨停了，开价立加。午夜后开价减至七十元。这小时顾客最多，以为午夜后可买便宜货，讲价较繁。其后减价次数渐多，到后来每盆开价三十元。

同样的货品，同样的成本，以不同价格出售，叫作价格分歧（price discrimination）。这是经济学上的一个热门题目。要在同时同地用不同的价格将桔子出售，我们四个人要独立作战，尽量将顾客分开，也

27

要使顾客相信自己所付的是"特价"。如果没有价格分歧，生意是很难不蚀本的。买卖双方因此都有不老实的行为。

价格分歧的现象众所周知，不值得大惊小怪。但在经济学上，年宵卖桔的经验却使我领悟到几个重要的含义。所有经济学课本上的分析，说实施价格分歧必须有两个条件。第一个条件是要将市场分开或将顾客分开，而经济学者一致认为在同时同地将顾客分开是不可能的。这观点显然是错了。价格的讯息费用相当高，而这讯息卖者要比买者知得多。只要买者相信自己议定的价够便宜，他不会再费时去查询，也没有意图公布自己的买价。

第二个价格分歧的主要条件，是付不同价钱的顾客的需求弹性（price elasticity of demand）必定有所不同——付较高价钱的弹性系数一定较低。这条件显然也是错了。讯息较少的人付价较高，而讯息的多少跟需求弹性的系数却没有一定的关系。逻辑上，以需求弹性引证的价格分歧的分析，在基础上有很大的错误。这错误不容易在报章上向读者解释。

有些经济学者认为在某些情况下，价格分歧是唯一可以赚钱的方法。那是说，不二价是会蚀本的。诺贝尔奖获奖人施蒂格勒（G. J. Stigler）教授不同意这观点，但我卖桔的经验却认为这没有错。施蒂格勒又认为价格分歧必会带来浪费，因为付不同价格的人的边际价值不同。这分析看来也是错了。有无可避免的交易费用存在，不同的边际价值总要比买不到桔子有利。若机缘巧合，施老兄能在年宵期间访港，我会带他到街头一起卖桔的。

卖桔的经验也使我对讨价还价及不忠实的行为有较多的认识。值得在这里向大学经济系的研究生指出的，是他们抱怨找论文题材的困难实在是言过其实。要作经济研究，香港有如一个金矿。好而重要的论文题材信手拈来，俯拾即是。

养蚝的经验

一九八四年二月二十一日

有些朋友批评我过分固执，不肯对我认为是错误的理论让步。这批评我引以为荣。学术上，不知道也不需要知道的，我一向不理；不知道但需要知道的，我屈膝求教；知道自己是错了的，我欣然承认。但若真理既知，我是半步也不退让的。

其实，这些朋友的批评主要只有一点。这是二十年来我坚持产权及交易费用在经济学上的重要性。不是说我认为没有这些因素在内的其他经济理论不重要。我坚持的观点很简单：任何经济理论，如果含意着产权对人类的行为没有决定性的影响，都是谬论。我为什么这样肯定呢？单举养蚝的例子就够了。

蚝是在海滩上繁殖的。要繁殖得好，每天要有过半的时间浸在海水之下。蚝是不会走动的。如果海滩是公众用的，任何人可随意拾蚝，而这海滩又是在容易到的地方，那就算是小孩也知道蚝的数量一定不会多。如果海滩是私有，投资养蚝的机会必定较大。同样的人、同样的海滩、同样的天气、同样的蚝，不同

31

的产权制度有肯定不同的行为。当然，养蚝是可以国营的。政府养蚝，以法例甚至武力惩罚拾蚝的人，又是另一种制度。国营蚝场既非公用地，也非私产；它有着不同的困难，不同的经济效果。养蚝若是国营，投资多少由谁决定？用什么准则决定？蚝类的选择由谁决定？用什么准则决定？蚝的收成时间由谁决定？又用什么准则决定？决定错了谁负责？而惩罚多少又以什么准则来决定的？

在私有产权的制度下，这些问题都有肯定的答案。作决定的人是蚝的拥有者，或是租用蚝场而养蚝的人。投资的多少，蚝类的选择，收成的时间，都是以蚝的市价及利率作指引而决定的。不按市价、不计成本、不顾利率，养蚝会亏本。做了错误的判断，市场的反应就是惩罚。亏蚀的大小是惩罚的量度准则。我们怎可以相信政府是万能的呢？怎可以相信官员的判断力会在"不能私下获利"或"不需私人负责"的情况下较为准确？怎可以相信他们的错误判断会一定受到适当的惩罚？

美国西岸的华盛顿州是养蚝胜地，可不是因为那里天气适宜养蚝。相反，那区在美国西北，水温冷，不适宜养蚝。冬天若结冰过久，蚝会受到伤害；夏天不够热，蚝的成长速度会减慢。为什么华盛顿州是养蚝的胜地呢？主要原因，是这个州不单准许私人拥有海滩，就连被海水浸着的地也可界定为私产。所以这地区虽然海水奇寒，不适宜养蚝，但在那些海水较暖的海湾，养蚝者比比皆是。

华盛顿州的胡德海峡（Hood Canal），长而狭窄，两岸有山，海峡有尽头，所以海水较暖。海滩既是私有，养蚝是海边房子拥有者的"例行私事"。在同一海峡，公众可用的海滩，蚝就很难找到了。我爱海，也爱静，所以八年前在那里的海边将一栋旧房子连海滩一起买下来，作度假用，也就成为一个养蚝者。

胡德海峡潮水的涨退，最高跟最低相去十七英尺；最适宜养蚝的只是其中涨退相距四英尺水位的海滩。若海滩斜度较大，好的蚝床面积就较小。因为这海峡的沿岸房子林立，每户人家所拥有的蚝地只有几千英尺。这一带的养蚝者大都不商业化，养的蚝贵精不贵多，一般长大较慢的品种，是肉嫩而甘甜的珍品（Willapa Bay oyster）。我自己的海滩较平坦，所以养蚝特别多（大约三万多只）。蚝培养三五年可食，我每年大量送给朋友仍可保蚝床不变。

私人的海滩一看便知。除了蚝多以外，我们还可看到开了的蚝壳被有计划地放回滩上（让小蚝附壳而生）；取蚝的人多在蚝床开蚝（让蚝中液体的营养留在原地）；蚝与蚝之间有空隙（让蚝多食料而增肥）；海星被人拿到岸上（海星是会吃蚝的）。这些小心翼翼的行为，没有私产保障，怎能办到？

商业化的蚝场，蚝床面积以英亩计。被选用的海滩皆极为平坦，海水浅而风浪不大的地方。商业养蚝的品种是长大较快的。养蚝者用竹枝插在浅水的蚝床上，作为产权的界定，也用以作为收获分布的记号。有不少商业蚝场的海滩是租用的；也有些海边住户将蚝滩卖掉。

如果你要在华盛顿州的海边买房子，你要问海滩属谁？海滩的私地是以哪个潮水位量度？若你见海滩有蚝，你也要问，蚝是否跟房子一起出售？假若蚝滩是租了出去的，你要再问，租蚝滩的合约中有没有容许业主采食少量的蚝？养蚝者有没有权走过跟房子一起出售的岸上地？在私产制度下，这些问题都是黑白分明的。

香港流浮山的蚝场，污染程度确是惊人。蚝本身是不会产生污染的；污染是产权界定及合约的问题。据我所知，香港法例不容许海滩私有。如果不是在某程度上流浮山所养的蚝是私有的，蚝场不会存在。我对流浮山蚝滩的产权结构一无所知。这显然是论文的好题材，希望有研究生能做点学术上的贡献。

蚝不一定是要在浅水的海滩上繁殖的。用绳子及竹枝将蚝种吊在较深水而又较清洁的海湾繁殖，也是一个有利可图的有效方法。香港海水够暖，政府应考虑出租海湾给养蚝者。但以吊蚝的方法繁殖，风浪大就不行。在香港，可以避风的清洁海湾恐怕不易找到了。

谈及在内地投资，我异想天开，想租用南海某些适合的海滩，商业化养蚝。在滩上养蚝，风浪的问题不难解决。只要内地能对蚝的私产权利加以保障，这可能是一个比较实惠的投资。

会走动的资产

一九八四年二月二十四日

    鱼是会游动的；跟牛羊不同，鱼身是很难标志记号的。北美洲的野生大水牛（buffalo），因为没有人肯饲养，往往要走到很远觅食，几乎被猎者杀得一干二净。科斯曾对这些水牛的产权问题作过多年的研究，但大作至今仍未发表。天上的飞鸟与水中的鱼，产权的保障有特别的困难。但飞禽毕竟不在水面下生活，较为容易看见，所以食用价值较高的，早已给人养乖，作为私产了。在美国时一位朋友猎得野鹿，分了些肉给我，并盛赞鹿肉比牛肉为佳，我感激之余，仍忍不住要反驳："怎么可能呢？若鹿肉胜牛肉，人们怎会养牛不养鹿？"

    海中的鱼，难以捉摸。有些市场价值很高——例如三文鱼（即鲑鱼）——生长期间要远渡重洋。不少经济学者认为海鱼不能界定为私产，无法加以保障，所以海鱼也就成为经济学上的一个专题。在课室里，经济学老师要表达界定私产的无能为力，免不了举海鱼为例。海鱼若没有界定私产的保障，捕钓的人数会增加，渔网的孔会较密，而孵养小鱼会受到忽略。鱼的产量就会变得愈来愈少了。

因为这些问题，世界各地的重要渔场都订立了多而复杂的法例，管制在公海捕钓的权利及行为。这些法例的形成受过多个压力团体不断地左右，要解释法例的成因不容易。尽管不少经济学者认为既然海鱼难有私产的保障，政府以法例约束行为理所当然，我却未曾遇过一位稍知渔业法例的学者，会拍掌附和。究其因，是这些法例的本质大致上都是寓禁于征，即以增加捕鱼费用去减少捕钓。这样一来，我们很难分辨界定海鱼产权的困难，是因为鱼会游动，抑或是因为渔业法例的存在。这个比较深入的问题我会在下一篇文章向读者解释。

且让我先说淡水鱼。以鱼塘养淡水鱼，据说是中国始创的。这种养鱼的方法外国也有。虽然是哪一国始创不易考究，但中国养鱼的历史甚久，即使不是始创也绝不会是学外国的。平凡的现象，往往有着不平凡的含义。中国在鱼塘养鱼的悠久历史，证明了地产的私产制度的施行，中国要比欧美早得多——中国在唐宋期间的富庶，可不是侥幸的。以天然环境而论，鱼塘养鱼的条件怎可以及得上大湖？私产保障的需要明显地将鱼从湖里带到塘中。

研究中国农业时，我很佩服中国人养鱼的智慧。水稻的田地竟然在稻收成后，加水而用以养鱼。鱼可为稻田增加肥料；鱼收获后，又再种稻。农业上，轮植的合并选择是一门不简单的学问。我跟进过的数十个轮植的方式中，鱼与水稻替换最富想象力。这法门可能是中国独有。不知这传统智慧是否还保存着。

淡水鱼我自己也养过。我在华盛顿州的海边房子的后园，有一条小溪横过，绕过房子，流进海里去。因为溪水所经的地形及树荫环境，很适宜养鳟鱼（trout），所以渔农处很例外地批准我将后园的小溪加阔加深，建成鱼塘，也发给我一张养鱼的商业牌照。这其中最主要的困难是溪水属流动的资源。溪虽属我，但溪水却是公产。要不是我造塘的地点极宜养鳟鱼，溪的下游再没有其他人家，改小溪为鱼塘是很难获准的。在美国，很多公产差不多是公众不可用的。在耕种或畜牧地带，流水的产权有着颇为清楚的界定。但在住宅地带，流水没有产出的用途，产权的界定就被忽略了。

要举界定私产无能为力的例子，经济学者一向避谈淡水鱼。但"海鱼不能保障为私有"却是个一般性的定论。这个定论，香港的经验是反证。以浮笼在海湾养鱼在香港盛行。香港的海非私产：多年前，在海上浮起的物体要跟船一样，久不久要移动的。可能是因为香港海里的鱼被人捕钓了十之八九，甚至用鱼炮打得七零八落，政府鉴于市场的需要，容忍现在以浮笼养鱼的行业。详细的法例我知得很少。跟流浮山的蚝场一样，浮笼在海上养鱼也是个论文的好题材，大学的经济研究生还等什么呢？

假如在香港目前许多早已没有鱼可钓的海湾内，捕钓的权利被界定为私有，又让这私有权利的拥有者负担费用去禁止非法捕钓的人，那我差不多可以肯定海湾的产出要比浮笼的方法有效。浮笼养是海底鱼（bottom fish）。这类鱼虽会游动，但若找到有好的栖身之所，它们不会远去。香港政府若能租出海湾作养鱼之用，给予租借者一个可以禁止他人捕钓的权利，养鱼者可在海底设置引鱼的物体，在海上放鱼种，在海底下饲料，即使海湾大为开放，鱼也不会逃走。这方法可减少污染，可不阻碍海面的其他活动，可令鱼采食海中的其他食料，鱼肉也较鲜美。鲨鱼的干扰是一个问题，但总有解决的方法。

从我和朋友在美国合资引鱼而钓的经验得知，石斑最喜欢的是大水泥渠——破烂了的弃渠更好。将这些长短不一的渠多量地放入海中，几个月后，附渠而生的物体已是鱼的食料；再加饲料，又有渠洞可藏身，石斑是驱之不去的。鱼喜吃附木的生物，找些破旧不堪的废船，沉于海底也行。

其他比石斑活泼、游得较远的鱼，私产的保障可能要用几个相连的海湾。石斑呢？只要"好食好住"，它们差不多是"不动产"。这其中有一个使渔业经济学者难以自圆其说的含意：愈是容易给人捕钓清光的鱼，私产保障的费用愈低。私产无能为力的话是不可以乱说的。

有了禁止他人任意捕钓的权利，租用海湾养鱼的人可请人巡更，费用应该比现在维修管理浮笼的费用少。当然，收获时的捕鱼费用要比浮笼的方法高，但把香港海湾的鱼捕钓光了的人总有相宜的办法。最好的办法可能不是由养鱼者自己捕钓。开放渔场给垂钓者享受，过下钓瘾，但钓得的必定要买，价以重量计，怎会不客似云来？要防止钓上太小的鱼，规定鱼饵的选择就行。这种取价不取鱼的方法可不是我发明的。

远渡重洋的鱼又怎样呢？下一篇文章我会再作分析。

私产可养鱼千里

一九八四年二月二十八日

　　话说在美国华盛顿州时，我把海边房子后园的小溪改成鱼塘，饲养鳟鱼。小溪经过鱼塘，绕过房子，流进海里去。塘边有树荫，溪水有大量氧气，且水温寒冷，我养的鳟鱼从不生病，养到最大时每条有五磅多重。每个好鱼者都有自己的"鱼的故事"。饲养鳟鱼后，与朋友聚会闲谈中，若有提起鱼的，我爱谈养鱼，不再言钓。

　　一个冬天的清晨，我漫步塘边，俯望塘中，竟然见到一尾二十多磅的三文鱼（即鲑鱼）在那里休息。这种以远渡重洋而闻名于世的名贵食料，可不是我养的！定神一想，即明其理。这巨大的三文鱼一定是若干年前在我后园小溪的上游出生，在海洋长大后，依着这种鱼的天性，回到出生之处，小溪改成的鱼塘是它必经之地了。对这位"少小离家老大回"的不速之客，我毫无杀生之念，只想着它可能到过的遥远的地方，笑问客从何处来。

　　私产的拥有者永远本性难移，打生产的主意。这

43

三文鱼的出现证明了那鱼塘是适宜孵养小三文鱼的。在塘中养鱼饲料昂贵，而太平洋的饲料却取之不尽，我何不在塘中孵养小三文鱼，养到四五英寸时，数以千计的让它们随小溪流入海中。几年之后，鱼在海洋长大了，只要有一两成游返鱼塘，盈利相当可观。就算只得十数尾回归，蚀了本，也可赢得一个值得炫耀的"鱼的故事"。

想做就去做，我立刻查询有关孵养三文鱼的资料。殊不知一查之下，竟然发现有资本家早几年捷足先登，养鱼千里凌波去。他们对孵养三文鱼的研究之深，技巧之妙，令人拜服。可惜他们不仅受到政府法例的干预，也受到压力团体的诸多留难。

撇开香港少量而昂贵的海鲜不谈，三文鱼是世界上市值最高的鱼类。这种鱼在淡水河流出生，在海洋长大，可以游到二三千英里以外的地方。在海洋觅食三至七年之后（按鱼类而别），仍能生存或未被人捕钓的，会回到自己出生的河流，从不出错。回到了出生的河床，产卵之后，鱼会谢世。三文鱼曾在大海搏斗，气力甚大，回归时不到目的誓不休。逆流而上之际，鱼拼命跳，不到半途往往弄得遍体鳞伤，鱼肉变质，市场价值下降。捕钓三文鱼的人要在海中或离河流入口不远的地方下手。

在大海捕钓三文鱼，费用高——这些鱼不会在一个地点逗留多日。但在河口的必经之地，用网捕捉易如反掌。更容易的方法，是在河口建造一条只有数英尺阔的鱼梯（fish ladder），让鱼只能从鱼梯上河，回归的鱼就成了网中鱼了。问题是，如果任人随意在河口捕鱼，很容易捕得过多，鱼量会变得愈来愈少。但如果三文鱼的产出是私营的，那么为着图利，养鱼者会顾虑到将来的产量，捕捉会有分寸，而孵养小鱼也会大费心思。问题是，私营者在河口捕鱼，河口的产权属谁呢？就算河口是私产，我们又怎能确定私营者所捕到的是他自己放出去的鱼？进河的鱼可能是野生的。

政府要提倡渔业私营化，方法简单。第一，让河口的捕鱼权利界定为私有；第二，让河鱼的产权界定为私有；第三，禁止渔民在海中网捕三文鱼。此法一行，三文鱼的产量一定激增，捕鱼的费用大幅度下降，鱼的市价起码要下降一半以上——这些都是专家们研究后认同的效果。但现有的渔业法例，一般是基于古老的"海鱼不能被保障为私产"的观念，加上渔船的拥有者及渔民的不断左右，政府不仅对在河口捕钓有多种管制，就是在大海里，那些效率高或费用低的捕钓方法，皆被禁止也。

非私产的矛盾比马克思想象的大得多。海鱼既非私有，船主与渔民各有各的立场。前者要减少渔船牌照，后者要减少渔民的数目，也要推行那些多用劳力的捕鱼方法。于是乎公会对立，各执一词，结果是法例增加了捕钓的费用。费用增加，捕获的鱼量当然减少，这正投了要保护鱼类的压力团体的所好。受害的是消费者。

前面提及的"资本家"，是有名的私营林业公司，在美国西北部拥有大量林地，其中包括好些小溪及河流。七十年代初期，他们在华盛顿州以南的俄勒冈州，实验孵养三文鱼，送出大海长大，任人捕钓。他们只希望有百分之五以上的鱼回归。私养出海的结果，仍能生存或漏网而回的，却在百分之十五以上。他们选的品种是不吃钓饵的三文鱼（却任人在海上网捕），自建鱼梯（不霸占河口），在鱼鳍上做记号，用私有的水道放鱼出海。换言之，他们的私产保障不多，也不侵犯他人的权利。在孵养小鱼的过程中，他们以暖水加速鱼的成长，给小鱼做过几种免疫手续。到后来，他们竟然设计用大船浮于海中，让回归的鱼游进船里去。

以少许的私产保障而养鱼千里，盈利大有可观，有三几家其他公司跟着在俄勒冈州打主意。这个可以肯定成功的渔业革命，却惹来一场大官司。虽然渔民及船主会因这些私养的海鱼而增加网捕所得，但长此下去，鱼价会大幅下降，对他们是有害的。私养的成本要比在公海捕钓的费用低很多，就算是私养者任人在海中捕钓，但只要市价下降三分之一左右，在公海捕钓的费用就会"禁止"捕钓的行为。渔民及船主于是群起而攻，反对私养。他们赢了官司，阻止了私养三文鱼的继续发展。目前只剩两家公司继续养鱼千里。

在俄勒冈州以北的华盛顿州，繁殖三文鱼更为适合。可惜较早时有另一场官司，使私养三文难以施行。这是印第安人与白种渔民之争。前者胜诉的结果，是在华盛顿州只有印第安人才准在河口捕鱼。这个民族在土地上一向没有私产，所以他们本身是难以私养三文鱼的。我自己要在华盛顿州孵养三文鱼的困难，有一点到现在还没有人能给我清楚的法律解释。依照法例，我没有权在溪水出口处捕捉回归的三文鱼。但溪水出口的海滩是我的私产，也依照法例，我是有权禁止印第安人在那里捕鱼的。究竟法律上我能否雇请印第安人代劳，也是难以肯定。我的"鱼的故事"就再也说不下去了。

无论官司怎么判，压力团体的势力有多大，经济的需要迟早会显现出来。以私产养鱼千里的渔业革命，只是时日的事。只要有某些适宜养三文鱼的地方，实行渔业私产化，那么现有的华盛顿州及俄勒冈州的法例，是非改不可的。

中国东北部的河流，可能适宜孵养三文鱼。国营虽及不上私营，但总要比野生的产量大得多。孵养三文鱼的科技十多年来因为私营而突飞猛进，这是值得中国渔业界注意的。在适当的情况下，养鱼千里是本小而利大的生意。

（五常按：此文发表后不久，美国西北部的海湾出现了以浮笼饲养三文鱼的方法，使该鱼的市价大幅下降。环保人士与捕钓渔民群起反对，吵得一团糟，我可没有跟进其后的发展。）

如诗如画的例子

一九八四年三月二日

在经济学上，用以描述市场失败的例子中，有好几个如诗如画，令人难以忘记。久而久之，这些例子成为某种经济问题的象征，行内任何人一提便知。

庇古（A. C. Pigou）的大地如茵的禾田例子，令人向往；但很不幸火车要在田间经过，火花飞到稻穗上，造成损害。因为火车的使用者没有给种稻的人予以补偿，社会的耗费（包括稻米的损害）没有全部算在火车成本之内。在这情况下，庇古认为政府是应该干预的。

关于庇古对社会耗费的分析，科斯（R. H. Coase）一九六〇年力斥其非。其后就有了足以万世流芳的科斯定律。科斯的两位好朋友——施蒂格勒（G. J. Stigler）和阿尔钦（A. A. Alchian）——一九七一年同游日本。在快速的火车上，他们见到窗外的禾田，想起庇古与科斯之争，问火车上的管理员，究竟车轨附近的禾田，是否受到火车的损害而地价下降了。管理员的回答正相反：车轨两旁的禾田地价较高，因为火车将吃稻的飞鸟吓跑了！

庇古已作古，不能欣赏后人的幽默；施蒂格勒和阿尔钦却不肯放过科斯。他们联名给科斯一封电报，说："在日本发现了科斯定律的大错！"十年过去了，一九八一年，科斯要退休，我们二三十人在洛杉矶加州大学聚会，向科斯致意。施蒂格勒被选为在宴会后代表我们的致辞者。这是再适当不过了：施蒂格勒说笑话的才能，比起他后来获诺贝尔奖的经济学，难分高下。大宴将尽，致辞之时快到，施蒂格勒突然跑到我身旁，在我耳边轻问："你记不记得十年前我告诉你在日本的有关科斯的笑话？"我稍一定神，也悄悄地回答："火车与飞鸟！"

施蒂格勒大喜，毫不犹豫地走上讲台致辞："我要感谢张五常，他提起我在日本时的一件事……"以他说笑话的本领，哄堂大笑在所必然。由于笑声震天，有些在座的人竟然以为日本禾田地价的例子是我提出的。

较早时获得诺贝尔奖的米德教授（J. E. Meade），曾以蜜蜂及果树百花齐放的例子赢得永恒。这例子使人想起花的芬芳、蜜蜂的翻飞、蜜糖的纯洁，衬托着大自然的风和日丽，怎会不令人陶醉，难以忘怀！

米德的分析，是养蜂的人让蜜蜂到苹果园采蜜，却没有付花中蜜浆的价钱给果园的主人，这会使苹果的种植太少，对社会有所不利。另一方面，蜜蜂采蜜时，无意中替果树的花粉作了传播，使果实的收成增加，但果园的主人也没有付钱给养蜂者，所以蜜蜂的饲养不够多，对社会也有损害。因为得益者可以不付价的缘故，市场是失败了。以米德及一般传统经济学者之见，政府是既应该津贴果树的培植，又应该津贴蜜蜂的饲养者。

在逻辑上，没有价钱收益的服务或供应，当然是要比有收益的为少。但不付代价的行为是否对社会有害，或是否导致浪费，并不是传统经济学所断定的那么简单。我希望将来有机会向读者解释这点困难。

逻辑归逻辑，事实是另一回事。事实上，究竟养蜂者是否不用付钱去买花中的蜜浆？植果树者是否不用付钱去买蜜蜂替花粉传播的服务？花粉的微小，蜜浆的量度困难，蜜蜂的难以捉摸，在一般人看来，要论市价实在是无稽之谈。

一九七二年的春天，我跑到有"苹果之都"之称的华盛顿州的原野及果园追查究竟。只用三个月的工夫，我不仅在事实上证明了蜜蜂的服务及蜜浆的供应都是以市价成交；更令人叹服的，是这些市价的精确，比起我们日常一般商品的买卖，有过之而无不及。我于是用《蜜蜂的神话》（*The Fable of the Bees*，是一本古典名著的原名）这绝妙好题做文章，反驳米德教授及他的附和者的论调。

成竹在胸，下笔时文气如虹。我见蜜蜂及果花的

例子是那么诗情画意，写来流水行云。但真理毕竟是真理。在带球进攻，过关斩将之后，到"埋门"之际，岂有不起脚扣射之理？在结论中我将诗画抛诸脑后——

凯恩斯曾经说过执政者的狂热是从经济学者的理论蒸发出来的。不管这见解是对还是错，事实却证明了经济学者的政策理论往往是从神话中蒸发出来。为了要推行政府干预，他们没有下过实证的功夫，就指责市场失败。鱼类及飞禽不能保障为私有，是他们的一个随意假设；要在某些资源上废除私产，他们就献上"天然资产"之名。土地的合约一向是被认为不善；在教育、医疗方面，他们认为市场运作是会失败的。

当然，这其中还有一个蜜蜂的神话。

在这些例子中，我们不能否认若有交易费用或产权保障费用的存在，市场的运作会跟没有这些费用的情况有所不同。我们也不能否认政府的存在对经济有贡献。但任何政府的政策，都可以轻易地以减少浪费为理由来加以支持。只要假设市场的交易费用够高，或假设政府干预费用够低，推论就易如反掌。但随意假设世界是如此这般，这些人不单犯了将理想与事实作比较的谬误，他们甚至将理想与神话相比。

我不反对米德及庇古的追随者采用蜜蜂的例子去示范一个理论上的观点——在不需付代价的情况下，资源的使用当然有所不同。我反对的，是那些置事实于度外的分析门径，那些纯用幻想去支持政府干预的方法。以这种方法作研究所得的著作，对我们要增加了解经济制度运作的人来说，是毫无裨益的。

在下一篇文章，我将会向读者介绍另一个如诗如画的例子。

灯塔的故事

一九八四年三月六日

灯塔是经济学上的一个里程碑。一提起这个诗意盎然的例子，经济学者都知道所指的是收费的困难，这种困难令灯塔成为一种非政府亲力亲为不可的服务。

远在一八四八年，英国经济学家密尔（J. S. Mill）对灯塔有如下的分析：

要使航海安全，灯塔的建造及维修需要政府的亲力亲为。虽然海中的船只可从灯塔的指引得益，但若要向他们收取费用，不能办到。除非政府用强迫抽税的方法，否则灯塔会因为无私利可图，以致无人建造。

一八八三年，西奇威克（H. Sidgwick）将密尔的论点加以推广：

在好几种情况下，以市场收费来鼓励服务供应的观点是大错特错的。重要的例子是某些对社会有益的服务，供应者无法向那些需要服务而又愿意付价的人收费。例如一座建在适当地点的灯塔，使船的航行得益，但却难以向船只收取费用。

到了一九三八年，庇古（A. C. Pigou）当然也不放过"灯塔"。庇古是以分析私人与社会耗费（或收益）的分离而支持政府干预的首要人物。灯塔的例子正中他的下怀。庇古认为既然在技术上难以向船只收取费用，灯塔若是私营的话，私人的收益在边际上必定会低过灯塔对社会贡献的利益。在这情况下，政府建造灯塔是必需的。

因为以上提及的市场"失败"而支持政府干预的论调，是经济学的重要一课。这里我要指出的，是这些学者不反对提供服务的人向服务的使用者收取费用。正相反，他们一致认为收费是符合经济原则，是理所当然的。他们也一致认为市价是重要的供应指引。但在灯塔的例子中，困难是收费。在黑夜中，航行的船只大可以"偷看"灯塔的指导射灯，避开礁石，然后逃之夭夭。

细想之下，我认为某些经济学者的大好心肠，世间少有。对那些愿意付价而逃避付价的人，这些学者竟然要政府为他们增加服务。那么对那些在饭店白吃而不付账的人，经济学者是否要政府为他们大排筵席呢？在这个尴尬的问题上，密尔比西奇威克及庇古高明得多了。密尔的主张是要政府向用灯塔的船只强收费，但庇古一派却是慷他人之慨，不管灯塔的费用应从何来。假若不付钱就会得到政府的供应，而政府的供应是由一般税收支持，那么还有什么人会在任何市场付价呢？免费的午餐又吃得了多久？

一九六四年，灯塔的例子到了萨缪尔森（P. A. Samuelson）手上，市场的"失败"就一分为二。以萨缪尔森之见，灯塔难以收费是一个问题，但就算容易收费，他认为在经济原则上是不应该收费的，所以灯塔应由政府建造不仅因为私营会有收费的困难而已。支持第二个观点的理论是基于一个叫做"共用品"（public goods）的概念。这概念源自林达尔（E. R. Lindahl），一九五三年萨缪尔森以精湛的文章加以发扬（按 public goods 这名字容易令人误解，本身大有问题；中文一向译作"公共财"，是错上加错。下文将有解释）。

灯塔的服务是"共用品"的一个好例子。塔中的灯亮了，很多船只都可以一起用灯塔的指引而得益。当一条船用灯塔时，它一点也没有阻碍其他的船只去共用同一的灯塔——这就是"共用品"的特征。在这情况下，灯塔既然亮了，要服务多一条船的费用毫无增加。也就是说，服务"边际"船只的费用是零。假若灯塔要收费，那就会阻吓某些船只对灯塔的自由使用，这对社会是有损害的。既然多服务一条船的费用毫无增加（额外费用是零），为社会利益计，灯塔不该收费。但若不收费，私营的灯塔非亏本不可。所以灯塔或其他类似的共用品，是应由政府免费供应的。

在支持政府干预的经济理论中，"共用品"占了一个重要的地位。且让我不厌其详地引用萨缪尔森本人的话，向读者再解释一次：

在灯塔的例子中值得我们注意的，是灯塔的经营者不能向得益的船只收取费用，这使灯塔宜于作为一种公共事业（萨缪尔森在这里用 public goods 一词，误导了读者，因为这里所指的并不是"共用品"的特征）；但就算灯塔的经营者可以雷达侦察的方法，成功地向每一条船收取费用，为社会利益计，要像私人物品（萨缪尔森用 private goods 一词，再加误导）那样以市价收费并不一定是理想的。为什么呢？因为对社会而言，向多一条船服务的额外费用是零（这才是共用品 public goods 的特征，跟难收费是两回事；萨缪尔森是"共用品"一词的始创人，他在这段文字中把这词用得太早了，以致误导；中文译为"公共财"，很可能是这段文字引错了的）。因此，任何船只被任何收费阻吓而不用灯塔的服务，对社会都是一个损失，虽然这收费是仅足够维持灯塔的经营费用。假若灯塔对社会是有所值的——它不一定有所值——一个比较高深的理论可以证明这对社会有益的服务应该免费供应。

我认为在支持政府干预的各种理论中，"共用品"最湛深。电视节目也是"共用品"的一个典型例子。任何一个人看电视都不妨碍其他人家看电视；让多一个人看电视的额外节目费用也是零。我们看私营的电视台是要付费的——看广告的时间就是费用；同样节目没有广告较好看。但有谁会认为私营的电视台比不上政府经营的呢？话虽如此，我们不能将萨缪尔森的理论置诸度外。萨缪尔森是顶尖的经济理论家，获诺贝尔奖实至名归。有机会我会再谈一些有关"共用品"的问题。

至于收费困难的问题，我们不妨问：既然蜜蜂的服务及花中蜜浆的供应都是以市价成交（见前文），实际上灯塔究竟是怎么一回事？这问题我将在下一篇文章向读者有所交代。

与木匠一席谈的联想

一九八四年三月九日

　　最近我要多用几个木柜，因为在市场找不到大小适合的，遂决定请木匠制造。我请来的是一位从未谋面的二十五岁青年，工资是按柜的面积大小而计的。这个年轻木匠的手工，比起香港通常所见的，算是很不错的了。他手脚奇快，用电锯如抚弦琴，运锤如飞，从早到晚，不停地赶、赶、赶。我极力反对因快而粗制滥造，但既见他的产品要比我能买到的好，价钱也相宜，那我就没有理由去阻止他的赶工。

　　一天晚上，我见他收了工，顺便请他出外吃晚饭。我告诉他我很欣赏他的干劲。但正当我要述说几年前我在广州所见的木匠工作情况时，他却先告诉我他是在六年前从内地偷渡来港的。我于是问了一些问题。他告诉我一般从内地来港的青年，初到香港有点不惯，但不久后大家都自力更生地苦干。很显然，那些认为内地的青年懒惰成性、无可救药的言论，都是偏见的。为了要肯定这一点，我又跟另外两位木匠及一位泥水工人谈，他们也都是在五六年前从内地来港

61

的。以他们之见，从内地来的都跟香港人一样地苦干。（有几位持着不同观点的朋友，都忽略了他们自己也是从内地来港的。）

这位青年木匠，于一九七八年在广州某中学毕业后，因为不满意政府要他下乡工作，千辛万苦地偷渡来港。在亲戚处休息一个月后，就入工厂当木工学徒。起初月薪是三百五十元；两年后艺成，先在家具厂工作，其后打散工。无论以日工或判工计，现在每天工作的收入大约是一百八十元；每月的平均收入是四千多元。这比一个在中国的工人的收入高出二十多倍。

且让我假设这木匠的收入，在六年间增加了二十四倍。以复利的方法计算，每年的平均增长率是百分之七十。但假若中国现在立刻推行香港的经济制度，那么六年之后，国民的平均收入可否增加二十四倍呢？这骤眼看来是个无稽的问题，而直觉的答案，即每年要有平均百分之七十的复利增长率，是绝不可能的。为什么不可能呢？且让我尽量分析一些"不可能"的因素。我要试玩一个数字游戏——试将这增长率减低，去体会一下要减少收入增长的困难！

一、木匠的职业不是普通或平凡的。这个因素显然不容易成立。我不敢说木匠是低职，但在香港的一般专业而言，木匠并不见得是什么特别的崇高职业。以木匠作为一个有代表性的普通职业，并不夸张。正如那位年轻木匠告诉我，从内地跑出来的，因为学问有限，他们都少有飞黄腾达之想。另一方面，木匠只是香港建筑业中的多个行业之一，其他行业如泥水、石屎、扎铁、油漆、电灯、水喉及烧焊——都有相差不远的收入。其他非建筑的行业更是不胜枚举了。

二、内地的物价比香港低，所以金钱上的收入是不能作准的。这个观点也不容易成立。一般蔬菜及其他公价的食品，内地较便宜；但品质的粗劣，香港不容易见到。在日用品方面，内地就比香港贵得多了。就是我们在香港国货公司所能买到的中国产品，内地本身若能买到，也必定比香港贵。

生活或物价指数的比较，是一个难题。近代盛行的"享乐指数"（hedonic index）分析，遇到生活"质地"的不同，就无技可施！在这第二点的问题上，没有机会作较深入的调查，我就只问那四位工人一个问题："以目前的人民币汇率算，若你们有同等的金钱收入，你们选香港还是内地？"他们都一致选香港。但在回答中，他们都指出香港的自由很重要。他们大致上同意若在香港的金钱收入是比内地少三分之一，他们也会选香港。但因为物价没有可相比的指数，自由何价我就无从估计了。自由本身也是一种收入——一种极重要的非金钱收入——虽然在国民所得的统计数字中，自由是没有计算在内的。

三、木匠之所以在香港每月能有四千多元的收入，只是因为有人出得起钱。这观点也不对，原因有三。甲、若内地施行香港的私产制度，百废待兴，增加收入的人何止木匠？当然，这"大跃进"总要些时日，木匠收入的增加会是较慢的。乙、木匠在中国的产品可以出口；像这位青年木匠的产品，何愁外地无价？但运费是一个问题。丙、据这青年木匠说，他和他的同行都曾多次被香港的公司请回内地工作（例如建中国大酒店），除食宿以外，每日在内地的工资是港币一百七十至二百元。不请当地的工人而要请内地出来的香港工人，其原因就是技巧知识与速度都大有不同。

四、木匠的训练是在香港学习的；若在内地，比较现代化的技巧及工具就少了，所以收入难以增加。这观点亦不容易成立。若中国真的实施私产制度，合约的形式既可自由选择，又可得法律的保障，在香港及外地的科技或知识的拥有者怎会不大量到内地投资？木匠在训练期间的收入，因为需要受训的青年较多，是会比在香港训练的少，但学成后的收入增加却会较为急速。

五、青年木匠年少力强，不能代表一般的中国人；所以大致上，国民平均的收入增长率是会较年轻人为低的。这个观点最有分量。但假若十八至四十岁的人跟木匠有相近的生产力，假若这些人占中国人口的三分之一，又假若其余的人的收入增长率只能及木

匠的四分之一；那么中国若实行私产制度，每年平均
国民的收入增长率，以复利计，仍达百分之三十五。
六年之内，国民的平均收入仍会增加六倍。另一方
面，我们忽略了目前在内地那无数的"待业"的人。
若这些待业者因为转换制度而自找工作训练，增长率
当更为可观。

我在以上举出的内地来港青年的例子，是假设六
年增加收入二十四倍。但这木匠两年前的收入，已和
现在的差不多。那就是说，以四年计，每年平均的复
利增长率是百分之一百二十二。就算我们用诸多理由
将这增长率减低，所余的也应是十分惊人。

因为数字相距甚大，我们以上不严格的分析必须
有很多错漏才能否决如下的结论：

（a）中国若能急速地改行私产制度，国民收入必
定激增；

（b）开始的十年八年的激增特别快。

日本的明治维新，将土地改为私有，经济增长率
就直线上升。但明治维新的产权改革，主要是将私用
的土地加上自由转让的权利。中国若改行私产制度，
其改进的差距就要比明治维新大得多。我们的主要结
论可不是凭空想象的。

后记 二〇〇〇年四月

十六年前，香港木匠的收入比内地的高出二十四倍。今年（二〇〇〇年），香港比内地的大约只高四倍。要是内地开放后执政者不继续左管右管，一起笔就走香港在战后所走的自由经济的路，今天香港木匠的收入，充其量只能比内地的高一倍。

我很满意当年对中国木匠的分析及推断。

科斯的灯塔

一九八四年三月十六日

在我认识的经济学者中，观点和我最相近的是科斯（R. H. Coase）。他和我都强调：若不知道事实的真相，我们无从用理论去解释事实。这观点牵涉到很广泛的科学方法论，持有不同观点的学者大不乏人。纯以方法论的角度来评理，谁是谁非不简单，但这不太重要。从实践研究的角度衡量，科斯和我一向喜欢追查数字资料以外的事实的作风，在行内是比较特别的。

一九六九年的春天，科斯和我被邀请到加拿大的英属哥伦比亚大学（UBC）参加一个渔业经济研讨会。除了我们，被邀的都是世界知名的渔业经济专家。我被邀请的原因，是我刚发表了《佃农理论》，而船主与被雇用的捕鱼劳力是以"佃农"的形式分账的。科斯呢？要谈产权问题，少了他是美中不足。

那时，科斯和我都是渔业的门外汉。赴会前一个月，我到芝加哥大学图书馆借了大约两英尺高有关渔业的书籍，做点功课；科斯知我"秘密练功"，叫女秘书来将我看过的书拿去，也修炼起来。时间无多，我们只一知半解就硬着头皮赴会。

会议是在该大学的一间古色古香的小房子举行，仰望雪山，俯视碧海。大家坐下来，寒暄几句，仍未开锣，有一个站在窗旁的人突然宣布海上有艘网渔船（gillnetter），在场的人都一起涌到窗前观看。我和科斯被吓了一跳，内心在想，渔业专家怎可能没有见过网渔船！我们于是对自己学了不久的三招两式信心大增，开会时的讨论就再没有什么顾忌了。

几天的会议结束后，科斯和我一起从温哥华驾车到西雅图。途中我们再谈那年多来我们常谈的事：事实知识对经济学的重要性。我们认为很多经济学者要"解释"的现象，是无中生有，到头来枉费心思。在这行程中，他告诉我他曾听说蜜蜂的服务是有市价的。三年后，我做了一个蜜蜂与果树的实地调查，一九七三年发表了《蜜蜂的神话》。他也告诉我他听说在英国有一个私营灯塔的人发了达。后来科斯自己一九七四年发表了《经济学上的灯塔》（The Lighthouse in Economics）。

科斯调查的是英国早期的灯塔制度。十七世纪之前，灯塔在英国不见经传。十七世纪初期，领港公会（Trinity House）建造了两座灯塔。这个历史悠久的公会起初由海员组合而成，后来政府授以权力，逐渐成为隶属政府的机构，专门管理航海事宜。虽然领港公会有特权建灯塔，向船只征收费用，但这公会却不愿意在灯塔上投资。在一六一〇年至一六七五年之间，领港公会一个新灯塔也没有建造；但在同期内，私人的投资却建了十个灯塔。

要避开领港公会的特权而建造灯塔，私营的投资者要向政府申请特权，准许他们向船只收费。这申请手续是要多个船主联名签字，说明灯塔的建造对他们有益处，也表示愿意付过路钱。灯塔建成后，这过路钱是由代理收取的。一个代理可能替几个灯塔收费，而这代理人往往是海关的公务员。

过路钱的高低是由船只的大小及航程上经过的灯塔次数而定。船入了港口，停泊了，收费就照船的来程，数她经过的灯塔的次数而收费。到后来，不同航程的不同灯塔费用，就印在小册子上了。

这些私营的灯塔是向政府租用地权而建造的。租约期满后，多由政府收回让领港公会经营。到了一八二〇年，英国私营的灯塔只剩二十二个，而由领港公会经营的是二十四个。在这总共四十六个灯塔中，三十四个是私人建造的。一八二〇年后，领港公会开始收购私营灯塔。到了一八三四年，在总数五十六个灯塔中，领港公会管理四十二个。两年之后，政府通过法例，要领港公会将其余的私营灯塔逐步全部收购。一八四二年后，英国再没有私营的灯塔了。

英国政府当时解释要收购私营灯塔的原因，不是因为收费有困难，而是政府认为私营收费太高。政府收购灯塔的价格，是依地点及租约年期而定。最高收购价的四座灯塔是由十二万五千英镑至四十四万五千英镑。这些都是很大的数字：一八三六年的一英镑，大约等于现在的三十至四十美元。

从以上科斯调查所得的结果中，我们可见一般经济学者认为私营灯塔是无从收费或无利可图的观点是错误的。但问题不是这样简单。我们要问，假若政府不许以特权，私营收费能否办到？这问题科斯似乎是忽略了。

举个例子吧。有人在一个适宜建灯塔的地方买了或租了一块地，将建造灯塔的计划写出来，跑去找船主，要他们签约同意付过路钱。签了约的船主，得到灯塔的服务后，当然要依约交费，否则会惹起官司。但有多少个船主肯签约呢？不签约而用灯塔的船只怎样对付？科斯在文章内提及船主联名签字申请的步骤，但究竟有百分之几的船主把名字签上了？不签字而又用灯塔的又有多少？当然，在当时的英国制度下，所有进入港口的船只都是要交费的。船主签字只是协助私营者申请特权；特权批准之后，不签字的船只也要交过路钱。没有这特权，收费的困难又怎样了？

我以为在灯塔的例子中，收费的困难有两种，而经济学者——连科斯在内——把这两种混淆起来，以致分析模糊不清。第一种就是船只可能"偷看"灯塔的指引，或是看了而不认。事实上，以灯塔为例，这类困难显然不严重——萨缪尔森（P. A. Samuelson）等人都估计错了。只要船只进入港口，在航线上显然经过了灯塔，要否认曾利用灯塔是不易的。但经过有灯塔的航线而不进入港口的船只，就会有这第一种收费的困难。这一点科斯是清楚地指出了的。过港口之门而不入的船只显然不多，所以在灯塔的例子中，第一种的收费困难不重要。

第二种收费困难，就是船只既不"偷看"，也不否认灯塔对他们的利益，但就是不肯付钱；希望其他船只付钱，有了灯塔，他们可以免费享用。换言之，某些船只要"搭顺风车"（free ride）。虽然科斯在他的文章内没有分析那"搭顺风车"而引起的收费困难，但他的宝贵资料却显示这困难的存在。我主要的证据是政府给予私营灯塔的特权是一个专卖权（patent right），意味着每一艘用过灯塔的船只都要交费。这种专卖权通常是赐给发明者的，虽然灯塔的建造者并没有发明了什么。

因"搭顺风车"的行为而产生的收费困难，在经济学上不仅有名，而且从来没有人能提出在私营下的有效解决办法。读科斯的《经济学上的灯塔》一文，我领悟到一个颇为重要的见解：用"发明专利权"（patent right）的形式来压制"搭顺风车"的行为，可奏奇效！我希望将来有机会再谈"共用品"的时候，向读者解释发明专利权的性质。

二、神州初放（三篇）

千规律，万规律，经济规律仅一条

一九七九年十月

五常按：原载《信报财经月刊》，一九七九年十月。这是我发表的第一篇中语文章，由我口述，侯运辉与杨怀康执笔。纯为解释给内地的朋友，别无他意。当年获得接受，鼓励我后来在解释的工作上写下几百万字。

在任何经济制度下，决定一个人的生活境况，富贵贫贱的因素，始终脱离不了适者生存、不适者淘汰这个原则。无论在什么制度下——不论是社会主义、共产主义、资本主义，甚至无政府主义，这原则不变。

在未开化、弱肉强食、人吃人的地方，这原则固然适用；在以盈利高低论英雄的资本主义下，这原则依然适用。但重要的是在不同的经济制度下，衡量"适"与"不适"的准则却有所不同。这是说，在任何社会里，人与人之间必定会为生存而竞争。以竞争定成败、分贫富，必定有一个或多个衡量的准则或规格来决定胜负，或分别出"适者"与"不适者"。在不同的经济制度下，会有不同的衡量规格。进一步看，产权制度是衡量胜负、贫富准则的决定因素——衡量胜负的准则是随着产权制度之变而变，在不同的产权制度下会有不同的衡量准则。

每个人的天赋条件、后天本领，甚至运程都各各不同。因此，随着每个人的条件不同，他们喜欢以不同的准则来衡量成败、贫富。身体健硕的人，可能喜欢以暴力为准则；年老的人，则喜欢以年岁为准则；更有些人则喜欢以容貌或圆滑的交际手腕，或以金钱为准则。

什么是好的准则？什么是坏的准则？这是个主观、伦理的问题。具有聪明才智的人，可能以为应该以智力商数的高低作为分配资源的准则。同样，有些人可能认为政治、交际手腕，或甚至是武力，都是理想的准则。这是伦理上的好、坏问题，辩论一万年也不会达到一致的结论。但经济学分析却可以断言，在千百种准则中，只有一种是有益于社会，能够最有效地导致经济繁荣。其原因是只有一个准则没有经济浪费。这准则是市场的价格：价高者得是唯一不会导致浪费的竞争准则。

举个简单的例子。美国的石油价格曾经受到政府管制。要买汽油便得要在街上轮候，时间是得油的准则。有多余时间的人，便成为"适者"。政府若不准以钱雇人代轮，没有时间轮候的人便会被淘汰出来。以轮候准则来定胜负，不是资本主义，也不是共产主义，虽然在共产或社会主义下，这种情况极为普遍。重要的问题是，花了一个小时去轮购汽油，时间是浪费了。倘若这个人可以利用花在排队上的一小时去工作，赚取三元的工资，那么他这一小时对社会的贡献，起码值三元。但花了一小时的代价去轮购汽油，这一小时的价值便在排队中荒废掉，社会没有人因此得益。

再举另一个例子。香港的廉租屋只有符合了某些资格的人才可以获得，这些资格便是赢得廉租屋的准则。许多人会千方百计来求符合这些资格——花时间劳力填表格、弄证明书、假做文件甚至搞人事关系和跑后门等。倘若符合资格是包括了收入少或其他类似的准则，有些人便可能会因而放弃一份较高薪的工作，或工作较少时间，以期获得一层廉租屋宇。以整个社会而言，办文件、跑关系的劳力是浪费，放弃较高薪金的工作或怠工也是浪费。

每个人为了适者生存的缘故，都会设法适应生存的衡量准则。倘若经济制度改变了，断定适者生存的准则亦会改变，每个人的行为亦会随之而改变。那一类人更能适应新的准则，其经济效果亦会跟着改变，这是千古不易之理。

在伦理或一般人的道德观念上，可能以为某些准则或规律并不合理。弱肉强食——如越南、柬埔寨及阿明时代的乌干达，很多人以为在伦理上说不通，而在经济上亦是浪费的行为。但有些在表面上看来是非常理想和合理的衡量准则，其实却是非常浪费的。譬如，我们可能以为"先到先得"很合理，但如上文指出，排队和争先恐后是一回浪费的事。有些人认为应该敬老；但若以年岁论成败，许多年青人便不会发展所长，只是不耐烦地等待年老，或浪费资源去扮老，虚报年岁。

在社会主义制度下的衡量竞争胜败的准则，我们所知道的着实不少；不知道的，可能是比知道的更多。"千规律、万规律"这句话是容易置信的，单就我们确知"文革"时期的一条规律——以所谓"正确"的政治思想为衡量准则，其浪费程度，可能史无先例。全国天天搞政治、读红皮书、知识分子上山下乡，十年不断。这些劳力资源，可以兴建数以百万计的工厂和房屋。此中一失一得的原因，就是基于衡量胜负的准则不同，竞争生活的人皆按着适者生存的原则办事。

我们不要以为在某些理想的经济制度下，便人人平等，人人都可以生存。事实上仍然适者生存，不适者淘汰。以"文革"为例，会搞政治手腕、会跑后门的人便是"适者"；善于生产的人，多遭淘汰。换了任何一个制度，"适者"与"不适者"仍然有所区别。因为人的条件各有不同，在同样的衡量准则下必定有胜负之分。

中国现代化的发展，目前我们无从臆测。但可以断言，一日不实行有明确权利界定的制度，就不可能用市场价值作为衡量准则。不论将制度作如何的改革，种种对社会带来浪费的准则必定会不断出现。虽然在浪费程度上，照常理推测，不会像"文革"时那样严重。

有一个决定适者生存的准则，好些人认为是不合理，但这准则所造成的浪费是最少的——这是以市场价值作为衡量胜负的准则。假如某甲生产某种式样的服装，畅销而致富，致富的原因是因为社会认为他的产品是有价值。这价值是由消费者所决定；甲便是适于生存的人。倘若有某乙，生产另一服装，虽然他自己以为这服装对社会的贡献很大，但消费者却以为他的贡献不够好，他的服装因而滞销，最后亏本，公司倒闭；乙就是被淘汰的人。

假若用市场价格为准则，设想某人要得到一个手表，他不能动用暴力，也不能够凭先到先得，或靠较高的身裁、较大的年岁、脸孔的漂亮，或搞政治思想或交际手腕等办法；他要得到手表的唯一办法是出钱，价高者得。以钱来选择适者，表面上似乎不合理、铜臭味太重。但赢得手表的人，他的钱又是从哪里来的呢？钱一定要赚回来，要赚钱他必定要对社会作出贡献，而他的贡献起码要相当于手表的价值。故此以市价作衡量成败、支配资源的准则，是没有浪费的。

用任何其他准则来断定得手表的获胜者，必有浪费。在成千上万的衡量准则中，只有以市场价格定胜负没有浪费。

我们不要以为在那所谓资本主义社会里，以市场价格作为准则太市侩太庸俗，因噎废食，而忽略其用处。我们不要因为在某些所谓资本主义社会里，某些人滥用钱的权力，便以为市价是要不得的准则。在这些社会里，有些有钱人权力过大，倚钱势凌人；也有些人以名誉高而横行无忌。这些现象，在有些自以为是资本主义的社会里是常有的。但这种现象的发生是基于不健全的私有产权制度，不是资本主义应有的本质，不是纯以市价作为竞争衡量准则的。

让我再说一次。唯一没有经济浪费的竞争准则是市价。这种准则只在资产权利有界定下才可以有效运用。私有产权制度是市场经济的骨干。假若取消权利界定，或界定不健全，其它种种形式的竞争衡量准则会纷纷出现。适者生存，不适者淘汰的原则没有改变，但换了衡量准则，必会引起各种浪费现象。

中国经济学者孙冶方先生，在"文革"时因为说过"千规律，万规律，价值规律第一条"这一句话，被困坐牢七年。平反后他于七八年十月间在《光明日报》用这句话为题，为文分析价值的重要性。可惜囿于时代的局限，孙先生对价值的概念与近代经济学的出入颇大。倘若孙先生能清楚明白市场价值只能在私有产权或在权利有清楚界定下才出现，他的论调当会不同。

在国外从事研究的中国人，跟一般华侨一样，关心祖国。《信报》的主事人要我用中文写一篇文章，我就借这个机会向中国的经济学者交换知识，更希望能够引起有建设性的辩论，故此大胆地借用孙冶方先生的好题目，只改了三个字——《千规律，万规律，经济规律仅一条》。

中国大酒店

一九八五年四月二十六日

（一）

将来的中国经济历史，今天广州市的中国大酒店会是个小小的里程碑。这间庞大的酒店（一〇一七间房，另加商场、办公及公寓大厦），可能是目前在中国的唯一以纯外资（港资）建造的宾馆。中国的参与，是提供土地，所以这酒店被称为是合作而不是合资（在经济学上，土地是资产，故也是合资）。港方赢得近于全权策划，由新世界酒店负责管理。因为管理得好，建筑装修够水准，而港商的投资又没有弄到焦头烂额，这酒店对中国的经济发展会有一定的影响。

我对酒店行业一无所知，但知道酒店管理是一些大学的专修课程，又久闻中国内地的宾馆服务"自成一家"，所以在中国改革的问题上我对酒店留上了心。一九七七年，我在美国听到一位中国同事叙述他在中国多间宾馆的历险记；一九七八年，一对美国医生夫妇由我介绍到桂林旅游了三天，回美后他们面有惧色，令人尴尬。一九七九年，为了探亲，我到一般人认为是广州最好的东方宾馆住了几天。那次的经验，虽然算不上是卧薪尝胆，但令我体会到朋友们没有言过其实。其后北京香山大饭店的故事，举世知名。我想，酒店管理是一个"关心顾客"的行业，"大锅饭"或"铁饭碗"的制度怎会不弄到一塌糊涂呢？

去年四五月间，中国大酒店局部试行营业，我听到该酒店服务好的评价；六月正式启业后，称赞之词更是源源不绝。为了要满足好奇心，八月中我抽空到该酒店住了四天。名不虚传，这酒店使我感到宾至如归，梦里不知身是客。

到了十一月，美国西区经济学会的主事人德沃夏克教授（E. Dvorak）和夫人来港度假。这对夫妇算得上是酒店专家。十多年来，一年一度的美国西区经济学会的三千人聚会，是由他们主理的。他们二人每年花一个月时间，周游各地选择聚会的地方及酒店，所到之处，受到当地的大酒店待以上宾之礼。我跟他们有二十年交情，无所不谈，提起中国，他们要去看看，经我安排到中国大酒店住了一晚。他们的评价高得出奇，认为该酒店的服务是他们经验中最好的！可能言过其实，但要说这酒店是近于世界一流水平，并不夸张。一个以服务困难而获大学重视的行业，在一个以工作散漫而闻名的国家里，能在两三年间有这样的转变，是一件要解释的事。

不是国家职工有决定性

德沃夏克夫妇最欣赏的是酒店顶楼西餐厅的服务。我自己最欣赏的，是吃早餐的地方。在那个茶餐厅里，顾客多而不乱；女侍应笑脸迎人，大方得体；咖啡喝了一半，就立刻有人补加（但不需补钱）；久不久侍应生又会来问咖啡是否凉了。这些侍应生制服整洁，分布位置平均，互相不作闲谈，对客人的需求反应快而不操之过急。这一切，比起七九年时我在东方宾馆见到的早餐服务，有天渊之别——虽然侍应生同样是土生土长的中国人！究竟发生了些什么事？

我不敢低估新世界管理酒店的本领，但假若中国大酒店的职员是国家职工，持有铁饭碗，尤其是持有铁饭碗的高干子弟，那么算新世界是管理天才，也无技可施吧。那是说，假若工资是由国家决定，职工不能被解雇，管理服务的困难就会因为督察费用奇高而无法解决。换言之，在中国大酒店的合约中，港商所获的开除职工及决定工资的权利，使善于管理的能大展所长。

根据我手头上的资料，去年年底，中国大酒店雇用的各种职工共三千零八十三人。分类是：从香港去的一百七十九人；从内地聘请的"合同工"（即月工）二千五百七十四人；"临工"（即散工）三百一十五人；而持有铁饭碗的国家职工只有十五人。人数最多的合同工及临工，昔日是待业青年（或是未毕业的学生），被选中后，肯干，一登龙门，比内地的一般工资，身价大约是三倍。

最主要的合同工依照合约的安排，可以辞职，也可以被解雇，而工资不是由国家决定的。八四年全年内，被解雇的合同工共一百五十二人——外间谣传港方管理不敢开除在内地聘请的职工之说，是不确的。同一期间，辞职的合同工共二百四十三人。据说这些辞职者中，大约有一半是因为不惯酒店的工作，或是不满工作的要求；另外一半，大都是因为有了工作的训练，找到了类似而薪酬较高的工作。同行抢聘是"资本主义"的竞争习惯，而这是"剥削剩余价值"的论调不能容许的。马克思的观察力平平无奇也。

中国大酒店聘请的合同工，薪金分六级，从最低的每月人民币一百一十六元到最高的二百三十二元（小费不计在内）。这些薪酬中，大约百分之三十四是固定的"基本工资"，百分之二十是"生活补贴"，百分之四十六是"浮动工资"——后者是按职工的个别工作表现而增减的。"浮动工资"最高与最低的差距，大约是百分之四十。

薪酬差距的困扰

这里要顺便一提的，是在内地雇用合同工还要付给政府劳工保险及福利费用。我没有中国大酒店要付的职工福利费用数字,但据现有的资料,一九七九年,国家职工福利支出比工资还要高——达百分之一百二十三。这种生产未有苗头而先强调福利的"社会"制度,若坚持下去,中国的前途就难以乐观了。富裕如美国,政府只征收工资百分之七作为福利金,也弄到一团糟。

目前的中国,中国大酒店差不多是最"完整"的私营企业,而中国的前途,要靠这些企业做榜样,也要让这些企业扩展到其他行业。在私营企业内,职工的福利及退休处理,由劳资双方议定,而这议定的条件,是由市场竞争加以约束的。职工的福利,是劳资合约的一部分,与升职、加薪、赏罚、解雇等问题是不应该分开来处理的。若中国政府对外资的私营企业的职工福利大事左右,对劳工与中国的前途都没有好处。虽然关于这观点的理论及实证很足够,但不简单,不容易明白。我认为外商到中国投资,合同工的福利很可能会受到政府的干预而阻碍了投资者的意向。

另一项有关的问题,是中国大酒店(及另一间合资的酒店,其他的我没有机会查询)的国家职工(只有十五名)的工资,规定要等于香港去的同职职工的百分之六十。假若香港的同职职工的工资平均是港币一万元(这是我个人的大约估计),中国大酒店要付的同职国家职工的平均工资是港币六千元。但国家付给这些国家职工的工资,平均不及二百元人民币。这是说,国家职工的工资经国家转手,被抽起了百分之九十以上。这算不算是剥削呢？答案是，不一定的。国家职工的市值，不一定超过二百元人民币。所以一个可能是国家抽起的是一种间接税——不是抽国家职工的税，而是抽酒店的税。假若这个解释是对的话，我认为中方是应该干脆地抽直接税。另一方面，因为国家职工不能辞职，也不能跟聘方私议合约，被剥削的可能性是存在的。

在另一间我已提及的合资的酒店，最高的主管是中国人，被抽取后的月薪是人民币三百多元，而他属下的香港职工，月薪是八千至万多元港币。虽然上级的工资不一定要比下级的高，但相去这么远，管理总有困难。当然，我们不能建议将月薪三百元的无故提升三十倍。薪金要反映职工的贡献所值。主管的所值，怎可以远低于属下呢？我们也不应建议做主管的一定是要外来的。合乎经济原则的做法，是主管不应有中外之分，只要有本事，有所值，就可以管。但这是要基于职工有转让权——可以辞职，也可以被解雇。换言之，合乎经济原则的做法，第一步是要将劳力私产化。

示范有影响力

因为服务办得好，中国大酒店的影响是明显的。这家酒店在触目地点，本地人可自由出入，而服务的好与坏是任何顾客都能体会到的。东方宾馆刚好在中国大酒店的隔邻，因为要竞争，前者的服务比几年前改进了不少——工资有了弹性，但胶饭碗仍在（我以为东方的地点不比中国差，而园地远为广阔，所以东方若改作私营，加以修饰，中国大酒店会有一个强劲的对手）。事实上，广州市的酒店及饮食业的服务，一般而言，都有了很大的改进（例如荔湾及广州酒家）。我们不能将这些改进都归功于中国大酒店的影响——将铁饭碗改为胶饭碗是一个重要因素。但当去年八月我到广州时，中国大酒店如日中天，而整个广州市的饮食业都在大唱改良服务的论调，我遇到的中国朋友不约而同地说是中国大酒店的影响。有了私营企业的比较，国营的"优越性"就相映成趣地难以自圆其说了。外资在中国就是施了这种压力，而中国大酒店只不过是外资中最令人瞩目的例子罢了。

（二）

经济学有一个热门话题，关于行为引起的目的以外的副作用。经济学者把这些副作用加上了好几个不伦不类的"学术"名词（例如 externalities, techno-logical spillovers），听起来深不可测，说穿了就不过如此而已。一间工厂为了产出而污染了邻近的物业，是一种有害的副作用，要怎样处理才合乎经济原则呢？一个农民种果树，使隔邻养蜂的人增加了蜜糖的产量，是一种有利的副作用，又要怎样处理呢？关于这些副作用的处理问题，科斯创立的定律石破天惊，但与本文无关，按下不表。

其他有利的副作用

跟本文有关的，是经济学者一向善于指出多种有害的副作用——除了蜜蜂采蜜及传播花粉的例子，有利的副作用差不多一片空白。这是不着重实际观察的纯理论家要付的代价。

在中国的前途问题上，我花了两期的篇幅写中国大酒店，为的是要指出外资在中国不只是图利那么简单——副作用的影响可能比产出赚钱更重要。我要强调那些常被忽略了的由外资引起的副作用。以中国大酒店为例是明显的选择，但这只不过是其中一个例子罢了。当然，外资所引起的副作用不一定有利——欺骗的行为存在——但一般而言，有利的副作用比有害的大得多。

以中国大酒店为例，它的服务起了触目的示范作用，促长了竞争的压力，而它训练的人才外流，也是酒店本身收益之外的有利副作用。虽然国家职工的工资增加了弹性的发展起于中国大酒店之前，但这铁饭碗软化的现象，却是在外资参进之后。估计副作用的价值当然难以办到，但对正在改革制度的中国，外资引起的有利副作用对中国的价值，可能远超生产的直接贡献。

令人感叹的，是中国的执政者只懂得急功近利，漠视了副作用的重要。又因为有着多种管制，他们无意间把有利的副作用压制了。举个例。中国大酒店门户开放，欢迎本地人光顾。本地人光顾酒店内的饮食的自由，有重要的传达讯息的副作用。但因为外汇管制及一国二币的存在，他们在酒店内支付人民币，要在外汇券的价格上加百分之五十，虽然比起目前的黑市汇率，这"加五"仍是较低的价。最近中国政府要加强禁止外汇黑市，宣布酒店不准用二币二价，"加五"变成了非法了。假若这政策严厉执行，只准二币一价，那么中国大酒店对本地人的光顾不会笑口常开。就算酒店非让本地人光顾不可，该店怎会不把付人民币的视作二等顾客呢？换言之，在有外汇管制及一国二币的情况下，禁止二币二价是压制着一个有利的副作用。

半年前林行止为文批评中国大酒店用二币二价的办法，认为有失国体。他忽略了二币二价是同价，也忽略了如果二币二价被严禁，本地人会被歧视——国体安在哉？国体之失，不是因为二币二价，而是因为促成二币二价的外汇管制。面子的争取是不能强人所难的。

目前，中国大酒店的应付办法，是把白色的二币二价市场改成灰色。本地人（或任何人）支付人民币要多付百分之五十，但这"加五"不算是附加，而算是按金。酒店发出"按金"收据，指明顾客在将来若能交还外汇券，酒店会依收据交回外汇券面值的百分之一百五十人民币。中国政府如果真的要杜绝二币二价，是可以的，但这不仅阻碍了一些互相得益的交易，而酒店的重要示范副作用也会被削弱了。

我在上文提及的有利副作用，是针对这作用对中国本身的影响。对外资或外商的影响也值得一谈。中国大酒店的成就，跟几年来我们常听到的外资"焦头烂额"的故事成了一个强烈的对比。中国大酒店对外资的示范，影响了后者到中国投资的意向。当然，近一两年来我们听到外资或外商在国内赚到钱的例子，也察觉到跟中国做生意是有着颇为明显的改观，但近年来我多次跟外商倾谈，说到比较成功的例子，他们总不免要举中国大酒店。

中国大酒店对外资的示范，有两方面。第一方面是建筑与装修；第二方面是经济的收益。在美国时我对建筑有兴趣，所以当我住该酒店时，我对它的建筑与装修特别留意。这酒店不是一间突出的建筑物，骤眼看来平平无奇。细察之下，我觉得不简单。这建筑物既没有"花招"，也没有不伦不类的"艺术"设计，而是在平稳中琐碎的东西做得好。例如房内大衣柜的门拉合后不见空隙，浴室墙上的瓷砖井然，浴缸与墙之间的灰泥阔度平均而没有裂痕，大厅的花岗石平坦而色泽一致。目前的中国，这些琐碎工程的难度，一般人不容易明白。我听到不少人称赞该酒店的冷气及泳池的水——我从来没有见过水转得那么快的泳池。

港商冲锋陷阵的贡献

中国大酒店的建筑与装修，要是在美国，是不值得书写的；但将它放在还坚持铁饭碗的中国，就称得上是鬼斧神工。我们不妨考虑如下的困难：该酒店是一座西式的建筑物，中国的工人有技术问题；装修所用的绝大部分是舶来品，进口有多种管制，而忽略了一项或计算错了又要再办进口；大部分的工人是在内地雇用，香港去的与本地工人合作要有管理才能；广州电力不够，电话不通，食水有味，去污水的渠道容量有限，都要解决。据说中国大酒店的总建筑费用大约是一亿一千万美元，跟香港差不多。虽然内地工人的工资远比香港的低，但考虑到种种困难，这成本实在难以苛求。这酒店的建筑与装修的主事人的魄力是令人佩服的。

曾几何时，几位在中国设制衣厂的外商不约而同地告诉我，要在中国出产合乎规格的成衣难于登天。中国大酒店的建造，却显示事有可为。形容这些港商是冲锋陷阵，奋不顾身，应该是适当的。

中国大酒店由六位港商合资，都是甲级的生意人物。要是他们在这项投资上损了手，其他的外资岂会不望门兴叹？大致上，该酒店的合约为期十五年（启业后起计），其后港方就要将酒店交还中国。港商出了百分之三十的现金，其余的资本是借来的。收入的盈利是要先归还本息。一年前的估计，将全部本息归还（连港商的现金本息）大约需十至十一年。余下年期的盈利，中方与港方平均分账。

从经济学的角度看，任何在利息以外有收入的投资都是好投资。港商明白这一点，但我却不同意他们的观点，认为在五年前这项投资是上算。这是因为任何投资都有风险，而在内地投资的风险要比其他地方大得多。息本归还是十年后的事，依照内地以往的左革右革的经验，血本无归的可能性是不小的。更重要的，是在五年前（酒店合约的签订日期是八〇年四月二十一日），美国的万无一失的除去通胀的实质长线年息利率高达十至十二厘！投资中国大酒店怎能胜过当时的美国债券？所以港商当时的决定，总是给我一点"爱国多于爱钱"的感觉。

从目前的形势衡量，这项投资是上算的（虽然仍及不上当时买美国的长期债券）。这是因为有三个比预期好的因素。第一，比起几年前，利率有了大幅度的下降。第二，酒店范围内的办公及公寓大厦（尤其是办公的那一部分），收入比预期好。第三，客似云来，酒店本身的房租升得比预期的快。假若现在的形势不恶化，归还本息的日期大约可减少两年。

　　对外商而言，有钱可赚的讯息，远比任何口号有说服力。这是中国大酒店及其他赚钱的外商所作出的常被人忽略的对中国经济发展的贡献。

　　我认为中国的执政者应该从中国大酒店及其他外资的经验中体会到宝贵的启示。他们应该体会到国家职工制的一无是处，应该开始明白自由择业及转业所含意着的劳力私产化的重要。他们应该了解到国营能胜私营的生产或服务，机会甚微。他们也应该考虑若将土地租出或卖出给外商，合约容易处理，而外商更能尽展所长。地租或地价的收入，会因为交易费用的下降而比他们现在预期的收入高。解除外汇管制，减少入口及其他限制，让劳资双方议定福利，不仅会增加职工的利益，土地的价值也会因而上升。左抽右抽的琐碎收入的总和，远不及租地或卖地的收入可观，而后者更远为干脆。但土地是不应该由政府待价而沽的——政府要尽可能让资本落在善用者的手上。（如果香港老早用上近十年来的补地价政策，经济不会有今天的成就。）把土地私产化，让投资者在市场上竞争，得益的是消费者。

　　赚钱对社会有贡献，但急功近利可能有害。中国大酒店及其他外资在内地所施的压力，中国政府是不应该因小利而反抗的。合乎经济原则的做法，不是反抗外资的压力，而是将国营企业私产化，与外资竞争。最近深圳菜农事件的处理，是一个因小利而反抗外资压力的例子。因小失大，对中国的经济发展没有好处。

补鞋少女的故事
——为中国的青年说几句话

一九八六年六月一日

在广州，在深圳，在中国比较自由开放、比较繁盛的闹市街道上，我们往往看到一些年轻的少女，坐在路旁替顾客补鞋。男的补鞋青年也有，但比女的少。我在深圳八个地点点数的总结果，是男的二十四个，女的三十五个。

自由择业鼓励知识投资

我要把这些补鞋的青年归纳在我对中国经济研究的一部分，有两个原因。第一，他们既年轻——大约在十六至二十岁之间——而人数又相当多，触发了我的好奇心。第二，补鞋不是擦鞋，不是几个小时就能学会的服务。当然，补鞋算不上是一门高深的专业，但总算是一技之长，是一种要花时间学习才能争取到的知识资产。在公有制度中，知识投资一向乏善可陈，但这些在街头补鞋的青年，显然是不需政府资助而自己投资的。我想，这是难得而重要的现象，值得研究。

一九八六年一月，我在深圳访问了一对补鞋的男女。四月间，我又再访问那个女的。据他们说，在中国各地街头以补鞋为业的青年，大部分来自浙江省的黄岩县。这个县以针绣工艺驰名，很多孩子从小就掌握家传的针绣技巧。一九八〇年后，中国比较开放了，离开家乡出去闯天下比较自由。另一方面，在县里操农业工作的时间不多，而其他的粗活，每月所能赚到的只不过是人民币二十至四十元。所以，黄岩县的长辈就想出一个主意：教孩子们学补鞋，然后让他们离开家乡到处赚钱，帮补家计。

有了针绣根底的孩子，学补鞋要六个月；没有根底的要学一年。补鞋的主要工具，是一部可以手提的缝纫机。这缝纫机最初售价是人民币一百元，但后来买的人多，产量增加，成本下降，价格降至七十元。黄岩县的青年学了一技之长，就带备了缝纫机及其他小工具远离家乡去谋生。据说，远在黑龙江或新疆一带，也有他们的踪迹。

苛政猛于虎也

补鞋的青年在深圳的收入听说比其他地方好，但到那里的手续办起来比较困难，而近年来批准的机会更少了。在深圳，补鞋的收入每月大约是人民币三百元——这比乡间的收入高出大约八倍。除了食宿衣着费用（每月约一百元）、材料及杂费（每月五十元），还有就是工商局及居委会每天都会派员来收费。收费起初每天五角，现已升至每天一元五角了。比对之下，这是一项很大的征收了。没有资本家的"剥削"，却来了一些比马克思笔下的资本家还要厉害的征收"机构"，是目前中国制度改革下的讽刺。一时间，我想起《孔子过泰山侧》的故事。

除了一切费用开销，每个补鞋青年每月可寄大约八十至一百元回家。据说，黄岩县有很多新建的房屋，是靠这些青年资助的。为了证实这一点，我本想到黄岩县走一趟，但因事忙作罢。

补鞋的青年，尤其是那些少女，由于年纪太小，家长要他们联群结伴才可离乡远行。在广州或深圳，他们前呼后应、互相照顾，其中有表哥表妹的同操这个行业。我在深圳访问的那个少女，跟五个女同伴一起租住一个房间。除了雨天，她们的工作时间是从早上七时至下午六时。她们吃的午餐是些粗饼或面包，而晚餐也是仅可充饥的面食而已。她们蓬首垢面，留下烈日与尘沙侵蚀过的痕迹，手皮粗厚，四肢擦伤的地方不计其数，反映街头干粗活并不好过。但她们坚持说比以前快乐得多，显出敬业乐业的精神，令我深感佩服。（四月二十九日的《明报》某版报道：补鞋的少女当娼。这种事当然有可能——世上何地无娼？但我认为绝大多数洁身自爱。）

在深圳，补鞋的主要季节是冬天——夏天的凉鞋是补不了的。所以，炎夏快至时，补鞋的青年纷纷回乡，帮做农村收割的繁忙工作。

中国采取比较自由的经济政策后，补鞋行业随之而兴。上述是其中补鞋青年男女一个故事的大略。但故事的含意远比故事的本身重要。

先天甚足，后天失调

我一向认为中国人的先天智慧及刻苦耐劳的本领，绝不亚于世界上任何其他民族。然而，无论是学术的成就，生活的水平，中国的表现使中国人无地自容。说什么因为人口太多、资源短缺，其实都是一些毫无实证的借口，老早给香港及日本的例子推翻了。大约一年前，斯坦福大学的胡佛学院一位很负盛名的高级研究员，从美国到香港来搜集资料，约我会面，为的是要问我一个问题："为什么在美洲、欧洲、东南亚各地，中国人都能出人头地，成就屡见经传，但偏偏在中国本土却是那样没出息？"这问题似深实浅。我于是不假思索地回答："不是制度是什么？"

浅的答案，往往有深的含义。补鞋少女的故事不仅证实了我的观点，而且那"证实"足以令人震惊。试想：单是让这些青年有一点走动的自由，一点择业的自由，他们的收入在几个月之间就增加了八倍！这是翻三番，不是翻两番，而这些青年不用到本世纪末就有这样的成绩了。

两年多前我发表了一篇题为《与木匠一席谈的联想》的文章，指出从内地偷渡来港的青年，有了自由，学到了一门木工的技艺，几年之间收入激增二十四倍。我又指出，不管我们用什么因素来为这升幅打折扣，余下来的增长率还是十分惊人。补鞋少女的故事，证明了收入激增不一定是要跑到香港才能办到的。

何必妄自菲薄

我在其他文章里也曾指出，在中国的制度改革下，国民总收入的迅速增长，是不值得大惊小怪的。昔日的经济劣迹，不堪回首，稍加改革，收入增长以倍数计不足为奇。中国近几年来每年百分之十以上的增长率，从乐观的角度看足以雀跃，但从悲观的角度看，却反映出制度改革之不足。说什么"过热"、"过速"，要缓慢下来，实在有点"口出大言"，因为这些说法通常是用以描述一个经济发达国家的现象。

邓小平希望中国到了公元二千年，国民每年的平均收入能达到现在的美金八百元。达到了又怎样？这等于现在每人每月港币五百元，仍然近乎一贫如洗！邓氏显然是给中国以往的经验、给那些所谓"第三世界"的经验，或给那些先进国家的经验误导了。他似

101

乎忽略了中国的制度改革是史无前例的：只要改得好，大胆地开放、取消那些妨碍市场发展的管制、推行法治及明确的产权制度，所有其他国家的经济增长经验是不足以为例的。既然经验是中国独有，何必妄自菲薄，翻两番就心满意足？

补鞋少女在几个月间收入增加八倍，是否例外，难以肯定。但究竟多少倍并不重要，重要的是收入的激增是自由发展及劳力私产化的结果。为什么中国几十年来高举着为人民谋福利之旗，却一直没想到自由发展能带来的好处？以中国人的智慧，为什么连这样浅显的道理都没想到？是受了马克思的影响？是为了要保持"党"的正确无误？抑或要维持等级特权的利益？要把大地主、资本家清算、杀头，是一回事，但中国的青年又犯了什么罪呢？这些问题，令人思之惘然。

我在上文提到，作为一项知识投资，补鞋的确没有什么了不起。但这也不重要：重要的是那些补鞋青年毕竟是下了注，作了投资，得到了一门专业，算是人才。我们要问：为什么这些青年（或他们的父母）要到近几年才在知识投资上打主意？答案也是浅显之极：经济开放，使他们看到知识投资有利可图，于是很快就作了决策。比较深入一点的经济学解释，是自由择业意味着人力资源是私产，加上产品可在市场出售，收入可独享，知识投资就增加了。

故国不堪回首月明中

中国在"文革"期间把知识破坏殆尽，以致目前人才短缺得难以形容，这点，中国的执政者是知道的。然而，他们可能还不知道，劳力一旦变为私产，知识投资就一日千里！劳力资产是这样，其他资产也是这样。令人惋惜的是，中国的执政者还是墨守成规，坚持其他资产应为国有。另一方面，劳力资产的知识投资，是会严重地受到其他合作的资产的"非私有"的不利影响。假若中国把其他资产像补鞋青年的劳力一样，界定为私有，知识投资会更加彰显。这是可以断言的。

一年多前，某杂志访问我，言谈间使我想起而且提到孩童时代在中国抗战期间的不幸遭遇。我还因此谈到，一九六八年在芝加哥大学一次大师云集的聚会中，我应邀作农业经济的主讲。当时我走到台上，战战兢兢地打开文稿正要朗读时，突然间想起早年在广西农村结交的但早已不知下落的小朋友。我把文稿推开，说："我今天能站在这里是很荣幸的。但我要你们知道，当你们在亚洲的农村里看到茅舍前那些在烂泥地上打滚的孩子，我曾经是其中一个。假若他们有我的机会，他们今天也可能站在这里。"

一个从事教育工作的人，听到了补鞋少女的故事，想起四十多年前在中国结交的小朋友，知道他们所缺少的只不过是他们应有的一点机会，我不能不站起来，老老实实地为中国的青年说几句话。

三、谬论与定律（七篇）

荒谬的"定律"
——兼与林行止商榷

一九九二年三月二十日

经济学与其他科学一样，久不久有一些怪诞不经之论，在逻辑上错得离谱，而且没有事实支持，但行内总有一些人认为是惊天伟论，把它奉若神明，不敢对之"冒犯"。

在这些谬论中，有一个名为"格雷欣定律"（Gresham's Law，又称格氏定律）。《信报》的林行止曾多次在他重要的"政经短评"里抬举这定律。几个月前，我翻阅《信报》，见该"短评"的大字标题是：《格拉森（格雷欣）定律是投资的最高原则》，使我为之愕然！该文开门见山地写道："我们在这里曾多次谈及的'劣币驱逐良币'，是少数经得起历史考验的经济定律。"

我想，假若格雷欣（格氏）的谬论是少数经得起考验的经济定律，那么经济学真的不堪一学了。

故老相传，格雷欣定律是指英国十六世纪中期，

107

流通的金币有新有旧，新的完整，是"良币"，旧的给人轻轻地磨掉小量的金，成为"劣币"。在市场上，使用货币者都抢着使用劣金币，将完整无缺的良币收藏起来。因此，"劣币"就把"良币"逐出市场了。

逻辑上，这定律似是而非，错得离谱！试想，在有优、劣金币的情况下，购物而付出金币的当然要用劣币。问题是，卖物而收币的人可不是傻瓜，怎会不见劣（金）币敬而远之？卖物者是愿意收劣币的，但物品的价格必定要提高，借以补偿劣币的所值；另一方面，以良币购物的，价格会较相宜。这好比国内今天通用的人民币与外汇券，前者"劣"，后者"良"；在当地购物，只有傻瓜才不会按货币的优、劣而讨价还价。当然，一些糊涂的外来游客，不知其中大有玄机，以外汇券当人民币使用，将格雷欣定律倒转过来，试图以"良币"把"劣币"逐出市场，使识者为之不值矣！

大约六年前，曾获诺贝尔奖的英国经济学家希克斯（J. R. Hicks）到港大来演讲，谈到英国的经济历史，也就提及格雷欣定律。他讲话后，我对他说，这定律是谬论；也将我的理由略说了。他回答道："你对这定律的质疑我同样地想过。我认为这定律假若是对的话，那么当年的英国人一定是很蠢的了。"我纵声大笑，说："最蠢的应该是格雷欣呀！市场上的人再蠢也知道金币有优、劣之分。格雷欣怎可以假设购物者知道，而售物者却懵然不知呢？"希前辈摇头轻叹，说：

"这定律只是传言,从来没有谁拿出可靠的证据来。"

"劣"把"良"逐出市场的例子不是没有,但不是格雷欣那样的想法。名画家林风眠逝世后,他的遗作在拍卖行所见的,多是较差之作,精品数十无一。这显然是因为任何画家的精品都不多,收藏的人以为精品的相对价格会上升,而较差的多的是,就把精品收藏起来了。

另一方面,情况相反,"良"把"劣"逐出市场的例子也有。广州解放前的一两年,当地市场只用港币(良币);什么银圆券、金圆券(劣币)供过于求,无人问津也。这是因为扎起来就一大捆的"劣"币携带不便,币值不保,用者有意,收者无心。这是中国的悲剧。

即使今天,深圳的一些高级食肆也只收港币(良币)而不收人民币(劣币)。良、劣照收的,大都在墙上告示牌写明港币与人民币的黑市汇率。黑市不黑,是我们伟大祖国的伟大之处!

莫名其妙的谬论,被行内人视如至宝,经济学是屡见不鲜的。格雷欣地下有知,不用沾沾自喜,也不用耿耿于怀。二十世纪五十年代的经济发展理论,其逻辑比不上格氏定律,但信者甚众。六十年代大行其道的"界外效果"(externalities)分析,一塌糊涂,但却有口皆碑。要不是我在一九七〇年手起刀落,这个糊涂概念今天还会继续大行其道。二百多年来的传统的佃农理论，都把地主们当作傻瓜，农民大可欺而骗之。

每个人，连我自己在内，都曾经在愚蠢的思想上中过计。这样的中计无伤大雅。但在科学上，众所认同的观点不仅不一定对，而且往往错得离谱。因此，从学问那方面看，任何理论只可以被"考虑"，而不可以被奉若神明的。因为误信而拿起刀枪的人，实在过分热衷于社会的改革了。也许，他们不是为了社会，而是为了自己的利益吧。这是本文的题外话了。

走火入魔的"风水派"

一九九七年五月二十三日

《信报》五月三日的社评，题为《墨守成规不可取，离经叛道有可为》的，题目有吸引力。细读内容，是描述一套走火入魔的新经济学，忍不住要回应一下。

社评的内容，是关于美国的一个名为圣信德（Santa Fe）的小市，创立了一个新的圣信德经济学派，高手开始云集，包括了曾经获诺贝尔经济学奖的阿罗（K. Arrow）。这些都是聪明之士，ＩＱ爆棚的。他们利用先进的电脑科技，高级的数学方程式，构成"非常"的"武器"，来对付"非常的课题"。社评又说，这"非常课题"的答案，是"千百万股民梦寐以求"的。"求"什么？求发达也。圣信德学派的天才高手，当然也是股民，也想发达。

据社评所说，对那"非常课题"，"圣信德有了初步解释"！据我所知，可惜的就是"初步"，因为到今天，圣信德的天才，离发达之期尚远！我个人的估计，大约还要等三亿年。

有了答案就可以大发其达的"非常课题"是什么呢？是"经济学家长期以来无法理解的一些现象，如股市投机泡沫的出现和破裂等"。类似的"非常课题"，三十四年前我和几位同学也研究过。今天重听，忍不住哈哈大笑，曰："弍字都冇咁浅也！"我这样说，是有不肤浅的哲理的。

一位ＩＱ爆棚的朋友，凡事都说浅、浅、浅的，有一次我考他一考，问："'弍'字是什么字，其意为何？"他想了很久，想得面红耳赤，总是答不出来。我以安慰语气对他说："'弍'者，'一'也；《壹周刊》之《壹》也；'一字都冇咁浅'之'弍'也！"

"一"字当然是浅的。但假若你走火入魔，用上连字典也不容易找到的"弍"字，那么就算你天才绝顶，充其量只可以自欺欺人，说穿了，既不高深，也不绝妙，只能令人啼笑皆非而已。

经济学上有好些不能（其实是不容易）解释的"非常"现象，可不是因为这门学问的理论中看不中用，要"发明"新的，而是因为世间的局限条件千变万化。经济学理论的有效运用，是先要准确地把有关的局限条件研究、调查、鉴定、简化。这是很艰巨的工程，与方程式的多少或深浅扯不上关系。就算一些不是"非常性"的、微不足道的经济现象，一个经济学高手，往往要穷一生之力，才能稍懂其局限条件的结构。阿罗等人是数学天才，也是理论天才，但他们对世间的真实局限条件，却没有下过什么功夫。

六十年代兴起的交易费用——包括讯息费用——学说，是一个革命性的发展。交易费用是重要的局限条件。为什么在此之前经济学界对之视若无睹，是另外一个话题；而后来经济学界懒得去考察交易费用的局限条件，转向博弈理论（theory of games）那方面的数学发展，又是另一个话题了。我认为，"懒"是人之常情，而这"常情"是这两大话题的答案。

回头说圣信德学派的"非常现象"，其解释的困难，真的是"一字有咁浅"。市场的讯息不仅费用奇高，而且讯息有真有假；更过瘾的是，不同的人有不同的权利，而不同讯息会落在有不同权利的不同的人的手上。

有一次，我与弗里德曼挑灯夜谈，对他说："经过了二十多年的观察，我对你多年来所倡导的控制货币发行量的政策，有所怀疑。我今天认为，回复昔日的金本位制或采用其他本位制，是可取的。你的货币理论绝对一流，问题是不同的人有不同的讯息费用，而准确的讯息往往落在有权力的人的手上，使他们可在市场大赌几手而成大富，外间的人不知道，就是知道了也无可奈何，这些持有可靠讯息的人不赌才怪！此赌也，可以使市场大起波动，对经济发展有害无益。"我跟着举出汇率波动的例子，利率波动的例子，股市波动的例子，指出在这些市场中，某些人可以有利可图，因而增加了我们在外间认为是莫名其妙的大波动。

读者不相信吗？如果邓小平还健在，大家一起在香港的股市上大赌一手，你要买圣信德的众多天才再加十倍胜出，还是买邓小平这个连一条方程式也不懂的人胜出？

我们不容易解释市场的好些现象，尤其是宏观性的某些暴升暴跌的现象，是因为世界的局限条件太复杂，而在这复杂的情况下，有些人在讯息上处于有利位置，可以预先知道一些讯息，在市场大赌几手，风花雪月去也。有些人处于另一种有利位置，可以制造新的局限条件，或刻意而又成功地误导市场。一些市民或股民，以为自己有先见之明，又或者以为自己掌握到一些内幕消息，糊里糊涂地下注；而其他的好些股民，本着那所谓"牛群直觉"，一窝蜂盲目地炒上炒落。

如果我们能知道复杂无比的讯息局限条件的大概，而又知道这些讯息对不同的人的分布，那么"非常性"的市场现象，大学一年级的经济学理论就可以解释得很清楚。但假若有举足轻重的人能深知上述的局限条件，推断市场的去向而准确地下注，市场的走势就会由于这"准确下注"而改变了。

在市场因为没有人能知道局限条件的整体而引起的波动中，或然率往往使某些数据有联系性的出现。这使好些人认为他们按这联系下注便有利可图。历史上，好些人以这种下注方式赚过大钱，但其实是或然率让他们在某波动时期吃到甜头。但历史上，这些"高手"也往往因或然率而破产收场。

股市上的所谓图表派，是因为或然率容许有不尽不实的数据联系而促成的。历久以来，我称"图表派"为"风水派"。

圣信德学派是图表派的绝顶高手。因为电脑的功能愈来愈了不起，市场的数据可以大量搬进电脑去，一按掣就大有可观。这些高手不仅懂电脑，且数学高不可攀，又用上巧妙的假设，于是使人看来更是敬畏有加了。

问题是，这些天才忘记了科学方法的第一课。不管电脑如何了得，不管方程式如何湛深，他们是以市场的数据来解释市场。这是以事实解释事实了。逻辑上，这是不可能的。

一百年前，英国经济学大师马歇尔（A. Marshall）说得清楚：最鲁莽、最不负责任的研究者，是有意或无意地以事实来解释事实的那一类。此乃圣信德之类也。

博弈理论的争议

二〇〇一年七月十二日

两个月前在广州中山大学讲话，惹来意想不到的非议！主要原因，是一个学生问及博弈理论（theory of games），我说还看不到这理论对解释现象有什么用处。讲话被整理后（我没有看过）在报章上分两期发表，后来被转载在北大的网上论坛，跟着的争议风起云涌，骂我的及替我辩护的大约一半一半。

首先要说两件事。第一，我认为学生骂我是好现象。几年来我屡次说内地的学生了不起，私下里朋友质疑。这次学子反对我的观点，明显地有进步。不是因为我认为他们对，而是他们不管我是什么教授。第二件事是不幸的。那是在这次争议中，有些学生说我是凭着大名发言，有点浪得虚名也。这不对。我最讨厌大名。我的"大名"是你们学生强加于我，使我哑仔吃黄连，有苦自知。这里我要郑重声明：任何学生若再说我凭什么大名，就是看我不起。学术上的行规你们怎可以不知道。你要批评我的学术，找我发表了的学术文章来出气好了。我是不会回应的，但文章既然发表了，你们大可手起刀落——不要斩我，要斩就斩我的文章。也不要斩他人说我说过些什么，翻译的也作不得准，要斩我亲手写出来的才算是英雄好汉（一笑）。

闲话休提，言归正传。说我不懂博弈理论，虽不中亦不远矣！我只在一九六二年花过几个星期的时间研读诺依曼（J. von Neumann）与摩根斯坦（O. Morgenstern）的名著：《博弈理论与经济行为》。不是我喜欢读，而是在研究院内选修的一科规定要读。其后在有关博弈理论的几个题材上跟了好一段日子，一无所获。后者是我今天不认同这理论的一个原因。且让我先举出四个我"跟"过的例子。

例一是 duopoly 与 oligopoly，那所谓寡头（指三几个卖家）竞争。这是博弈理论的大题目。只几个人竞争，各出奇谋，不是博弈是什么？问题是，只有两三家看得到的出售同一物品，可能有数以千计的在旁观望，见有利可图时才加入。博弈的不单是看得到的三几个人，还有看不到的数以千计。竞争从来不是指看得到的竞争者，而是包括所有可能的竞争者。博弈理论要算多少个？

大约一九六六年吧。我从赌城拉斯维加斯驾车到旧金山去，路经之地全是沙漠。天大热，摄氏四十多度，汽车没有冷气，口渴之极。车行了很远皆四顾无人。后来到了一个地方，见有五六人家，其中一家门前挂着可口可乐的招牌。我急忙跑进去，买了一瓶冰冻的可乐，只二十五美分。我想，要是卖者叫价五美元一瓶，也是相宜之极，为什么只售二十五美分？

离开时，我见到有几个邻家的孩子在地上游玩，恍然而悟。我想，要是卖可乐的人把价格提升，这些孩子就会叫父母替他们购置冰箱，大做可口可乐的生意。

例二是霍特林悖论（Hotelling Paradox），也是有名的博弈游戏。这个怪论说，一条很长的路，住宅在两旁平均分布。要开一家超级市场，为了节省顾客的交通费用，当然要开在长路的中间点。要是开两家，为了节省顾客的交通费用，理应一家开在路一端的四分之一，另一家开在另一端的四分之一。然而，为了抢生意，一家往中移，另一家也往中移，结果是两家都开在长路的中间，增加了顾客的交通费用。

这个两家在长路中间的结论有问题姑且不谈，如果有三家，同样推理，他们会转来转去，转个不停，搬呀搬的，生意不做也罢。这是博弈游戏了。但我们就是没有见过永远不停地搬迁的行为。

例三是市场的讨价还价。经济学的课本是不容许讨价还价的，但这种行为触目皆是。怎样解释真的是头痛了。一九六三年我开始想，好几次认为得到答案，但还是两年前想到的答案算是满意的。我的答案姑且不论，传统上有些朋友试以 Core Theory 作解释，也有以博弈理论作解释，都没有收获。我自己的解释是一个大秘密，想了三十多年，读者要再等两个月读我在《苹果日报》连载的《经济解释》才知道。到时你可能不同意，但我可预先告诉你，我的解释用不着博弈理论。是的，讨价还价是最常见的博弈行为，要是博弈理论连讨价还价的存在也不能解释，那又怎能自圆其说？

例四是我在一九六九年提出的"卸责"问题了。这是博弈理论卷土重来的导火线。我不认为"卸责"及好些有关或类同的概念，在解释行为上有大作为。我自己的老师及一些朋友不同意这个观点。我曾经几次细说我的立场，不再说了。不同意是有趣的事，就让大家不同意下去吧。

例子归例子。我不走博弈理论的路，不是因为我认为人是不会博弈的。人当然会博弈，但我们要怎样解释人的行为呢？我不走博弈理论的路，是因为我认为在科学方法上这条路走不过。那是维也纳学派划下来的科学方法。可能不对，但那是我所知的而又认为是可取的。这些年来，我自己想来想去，认为验证理论的含意时，在原则上可以观察到的才算是事实，而验证一定要以事实从事。我因此在抽象理论与事实验证的转接中下了多年功夫，满足了自己的好奇心。

博弈理论的困难，是太深奥了。我看不到博弈专家所说的事实是事实；看不到博弈理论有什么含意可以明确地被事实推翻。

　　以科学解释现象或行为，我说过了，不是求对，也不是求错，而是求可能被事实推翻。是要很明确的可能，被推翻了就是推翻了的，然后我们用手指打个"十"字，跪下来祷告，希望上苍保佑，事实不会推翻那验证的含意。博弈理论是不会给我们这个祷告的机会的。

讯息费用与类聚定律

二〇〇二年十二月十九日

那天晚上与几位朋友在一家五星酒店的咖啡厅喝酒，见到二十多位小姐行来行去，是欢场女子，卖笑佳人是也。这些小姐的相貌与身材都有水平，而奇怪的是水平差不多，很平均，没有仙女下凡的也没有目不忍睹的。以十为满分算，朋友们打分都是七分或八分，没有一位小姐是七八分之外的。这奇怪的平均是有趣的经济现象，作为经济解释的老手，我一想就明其理。

我的解释是这样的。据说这些小姐的每次交易大约是一千元，讨价还价可减至八百。我想，卖笑行业的交易价格不能公开，顾客不便逐个小姐问价，所以价格的讯息费用不菲。如果能像好些物品那样公开标价，仙女下凡的胸前挂着二千大元，不堪入目的挂着三百小元，那么仙女与丑女会混在一起，在同一市场卖笑。然而，价格不能公开，顾客所知之价只是一个平均约数，以为每位小姐之价差不多。这样，仙女与丑女皆不能在这市场立足。前者的机会成本过高，要

123

亏蚀；后者无人问津。

卖笑佳人的相貌与身材的质量来得那样平均，是价格讯息费用高而导致的结果。这也是说，是价格的讯息费用导致质以类聚。我称之为"类聚定律"。近六十七岁还能在数秒钟之内把这定律想出来，宝刀未老，不禁沾沾自喜。让我试把上述的定律一般化，然后伸展到与此定律有关的话题上去。

不标价而又不便多问价，其价格讯息费用是高的。但好些有标价的行业，因为质量有讯息困难，质以类聚的现象也明确。知价而不知质，基本上等于不知价。这是因为不知质量是高是低，标出之价是否有所值是一个大疑问。这样，质以类聚的安排又出现了。

举一个例，卖影碟，盗版货是在同一市场出售的。售者说是正版，但顾客一看价格，心知肚明，信你都傻，不会为真真假假的问题争论。如果有真的正版在同一市场出售，珠混鱼目，顾客也当作盗版下注。

举另一个例，拍卖行拍艺术作品，大名鼎鼎拍卖行的货色不一定全是真品，但赝品总要有高水平，非专家不容易看出来。如果外行人能一望而知是多有赝品混在其中，经过几次这样的拍卖，该拍卖行的大名就会急速下降，使拍卖品一般跌价。事实上，好些大名的拍卖行一年举行两次大拍卖，多次小拍卖。大拍卖是拍精选的，质量比较可靠，而小拍卖则较为马虎，赝品的比例上升。

当然，因为鉴证的讯息费用不菲，小拍卖也偶有精品。我曾经以三千元在小拍卖中投得两小幅纳兰容若的墨宝真迹，因为我和我的专家朋友比拍卖行的专家看得准。但我和太太要亲自坐飞机去竞投，志在必得，其旅费、时间费用高出物价好几倍。不见经传的小市镇的艺术品拍卖，差不多全是假货。这也是质以类聚了。偶有真货，但非常少，混在其中是因为小镇专家不到家，误把真货当假货卖，其价偏低。我有两位专家朋友赚取真货假卖的钱，但他们要用功研究，钱不易赚，这也证实我提出的类聚定律是对的了。

再谈一个例子。那就是名牌的现象。大名鼎鼎的名牌子可以很值钱，因为有名牌效应。名牌首饰、手表、服装、皮包等，都是例子。这些名牌的公司花巨资卖广告、设计及注册商标，非常严格地控制产品的质量，而为冒牌货打的官司费用不菲也。比起籍籍无名的牌子，名牌产品的制造成本不一定高很多，但定价则高很多。不一定赚很多钱，因为维护名牌形象的费用高。

与我们这里提出的类聚定律有关的，是质量的讯息费用使顾客不知道（或不肯定）标出来的价是否正确地反映质量。名牌是质量的保证，而这保证是不容易高质与低质一起保的。好些瑞士的手表厂商用几个牌子，高质与低质的牌子不同，名牌代表高质，杂牌低质。这是因为讯息费用的存在而以牌子不同的方式来搞质以类聚。

一个相关的有趣现象，是大名鼎鼎的牌子很喜欢采用不二价政策。很多专卖名牌的商店不容许顾客讨价还价，而在香港盛行讨价还价的手表零售行业，名牌的开价与成交价的百分比差距远较杂牌的为小。这个现象的含意，是名牌代表着质以类聚，而如果容许大幅度的讨价还价，高质类聚的形象守不住，以致付出大投资吹捧起来的名牌，会因为同样物品的价格变数过大而失却其名牌效应。

以上分析的类聚定律，是指质以类聚，不是物以类聚。中国成语老是说"物以类聚"，从物品或产品的市场看，这也是有的。物以类聚的成因，主要不是因为质量的讯息费用或价格的讯息费用，而是因为要减低找寻物品的费用。

小如一家商店，卖文具，或卖五金，或卖手表，其物品的类聚是方便顾客找寻有目的、有意图购买之物。没有人会那么傻，跑进文具店去买手表。小商店之外的大商场，也有物以类聚的倾向。卖电脑的，卖服装的，好些时是多间类同的商店聚在一起，虽然大家竞争比较激烈，但类聚方便了那些有某些物品为目的之顾客，为了招徕，不同商店也就物以类聚了。这是类聚的第二定律。

这商场物以类聚的现象显然没有一般性。那所谓"百货商场"是说物不类聚。大家常见的购物中心（shopping center），主理的人一般刻意也选取出售不同货品的商户租客，每类货品的商户数目有规限。一方面，这是为了方便一般比较漫无目的之顾客或一家大小齐购物。另一方面，太多出售某类物品的商店会使购物中心的租值下降。

百货商场或购物中心其实有另一种类聚。那是类聚漫无目的之顾客，或类聚采购几项物品的，或类聚一家大小逛商场，其成员各有各的需求。这是类聚的第三定律。

欺骗定律：咸水草与淡水蟹

二〇〇三年一月七日

在电视看到一则新闻，是旧现象，只是政府最近才注意罢了。从内地运到香港应市的淡水蟹，被咸水草捆绑得乖乖的，受到顾客投诉。顾客要买的是蟹，不是草，而浸透了水时草的重量只略低于蟹的。这是说，卖一斤蟹，草的重量占大约百分之四十五。据说政府正在考虑提出起诉，罚款高达二万四千。

一个卖蟹的人在电视上解释，蟹的重量之价历来是包括咸水草的重量，如果只称蟹不称草，蟹之价肯定要上升，否则血本无归也。这解释当然是对的。

我不明白为什么政府有时间去管市场习惯。如果有市民不知道蟹价是连草称的，湿草很重，咸水草不能吃，那么说明澄清就可以了。一般市民不会那样蠢，不知道卖蟹是连草称，或不知道咸水草不能煲汤或下酒。当然，好些顾客像我一样，不知道咸水草那么重。但下文解释，在竞争下，咸水草怎样重也无关宏旨，顾客不会真的受骗。卖假蟹是另一回事。

政府干预咸水草捆绑着淡水蟹而出售，有格外过瘾的困难。剪去草才称吗？蟹爬来爬去怎么办？剪掉了草，称后再捆绑不仅费时，而在香港卖蟹的不一定是捆绑专家，捆绑不善，顾客买了回家，绑自动松了，凶神恶煞的蟹在家中横行，张牙舞爪，孩子们叫救命，倒也有奇趣。不要忘记，香港人在家中吃蟹，要新鲜，喜欢捆绑着蒸煮后才剪掉捆绑的。

买新摘下来的荔枝，小枝干与树叶往往是连带着，一起称而算价。买家当然知道枝干与树叶不能吃，但价要与枝叶的重量一起付。顾客大都知道荔枝有枝叶相连保存得比较好，正如捆绑着的蟹比较听话一样。

到市场买蔬菜，菜贩喜欢洒水在蔬菜上，这样较为好看，较新鲜，但不断地加水的意图是增加重量。顾客可能不知道多加水是为了增加重量，但怎会有中计的可能呢？所有菜贩都多加水，竞争下没有谁有甜头；这与所有的菜贩都不多加水、菜价提升后的回报率完全一样。问题是你不多加水而竞争者多加，蔬菜卖同价，你就会遭淘汰。入乡随俗，要生存，你照加可也。

欺骗而能获甜头的行为，是要你骗而其他竞争者不骗，而你又可以成功地瞒天过海的。如果你卖成本较低的假蟹，竞争的同行卖真的，顾客不知道，你可获甜头。通常是暂时性的，但你可能认为骗得一时且一时，若被揭穿转行去也。但如果你以为多加水在蔬菜上是行骗，没有人发觉，沾沾自喜，以为有甜头，那么卖菜的竞争者中最蠢是你，因为长久下去，你不会比他们赚得多。

我最不明白是买鱼吃的现象。到酒家叫贵价的鲜鱼吃，以每两算，但斤两永远不足。顾客可能不知道，"受骗"了，但与买蔬菜一样，足秤与不足秤你要付的价不同，事实上是打个平手。我不明白的是在香港，酒楼向批发商买鲜鱼，斤两也是永远不足的。酒楼的买手不是吃饭的顾客，当然知道斤两不足。既然买卖双方都知道，为什么还是斤两不足呢？

这篇文章的主旨，是说在竞争下，卖家一律欺骗与一律不骗会有同样的效果。我称之为欺骗定律。

上河定律

二〇〇三年三月六日

　　去年十二月，上海博物馆举办一个重要的国宝展览，是集中北京故宫、辽宁博物馆与上海博物馆的珍藏。不远千里而来的雅士云集，加上上海的本地人多，排队进场要选人少时间，而进了场后欲看北宋张择端绘的《清明上河图》，又要再排队。这后队不是很长的，但动不动要排两个多小时。

　　那时我和太太刚好到上海几间大学讲话，躬逢其会，当然要去看看。博物馆的主事人要我们在非繁忙时间去，到时会派一位很有礼貌的女秘书出来招呼一下，但说明观看《清明上河图》不能插队，要排两个多小时。这是说，作为贵宾，进场可以方便一点，但《上河图》则是贵宾不贵的。可见内地的处事有了长进。

　　我对书法有研究。展出的国宝级书法，如怀素的《苦笋帖》，杜牧的《张好好诗》，米芾的《多景楼诗》，以前我见过真迹。这次令我惊喜的是南宋诗人陆游的手书诗卷，书法一流，绝不在好些名书法家之下。奔

133

放而变化多，天真潇洒，豪气逼人。据说所用的笔是猩猩毛造的，从当时的高丽国进口。心想，不知今天怎样才可以弄得一枝猩猩毛笔来试写一下。

回头说《清明上河图》，据说是宋徽宗委任张择端画的，画了三年，而展出的原作真迹的后一段不复存在。《上河图》原来是约十七英尺的长手卷，多个世纪以来临摹之作不计其数。这次原作展出，排队两个多小时，我没有排。不排队是不能近看，但可从离画八英尺左右看。《上河图》的人物多而小，离画八英尺本已不善，再加上要穿过排队的观者之间的空隙看，更要再打折扣了。

我站着想，人龙只有百多个，为什么要排两个多小时呢？答案是轮到观看的人看得很慢，比一般欣赏名画的慢得多。这又是为什么？灵机一动，想通了。因为排队时间是一个价，一个代价，也可说是一项成本。价愈高——即是排队的时间愈长——观者就多花时间欣赏了。这是说，排队的人愈多，不仅等候的时间愈长，每个观者轮到时所花的欣赏时间会增加。这也是说，以图表曲线分析，纵轴为等候时间，横轴为排队人量，其二者的相关曲线不是直线一条，而是向右弧上：The curve is exponential。

让我再说一次。因为时间是价，价愈高，每个观者的欣赏时间愈长。如果六十人排队，观者平均欣赏一分钟，第六十个要等一个小时。但如果一百二十人排队，观者平均欣赏会超过一分钟，第一百二十个要等超过两小时。既然是从《清明上河图》的人龙得到启发而想出这个有趣的规律，而"上河"有逆水行舟之意（虽然清明上河不是这个意思），我称之为"上河定律"。

有两点还要澄清。其一是依照经济学的理念，历史成本不是成本（bygones are bygones）。既然排队排了两个多小时，是历史，覆水难收，再不是成本，不是代价，为什么我说时间之价或代价高而多花时间欣赏呢？答案是观者多花时间欣赏，其考虑不是已经排队的两个多小时，而是这次不多欣赏此后再欣赏的时间成本预期也会是高的。任何人决定去看《清明上河图》，会考虑早看一点的利益与所需的时间成本才作选择，而一个人选在某时某日去参观，他选的是自己认为是利益与成本差别最大的时间。参观的迟早不论，这个人等了两个多小时，他的意识是这次已付出的成本不算，再来也差不多要排队两个多小时。因此，上河定律仍然成立。

举一个例。假若《清明上河图》持久地展出，不用排队，去观看，我欣赏一分钟。但如果我得到方便，可以不用排队欣赏，但说明只此一次，之后我要排队两个小时才能看到。这样，虽然不用排队，我的欣赏时间会超过一分钟。有关之价是可以选择的代价。不用排队，这次没有时间之价，但真正的代价是这次不多欣赏，之后要排队两个小时，所以这次我要多欣赏了。

第二点要说的，是我曾经说，超级市场的繁忙时间人龙愈长，收钱的员工的动作会被迫而愈快。于是，因为人龙长，每件物品的"过机"时间会较快。这与"上河定律"是相反的。但这里是多了一个收钱的员工，他的动作因为龙长而较快。与上河定律相同的，是如果一家超级市场没有提供购买少物的快线，繁忙时间，需要排长队，购物者一般会选购较多物品。这使一个购物者的平均过机时间较长。另一方面，买一包香烟的人通常不会愿意排队等十五分钟。这也是需求定律的含意了。

是的，吃自助餐，同样的食品，每客收费五十与收费一百的食时与食量不同。收费五十，顾客会吃得较少和较快。收费一百，好些食客会因为价高而不光顾，但光顾的会吃得较多和较久。这也是上河定律。

前些时发表了《讯息费用与类聚定律》，解释为什么在同一场所的卖笑佳人的相貌与身材都有相近的水平，很受读者欢迎。内地的网上客很开心，纷纷要求我多写些前所未有的经济定律。他们可不知道，解释一个现象已困难，推出什么定律更是可遇不可求，就是无足轻重的也难于登天。

后来我发表《咸水草与淡水蟹》，其含意着的定律是在竞争市场内，出售者一起欺骗与一起不骗的效果相同，可以称为"欺骗定律"。内地的学子读后说：

"那么浅，不够过瘾！"

我希望提升学子的求知兴趣。很想知道他们对"上河定律"的评价。

从中国发展学得的工资定律

　　二月三日到深圳的凤凰录影，我讲得精彩，但播出时他们把我分析新《劳动合同法》的主题内容全部删除。我大发脾气的原因，是他们删去了一句我说的对经济科学有重要贡献的话。我说："工业的工资，是由农作的收入决定的，用不着新劳动法的帮助。"看似平凡，其实也平凡，但对经济思想史有认识的人，会意识到这句话是填补了二百多年来的一个思想空缺。知道执到宝，我立刻挂个电话给张滔，跟他重温经济学对地租与工资的思想演进。这演进永远差一点，不达，看来又要让老人家来画上句号了。

　　读者要知道，古典经济学的发展，生产要素限于土地及劳力。前者有地租，后者有工资，而这二者怎样决定及分配是大话题，从一七七六的亚当·斯密吵到一八九○的马歇尔才算有定案，但我认为句号还没有画上。资本的概念更麻烦，古典学派拿不准，新古典也拿不准，要到二十世纪三十年代由天才费雪才解通了。这里不谈资本，只说地租与工资。

李嘉图（一八一七）是第一个全面分析地租与工资分配的大师。地租他从 differential rent 的角度入手，说土地之所以有租值，起于土地的肥沃层面不同，优劣有别。这观点后来的学者一般认为是错了。我认为只有小错，在分析发明专利时大手采而用之，一九七七写成了二〇〇五才发表的重要一长节（见《张五常英语论文选》，第二十章第三节）。李氏对工资怎样看呢？后人把 Iron Law of Wages（工资铁律）加在他的身上，他自己不一定同意。这铁律说，工资是仅可满足人类生存的要求的收入——不是生与死之间的界线，而是人类认为值得活下去的主观收入水平。到了密尔（一八四八），亚当·斯密的一个旧观就发展为 Wage-fund Theory。这是指雇用员工的老板拿出一笔款额，为雇用工人而备，而工资就是这款额除以工人的数目。不可能错，但说了等于没说。密尔后来承认是错了，知道这想法不能决定工资的本身。

重要的发展来自一个德国学者范杜能（Johann Heinrich von Thünen, 1783-1850）。马歇尔重视这个人。此君提出了边际产出理论（Marginal Productivity Theory），说工资会等于工人的边际产出所值。到了马歇尔之手，边际产出曲线就成为生产要素的需求曲线，加上工人的供应曲线，工资就决定了。基本上，从一八九〇到今天，经济学接受了这样的工资理论。我自己在《佃农理论》做出的贡献，是说这理论不限于用时间算工资，分成及其他的合约形式也要遵守边际产出的规律。这就带来为什么会有不同合约安排的问题，促成了新制度经济学的发展。

还有一位大师要加进去。那是威克斯蒂德（Philip Wicksteed, 1844-1927）。此君证明，有土地与劳力两种生产要素，二者皆获各自边际产出的报酬，在均衡点下，产出的总收入刚好全部分光。

本来是尘埃落定了，但一九四六年一位名为莱斯特（Richard Lester）的学者，调查波士顿的运输行业，在《美国经济学报》发表文章，说雇用司机的老板不知边际产出为何物，无从按边际产出所值定工资。我的老师阿尔钦为文回应，一九五〇发表，促成了持续十多年的科学方法大辩论。

从逻辑的角度看，说争取收益极大化，边际产出所值要等于边际付出的工资当然对，但雇主怎会知道呢？老板收到订单，看收入，算成本：需要的工资为何，利息、房租、水电、折旧等等加起来，毛利需要多少才划算，接不接单可以决定。雇用工人的成本他知道，需要多少工人他也知道，但何谓边际产出，他不知，也不管。就这样，每个老板都这样，何来边际产出所值等于边际成本了？很显然，边际产出理论如果是对的话，只可能是在结果上对，不可能是老板的意图。老板的意图是多赚钱，只懂得数手指算收入与成本。也难怪古典经济学的大师们吵呀吵的，吵了逾百年：租值与工资及其他资源的收入分配，究竟是怎样决定的呢？中国的发展提供了答案。

个人的估计，开放后十年左右，农民人口大约是总人口的百分之八十至八十五。工作年龄的农民大约三亿七。九十年代后期起，流动的农转工急升，转到工业去的总人口约二亿八千万，余下的九千万再转四千万左右到工业去就差不多了。我解释过因为雇用职业农工变得普及，有轮植的选择，职业农工每年可操作十个月，收入当然急升，加上农产品之价上升，职业农工的月入从二〇〇〇到二〇〇七上升了约五倍。如果十五年后一个职业农工的月入达到三千五百——是保守的估计——那么要吸引这农工转到工业去大约要每月薪酬五千元：农村的住屋相宜、舒适，食品也较相宜，而陶渊明的田园生活是写意的。

这样看，我碰中的定律说如下：工业的发展带动了农转工的兴起，但当达到了近于均衡点，工业的工资是由农民的收入决定的——工业工资不够高农民会选做陶渊明。也是这样看，工业的工资会因农民的收入够高而被保护着，远胜什么最低工资或新《劳动合同法》等外来的蠢办法的保护。劳力的收入决定了，余下来的其他资源的收入分配，就各自各地以类似的竞争情况瓜分。不难用数学证明，达到了经济整体的均衡点，每样生产要素的边际产出所值，会与每样的边际成本相等。边际产出理论没有错，但对的是结果，不是老板的意图。所以用这理论来解释老板的行为也对。这不仅是科学，而且是科学的真谛。

　　新《劳动合同法》闯大祸。我和一些朋友的大约估计，约有一亿工业工人回乡归故里，把发展的大好形势打折了。去年七月我知道这回乡潮是出现了的，大概起于去年三月，远在雷曼兄弟事发之前。不一定是失业，而有多少会再回到工业去目前不知道。回乡的也不是输清光：他们在工业操作有了时日，知识是增加了，再出来不会是大乡里吧。

四、街头巷尾的徘徊（七篇）

风雨时代的钞票

一九九九年七月二十三日

话说在扬州我花尽身上带着的钱，向地摊小贩购入了千多张旧钞票。这些钞票最早是一九一〇，最迟是一九五三。四十多年的风风雨雨，不堪回首，可泣而不可歌也。

回家后我花了一整晚审阅这批旧钞，觉得有趣或不明所以的地方不少。兹仅选八项以飨读者：

（一）我找到四张一九三四年发行的壹圆钞票，被一个胶印掩盖着"中国农工银行"，而在其下补加"中央银行"，钞票两面的中、英二文皆如此盖上，四张一样。

泱泱大国，主要银行改名也懒得重印，其马虎溢于票上，可谓奇观。

（二）千多张旧钞中只有三张差不多是全新的，皆由"美商北京花旗银行"发行，纸质一流，印刷精美。五元及十元的是一九一〇年，一元那一张是一九一九年。奇哉怪也的是，三张钞票都是在横中切断，切得

147

整齐，然后用两张同值的钞票的上半部以胶水粘成一张。这样，钞票上下如倒影，只是号码上下不同！

因为钞票极新，而上下以胶水相连又造得天衣无缝，显然不是出自今天小贩之手。我想来想去，一个解释是发行者不想持钞者看到原来钞票的下半部，而钞票看来是在美国印制，所以一时间赶不及重印。但为什么一九一〇与一九一九的皆如此呢？

（三）有十多张一九三〇年由广东省银行发行的钞票，印上"银毫券"之名，且说明"凭券兑换银毫"。这摆明是以银为本位，以银作保障来增加信心。问题是，一个大的银毫可以变小，而银的分量下降仍可叫作银毫。所以银行若要出术，或与政府串谋欺骗，易如反掌也。

我看这些银毫券的第一个反应：是骗局！真诚的银行发银本位券，怎会不说明纯银的重量？

（四）更大的骗局是那大名鼎鼎的"关金"了。当然由中央银行发行，我手上有的最早是一九三〇，最后是一九四八。

关金是以金为本位，一元说明是一个金单位，十元是十个金单位。后来贬值，钞码愈来愈高，五万元就说明是五万个金单位。没有说明的，是一个金单位究竟是多少金。更过瘾的是，在整张中文的钞票中，"金单位"却用英语。

这个明显的骗局，在中国竟然大摇大摆地施行了起码十九年。要是今天任老弟志刚出这一招，香港人不把他杀了才怪！炎黄子孙毕竟是学精了。

（语曾、任二兄：为什么香港今天的钞票不印明七点八元兑一美元？虽然要经发钞银行去兑换，但这是事实，而金管局没有意图行骗。说明了可增加信心，但要改兑换率时则要发行另一种钞票，比较复杂了。）

（五）找到二、三十年代好几家私营钱庄——如"陆宜和"、"黄山馆德泰昶"之类——发行的钞票，显然是清代遗留下来的"冇王管"的自由货币制，到了民国就与政府争食的。哈耶克生时极力提倡的自由发钞制度，在中国早已存在。我想，在太平盛世，如清康熙至乾隆的百多年间，这种自由银行（钱庄）制应该有很理想的运作。我又想，今天数以千计的中国青年经济学者，怎可以放过这个绝对是一级的研究题材？

我手头上有的十多张钱庄钞票，有些如合约，有些如凭单，有些则像政府发行的钞票一样。一张钞票其实是一张合约——我在三十年前就说过了。民国时期的钱庄钞票，有以一串铜钱为本位的，称为"一吊"，也有以政府骗人的"大洋"为本位的。政府行骗，一些钱庄也就乐得同流合污，过瘾一下。

（六）找到两张有毛泽东肖像的钞票，都是五百元的。东北银行的是一九四七，长城银行的是一九四八，二者皆印上"中华民国"的年号，此一奇也；钞票上没有说明任何保障，此二奇也。想当年，毛泽东靠打游击得天下，所以自制的钞票也"不拘小节"。但当时市场信不信，通用不通用，则有待考究矣。

（七）中国人民银行发行的钞票，一九四八及一些一九四九的用上"中华民国"的年号，但一些一九四九的已改用公元年号，此后就淘汰了"中华民国"。

奇怪，一九五〇年至一九五三年间，人民银行发行的好些票额很大——五千到五万元——应该不是人民币。但旧钞中有一张一九五二年的支票，说明是人民币四万五千元。那在当时是很大的数目了。

（八）我对钞票上的"公仔"肖像很有兴趣。用人物肖像的目的，显然是要增加市场对钞票的信心。一家名为"中国联合准备银行"所用的肖像，可能因为当时的政治形势，都是中国古时的圣贤豪杰。这家银行起错了名，意头大为不妙。准备与储备不同。银行要的是储备（reserve），非准备（preparatory）也。银行有什么要"准备"的？准备执笠乎？果然，我所有的多张"中国联合准备银行"的钞票，都是中华民国二十七年（一九三八）。众多圣贤也救它不了！

一张一九二七年中南银行发行的钞票，竟然用慈禧太后的肖像，这银行若非与慈禧的后人有关，其思维有点问题。

你道在那风风雨雨的四十多年中，中国钞票上谁的肖像出现最多？无与伦比的冠军，是孙中山。孙某本领平平，但被称为"国父"。既为国父，就是死后也要付出一点代价。凡是通胀急剧，钞票贬值如石沉大海的人物肖像，都是孙中山。那搞笑的"关金"，其肖像当然也是孙中山。

可以这样说吧：凡是大骗局钞票上有肖像的，皆国父也。天可怜见！

从浅观察看深问题

重要的经济问题，往往可从微不足道的观察中找到答案。这种答案不精确，但很可靠。"不精确"的意思，是指没有严谨的统计数字；"很可靠"是指不容易错，而答案有水平。跟今天后起的经济学者不同，我这一辈的喜欢用浅观察来先找答案的大概，再用其他日常观察加以引证，然后再考虑要不要多走几步。

几个月前我和太太到扬州一行，与来自瑞典的一位经济学者及其太太相聚，四个人在那里畅游了三天。那是扬州八怪的地方，有好些故事可对他们说，而瘦西湖等名胜也是值得一游的。令我感慨的是朱自清的故居。好不容易才找到，是陈旧的房子，一个老人在那里看守，一些旧相片，几本书。老人说，几天才见到访客——朱前辈是逐渐被遗忘了。

少年时我爱读朱自清的散文。《荷塘月色》、《背影》等我今天还背得出来。从朱的故居中的介绍文字可见，当年他很"前进"，有赤子之心，但与其他热血才子一样，潦倒穷途而早逝。

153

在扬州第二天的黄昏，我们在闹街上走，小贩多如天上星。瑞典朋友见到街上废物多，问："为什么这个重要的古城不清扫多一点的？"我答道："是应该多加清扫的，但地上的废物，证明着经济大有改进！"我于是指着地上的几个塑料袋，说："'文革'期间，这些还可再用的塑料袋不可能弃诸街头，就是有人不小心遗弃了，不到几分钟就会有其他人拾起来。"扬州街上其他的废物也同样地有说服力：还没有吃完的食品，可以再读的报章，破旧的衣裳……

可以这样说吧。要知道一个城市跟另一个城市的生活水平的高下，把两市街上的废物箱中的弃物拿出来比较一下，得到的结论会是可靠的。

记得一九六一年，在加大做本科生时选修了一科经济发展学。教授是有名的沃尔夫（Charles Wolfe, Jr.），谈到国民收入增长的数据及统计上的困难，说上好几课。我见学问搞得那样复杂，忍不住问："为什么不看政府每天清洁城市时所收的废物增长率？这不是简单而又可靠吗？"教授无言以对。

最近香港的经济有一个热门话题：贫富悬殊愈来愈严重，有两极分化的迹象。据说经济正在全面复苏，但贫富却两极分化。全面复苏是"据说"，不是我说的；另一方面，只要到环头环尾走走，两极分化容易相信。为什么会这样呢？这是个深问题，我见跑出来解释的年轻经济学者都答得深，有些深不可测，就试行从浅观察找答案。

想了几分钟，坐上计程车问的士佬："阿叔，近两三年来你们所收的小费是增加还是减少了？"答曰："惨！惨！惨！"只三个同样的字，我就找到了答案的大概。且听在下道来。

我认为香港的贫富两极分化，有两个基本因素。第一个不是我发明的，那就是回归后的香港政治化加速了。政治化对富有的人有利，或起码能给他们多点保障。这是世界历史的经验，非我之见也。

第二个因素是与的士佬的小费有关的了。这就是香港的联系汇率制度出现了我不大明白的问题，导致香港的实质利率比美国的高得多。香港有通缩，实质利率高达年息十多厘。这样的高息对富人为害不大，而对有钱借出去的却是有利了。但对中层人士来说，高的实质利率会使他们削减消费，尤其是那些买错楼而成为负资产的，其消费削减的幅度更大。

我求教于的士佬的原因，是富有的人很少坐的士——他们有私家车与司机。穷的人也不坐——因为坐不起。坐的士的大都是中层人士。我问小费，因为那是削减消费在边际上首当其冲的。低层穷人所吃的饭，是从中层得来的"嗟来之食"，或可说是从中层的慷慨消费而得的。

看看今天香港的饮食业，就知道那所谓全面复苏是夸夸其谈了。低层的人没有钱到酒楼吃饭，去那里洗碗、传菜是可以的。但中层的因为实质利率奇高而减少酒楼的光顾，穷的变得洗碗工作也不容易找到了。

君不见，环头环尾的商铺，租值下降的百分比，远比太古广场或置地广场的为大。前者，有些地方是下降至近于零的。无他，中层大幅削减消费而已。在商店购买一套衣服可以穿一年也可以穿十年。新衣的耐用期长短与实质利率的高低是正数联系的。

对读经济的学生说几句吧。经济学是一门验证科学（empirical science）。这种科学是要有实验室的工作训练的。你们在中学读物理、化学，要上实验室的课。在科学的本质上，经济与物理、化学没有什么不同。但为什么你们选修经济，从来不用上实验室的课？你们应该知道，书本上的统计数字不可能代替实验室的教育。

经济学的实验室只有一个，那就是真实的世界。你们天生下来就生活在这实验室里。问题是你们不知道自己活在其中，所以除了上课温习，行行企企，没有细心地观察世界或市场上的事。这样，你怎样苦学也不会成为一个有斤两的经济学者。

你可能见到一些前辈同学，到外地的名校拿得个经济学博士，做了什么教授的，写出来的文章数学与统计的方程式多得怕人。然而，论及解释世事，一般来说，这些文章的内容大概是零。

想当年，科斯读到我那篇后来成为名作的《蜜蜂的神话》，见到内里有一个几何图表，就说那是整篇文章的唯一缺点。过了些日子我才意识到，科斯是说文章既然内容充分，用几何引证是多此一举。

多到市场走走吧。微不足道的观察，往往有深入的含意。你会学得很多的。回港任职的头几年，年宵之夜我带学生到街头卖桔，是带他们到实验室去了。

从玉石市场看讯息费用

二○○二年二月六日

（五常按：本文摘自拙作《供应的行为》第九章第三节）。

玉石在中国起码有五千年的传统，但今天中国人视为装饰珍品的玉石，是翡翠（jadeite）。翡翠玉石全部产于缅甸，清代中叶传入中国。这里分析的玉石是翡翠，是香港人熟知的在广东道成行成市的那一种。不是所有这类玉石都是珍贵的：劣品甚多。

缅甸的玉石不是从石矿开采出来的，而是在某山上挖掘出来的独石。独石是零散的石块，从数盎司到数百磅不等。经过不知多少亿年埋藏于土下，独石有石皮，而石皮之质与皮内之玉截然不同。石皮通常不透明，从皮外猜测皮内的玉质是湛深的学问，就是专家也是猜错的机会大，猜对的机会小。猜不准，但专家比非专家的准确性高很多，所以猜不准也值得花长时间研习这猜测游戏。猜不准但算是专家的大约要研习二十年。这是很高的讯息费用了。

我调查玉石市场的起因，是玉石原件若被切开来，真相大白，不用费时研习那猜测游戏。那为什么原石不切开来才出售呢？卖家为什么故作神秘，鼓励买家研习猜测？一个答案是切开可能切坏了。这答案不对。虽然不同的玉石产品有不同的开石切法，但哪一类的原石适宜造哪种产品，众所周知，一般不会切错。事实上，运到香港的原石出售时，通常在石皮上开了一个或更多的小坑，是可以稍窥玉质的大约三公分长不到一公分阔的"水口"。这水口是磨出来的，去皮见玉，让买家看到一小点玉质。水口或深或浅。如果卖家选开较多水口，或把石皮全部磨掉，石内的玉质就披露较多，但还是远不及切开来的真相大白。为什么卖家不把水口增加？在缅甸原石出土成交时，通常是半个水口也没有。运到香港出售，原石加上水口，而有时不切开石再转售，水口说不定会加上去。这些现象的解释是后话。

回头说作为独石，每石之玉有独特的面目。不计其数的石块，切开造成零碎产品后，大致上专家可以辨别哪几件零碎产品是出自同一石件的，虽然在色泽上出自同一石件的零碎产品往往不同。有可以辨别的特征是玉石有价的一个原因。然而，如上文所述，翡翠玉石很多，大部分是劣品，有些根本不值钱。可以作为装饰品的起码是中上之选。专家可以辨别是一个重点，而同样重要的是专家可以有准则地排列玉石产品的质量高下。

判断质量高下的准则，是由数百年的中国品味传统与不同质量的供应多寡决定的。有些我们认为很美观的玉石，因为供应比较多，或与传统的品味不合，不大值钱。同样，日本与菲律宾的品味与中国的不相同，但因为这些地区的需求量不够大，主要决定质量的品味还是中国。最值钱的质量是那些深绿、有光泽、有厚度而又通透的产品。这种产品非常难得。"绿"通常是玉石块中的叶脉或纹理，精彩的要找到一丝也不容易，而要有厚度、够绿而不带黑、有光泽而又无裂纹，就真的是难求了。

购买玉石产品的人不只求装饰美观（入色的可以非常美观），也求保值或作为一项投资。没有专家的鉴别及专家们的认同，玉石产品不可能有今天见到的高价。因为讯息费用高，要成为一个玉石专家是二三十年的功夫，而如果专家们对产品的判断不认同，专家就有等于无了。是个重要的结论：纯以品味而成价的产品，在有讯息费用的情况下，有专家认同其价值会上升。

一九七五年研究玉石市场时，我曾经拿着十只大小相同但质量不同的玉手镯，给五个玉石专家排列价值的高下。他们排列的次序完全一样，但在同样的次序中他们的估价却有颇大的差别。这估价不同不是因为对玉石本质的讯息不同，而是因为市场的讯息不同。专家们各自专于不同的产品。手镯、挂件、蛋面等产品是不同的专业，有不同的市场讯息。同类产品的玉石专家，估价是远为接近的。

　　要解释玉石市场的"怪"现象，我可以推出两个基础假设。其一是要成为一个专家，对玉石质量的讯息要下相当长的时间投资。虽然专家之间有不同的判断水平，他们每个都是靠专业为生，以"眼光"糊口。他们自己在玉石市场买卖而赚取差价，又或收取费用做顾问。其二是玉石的物主拥有讯息披露的权利，物主会审时度势，看看买家是谁，市场的竞争对手等而决定讯息披露多少，从而增加自己的财富。这样的讯息披露，免不了有欺骗的行为，小则隐瞒，大则入色。

　　玉石原件不切开来出售，是因为在讯息不足的情况下，切开剖白能获得的价在预期上会低于隐瞒某部分的讯息。如果原石的物主预期切开剖白的价值较高，他会切开来出售，但这情况不多见。最常见的情况，是物主选原石中最大机会披露高质的位置，开一个小水口，以蜡擦得光亮而出售。选择这水口位置要由专家决定，而如果原石预期是珍品，高级的专家会被聘用，选一个水口位置的费用可以高达数万港元。如此慎重处理，专家选错了位置还是时有所闻的。

　　原石开了一个水口后，要不要多开一个是以能否使原石增值为依归。要是一个水口见佳质，多开一个预期会有同样佳质的，物主大都选择多开。要是第一个水口见劣质，多开预期会改善，那就更要多开了。通常缅甸的玉石原件运到香港后，出售时每件有水口一至二个，虽然多达数十个的也有。多开一个水口，见劣质而使原石之价暴跌的例子也时有所闻。

考虑购买原石的人当然知道水口位置的选择是出售者认为是披露最佳质量之处。但这买家可能是更高的专家,认为水口位置选得不对,购入原石加开水口再出售。无论怎样,单看水口而猜石内之质是很难猜得准的。我见过一件多个水口尽皆精彩的原石,一位专家朋友说石内多半是劣质,果然说对了。另一方面,缅甸的玉石有不同类的品种,某些品种质量比较稳定,或远为容易观其外而知其内。再另一方面,市场的专家往往专于不同的产品。不同的产品要用不同的石料,所以专家们大都集中于自己懂得的产品市场来选购原石的。

无论怎样说,因为观原石之外难猜石内之质,稍知一些的到原石市场下注,赌一手切开来是有机会赚钱的,而好些瘾君子这样做。二十七年前我作过大略的估计,能这样赚钱的机会不及到马场赌马。这可见真正专家在玉石上的讯息投资不是白费的。是时间很长的投资,通常是靠家族的玉石生意传统,从小练起。如果每个人都大公无私,原石切开来才出售,玉石的讯息投资会只限于鉴辨产品的质量,讯息费用据说可减七成以上。但大公无私的人不存在,各自为战,市场的讯息费用就激增了。自私对社会有利也有害,玉石市场是一例。

但玉石原件不切开剖白,隐瞒讯息的例子,虽然奇异夸张,可不是玉石市场独有。所有产品的市场皆类同,只是不够奇异夸张,我们不注意罢了。

我可举水果店卖红苹果的例子。美国华盛顿州所产的红苹果运到香港出售，水果店把之擦得光亮，然后一个个整齐地堆起，每个选最可观的一面向着顾客。顾客若翻动是不欢迎的。其他例子读者可以想出来，不用多举了。

回头说玉石市场，隐瞒讯息的行为不限于不切开原石出售。因为玉石的讯息费用高而玉石的本身珍贵，其他隐瞒讯息的行为也就比较夸张了。最有趣的是买卖双方议价时价格不公开，而是用毛巾或报纸掩盖着买卖双方的每人一只手，以看不见的"无形之手"讨价还价。隐瞒价格显然是买方的要求。我是专家，愿意出某价购买某玉石，你是旁观的竞争者，知道我是专家，若价格公开你跟着我出的价提升少许竞购，我的专家讯息岂不是给你免费利用了？玉石产品的议价往往用无形之手；玉石原件议价，若有其他人在旁观望，无形之手是一定用的。

广东道的玉石原件拍卖令人叹为观止。是四百平方英尺左右的小室，中央方桌一张，没有椅子。地上放着二三十个篮子，每篮之内载着一至五六件原石，每件都有小量水口。室内有几只吊灯，让顾客在拍卖前以灯光照射来猜测石内之质。大约有两天的时间给顾客这样审查，拍卖时是以每篮子内所有的原石算一价。

拍卖官是个顶级专家，在玉石市场声誉卓著的。他的服务是由卖家雇用的，所以他要争取最高的出售价。拍卖开始，十多个买家环绕方桌而立，一个工作人员把一篮子原石放在桌上。拍卖官拿出毛巾，掩盖着右手伸出去。竞投的人逐个把右手放进巾下，以手指出价。一个一个地这样做，动作快得惊人，不到一分钟所有的人都出了价。拍卖官每个买家都认识，而每个买家所出之价他都记得。

在拍卖官的身后有一间仅可容身的小房子，有布帘，卖主藏身其内。一轮出价后，拍卖官转身把巾下的手伸向小房子。布帘伸出卖主之手在巾下与拍卖官的相触。大家不说什么，但触手的时间比较长。拍卖官在巾下传达给卖主的讯息，是顾客所出的高价为几，不同顾客出价的差距大小，以及拍卖官认为应该卖或再作第二轮竞投的意见。卖主的回应也在巾下传达了。要是决定出售，拍卖官叫出价高者的名字，这价高者不能反悔。

一般来说，如果第一轮竞投有几位高价的价格相近，第二轮竞投同一篮子是必然的。凡起一轮重投，旧一轮的出价皆作废。那是说，只要拍卖官没有叫你的名字，你在重投时所出之价可以低于早轮的。第二轮的巾下出价比较慢，拍卖官常叫触手者出高一点，是有议价的性质了。第二轮过后，拍卖官又再转身与卖主的手在巾下相触。

在我参观过的两次上述的玉石原件拍卖中，每篮平均大约有三轮巾下触手。任何一轮之后，一叫人名就卖出，卖出后之价是要公布的。卖不出就只把篮子搬开。拍卖完毕后卖主请所有在场的人晚宴，是惯例。没有人认识我，这种晚宴我鱼目混珠地吃过一次。

　　隐瞒讯息是讯息不对称的主要成因。

香口胶的故事

二〇〇三年五月十三日

前些时在《还敛集》发表《中国必须争取清洁与卫生的形象》，是见到非典病毒的蹂躏，有感而发，建议中国必须培养出清洁的风俗习惯。该文在内地的网上得到很大的正面回响，可见中国的青年也希望自己能有清洁的习惯，事有可为也。我不是什么清洁、卫生专家，但经济学上清洁及污染是社会成本的话题，是我的专业，可以分析一下。

清洁卫生的经济分析不容易，一言难尽，可以搞得很湛深。另一方面，医疗经济学是一九五八年由凯塞尔（R. Kessel）创立的。可惜这位朋友于一九七五年谢世。要是今天还在，我很想知道他对非典的看法。清洁的经济话题复杂，要说得简单易懂，让我从香口胶说起吧。

香口胶吃完的残胶，吐在地上，被行人践踏，过了不久，胶在行人路上，乌卒卒的，不雅，也不容易清除。四个地方的处理方法不同，让我说说吧。

167

（一）香港是吐香口胶于街道上罚款六百。不灵，因为监察费用太高。人烟稠密的行人路，香口胶残渍多如天上星，奇观也。去年香港政府判出去给私营清除残渍，一年费用六千三百万。

经济分析如下。香港市民平均每人每年十元残渍清除费，是否高于香口胶的平均消费我不知道，但很可能高于吃香口胶的消费者盈余（consumer's surplus）。若如是，香口胶对社会的贡献是负值，不吃也罢。另一方面，清除地上残渍是否值六千三百万一年呢？多半不值，因为这头清除那头又吐。不知政府凭什么准则去花这笔巨款的。

（二）上海行人众多的街道，香口胶的残渍大约只有香港未清除前的三分之一。不是上海人不乱吐，而是那里的街道从早扫到晚，扫完又扫，不断地扫。

经济分析如下。扫地工资低廉对减少地上残渍有助，吃香口胶的消费者盈余，减除了一部分的扫地成本，有较高的机会是正数。问题是一步之内有二十片残渍，比一步之内有六十片不一定是大改进。说不定，一步之内有一千片最好看。

（三）新加坡标奇立异。那里一九九二年禁吃香口胶，不准进口！去年（十年之后），美国的香口胶商人大搞政治活动，通过外交途径强迫新加坡取消禁例，吵得不亦乐乎。后来的新法例很天方夜谭，不用细说了。

经济分析如下。香口胶的残渍在地上难看的负值，是否高于吃香口胶的消费者盈余，是关键问题。新加坡政府无从衡量，禁吃是武断。至于后来因为美商的利益而使两国政府吵来吵去，律师费用不菲，也显得政客无所事事，浪费了纳税人的钱。

（四）日本最简单。不禁吃，地上没有香口胶残渍，是他们的清洁风俗使然。

经济分析如下。香口胶吃完不吐于地，见到废物箱才放进去，其成本远低于香港需要出动高压喷射机，加热，加人手，用大约四十五秒才能清除一小污片。四个例子中只有日本可以肯定吃香口胶的利益（消费者盈余加香口胶之价）高于社会成本。

风俗习惯可以减少交易费用，一九六九年我说过了。

打假货是蠢行为吗？

二〇〇九年十一月十七日

朋友说，因为明年上海大搞世界博览，估计游客八千万，该市不久前开始对冒牌货、盗版之类进行封杀——罚款奇高、吊销牌照，甚至刑事处理。是所谓"打假"也。我不怀疑中国的假货市场庞大，但衷心说实话，也欣赏中国的假货假得精彩。

纵观地球的经济演进，假货的盛行永远是在人口密度高的国家的发展有点看头时出现，无可避免。因此，客观地看是个好现象。不是赞成或同意假货应该存在，而是当我见到一个贫困的落后之邦产出的假货来得有头有势，会替他们高兴，因为这代表着的，是该国的经济有前途，比政府公布的任何数字来得可靠。曾经说过，衡量一个落后国家的工业发展，最迅速而又可靠的判断是到该国的假货市场考察一下。

二十年前韩国的假货质量明显地高于中国的，我认为中国的经济是远远地落后了。这几年中国迎头赶上，是好现象。两年前一位小姐朋友在深圳花三百元购买了一个名牌皮包，是假货，拉链坏了，拿到香港的代理商店要求修理，店员真、假不分，免费给她换一个数千元真的。几天前一位女士在内地购买了一只欧米茄手表，看似白金镶着一圈小钻石，钢造的表带精美。三百五十开价，一百二十成交，当然是假货。一位珠宝专家朋友拿着细看，摇头叹息，说："这么便宜，怎可以把那些假钻石镶得那样完美呀？"我自己也是个准专家。先父当年从事电镀原料及抛光用品的生意，跟香港的厂家有密切联系，所以从小我对表壳、表带的制作过程有深入的认识。看着那一百二十元购得的假欧米茄，翻来覆去地看，心想：零售一百二十，批发只不过是五六十元，物价调整后，这是五十年前香港的十元以下，但五十年前的香港，十元单是表带也造不出来！在物质享受上，炎黄子孙的确有了很大的改进。

转谈本文正题，问：上海的政府应该打假吗？答曰：无可厚非，因为假货多可能被认为有辱国体。再问：明年光临世博大典的众多游客，一般会反对上海假货多多吗？答曰：蒙查查的游客一般会反对。然而，若再问：如果外来的贵宾们事前知道哪些货是真，哪些货是假，他们会反对价廉物美的假货存在吗？答曰：他们可能不好意思说出来，但没有理由反对假货的存在。有真货、假货的两种选择，当然比只有真没有假的市场可取。换言之，反对假货存在的贵宾们，主要是恐怕中计，把假货当作真货买。明知是假而付出假货的低廉之价，他们不会反对。君不见，在上海的专于出售假货的市场，老外云集是常见的现象。我的太太见到一个长得美丽、穿得高雅的西方小女孩，在假货店内用很不俗的普通话讨价还价。如果上海杜绝假货，这个讨人喜爱的西方女孩是不会出现的。父母给她的零用钱无疑是为买假货用的。

不要多信那些因为愚蠢无知而把名牌新制的假货当作真货买的故事。在中国的市场，顾客一般不会中这种计。假货虽然往往可以乱真，但顾客看不出也不易中计。市场的竞争给顾客提供保护。真货与假货的开价一般相去甚远：数万元一只的名牌手表，假货开价只数百，顺口压一下价可减半，大压可减三分之二。手表如是，皮包如是，成衣等也如是。只要这类货品在店铺出售，以假当真卖的店铺在神州大地不容易生存。古家具等是另一回事。

多年前，在台湾，我察觉到一个妙绝的欺骗手法。一间有空调的高档手表商店，把钢造的真的名牌手表镀上金，以金表定价。机缘巧合，我刚好知道该名牌的该型号是没有金造的，所以破案。然而，这种算得上是高明的欺骗手法，在今天的神州不容易出现。这是因为内地对这类骗术的惩罚重而快。不是说内地没有行骗（其实不少），也不是说内地的法治有过人之处（其实要大改进），但某些事，某些情，他们的打杀手法自成一家，有空调的手表商店的老板要吃了豹子胆才敢把真的名牌钢表镀金作金表出售。

没有店子的独行侠出售假货怎样了？到上海的外滩走走，你不难遇上一些满身是名牌手表假货的独行侠，开价也是数百元一只，大手压价后一般比店子的略为相宜。我作过试验，知道独行侠开价的差数比店子的高相当多。不难理解：不怕顾客回头算账，他们可以博一博遇到蠢材。但他们不会把假货作真货卖：就是真的是真货也不会有人相信，何必浪费心思呢？如果有一位顾客在外滩跟一位独行侠以天价购买了一只他认为是真的假名牌，会是上海奇闻，蠢到死，跳进黄浦江算了。

大略地说了政府怎样看，游客怎样看，顾客怎样看，店子怎样看，独行侠怎样看。现在轮到名牌真货的老板们怎样看冒牌货或假货这个问题。曾经写过，假货的出现对某些名牌老板是大吉大利的。当然，如果你问名牌老板应不应该打假，他们多半会抢着说应该。一般来说，这不是由衷之言，只是因为同意不打假有机会害了真货的市价。不出声，不参与打假行动，是名牌老板们的默许做法。

我曾指出，劳力士手表的假货在中国多如天上星，但我敢打赌，该名表的真货这些年的销量一定是暴升了。假货的存在替真货免费卖广告。只出得起钱购买假货的人根本不会问津真货，但有朝一日收入多了，要买真货来过瘾一下是很自然的事。这些日子我见到欧米茄手表的假货急升，心想，不知要到哪里购买欧米茄的股票呢？有另一种大名鼎鼎的瑞士手表，国内有假货，但奇怪地不多，于是想，这名牌还没有打进神州吧。到几间大商场视察，果然不见。手表如是，皮包、成衣等也如是。君不见，不懂外语的神州女士们，可以把英、法、意等名牌说得朗朗上口，把我这个中、西兼精的老人家杀下马来。她们无疑是从假货中受到教育，学会了。有效果吗？杭州有一家店子，卖一个假货满布神州的名牌皮包，是真货，平均每天销售进账逾人民币五十万。可能是世界纪录。没有听过该名牌的老板参与或建议打假。

我没有说所有假货皆对真货有利。影碟、唱碟、书籍之类，假货为害真货一般无疑问。重视使用功能的产品，例如照相机，假之不易，市场不见假的。但好些年前还盛行的摄影胶卷，在神州假货多得很。质量略差，但不俗，因为是从某国以大卷进口后重新包装的。听说名牌香口胶也有假货，我没有吃过。胶卷与香口胶的例子示范着的，是真假难分、价格不高的产品，不容易处理。

我可能是地球上唯一的要公开说明希望自己的产品被人假冒的人。好几年前见到市场上有不少假冒周慧珺老师的书法出售，见到周老师时对她说了，她不怒反喜。一时间我自己悲从中来，因为没有人假冒我的书法。如果有人假冒我的书法，在艺术市场随处可见，真迹写得一团糟也有价！

读者要考虑收藏艺术作品吗？衡量选择的准则多

多，可靠的无几。只一项准则差不多肯定可靠：见到某艺术家的作品开始有不少假冒之作时，下注真货。当年多被假冒的林风眠、齐白石、傅抱石、吴冠中等画家，今天他们的"真货"之价飞到天上去。

打假货是蠢行为吗？如果名牌的真货老板不反对假货的存在，或默许，应该是。但更蠢的是手表、手袋之类的名牌老板，支持打假货。这类产品，没有假货是不会在神州大名远播的。

炒黄牛的经济分析

二〇〇九年十二月一日

（五常按：二〇〇五年九月二十日，我发表《黄牛也有道》，过于简略，内容远为不足。这里再写，是要加强构思中的《新卖桔者言》的阵容。）

同样的现象或行为，可以有很不相同的经济含意，而如果政府不明道理，只管采取同样的政策或法例来处理同样的现象或行为，可以闯祸。

不久前我发表的《打假货是蠢行为吗？》是个例子。一些假货无疑对真货有害，但名牌手表、手袋之类，假货的普及宣传可以帮真货一个大忙。如果政府立例"打假"，把假货杜绝，不仅会损害真货的老板，数以十万计的制造假货的工人也会受到损害，无数的消费者少了享受也。

同样，排队轮购这现象要怎样解释才对呢？传统的解释是因为有价格管制，售价被约束在市价之下。价管无疑可能导致排队轮购，然而，没有价管的超级市场，在繁忙时间一般有排队轮购的现象。后者的可能解释有好几个：超市频频调整价格的费用可能太高，或引起混乱的代价可能太高；在短暂的繁忙时间增加收钱的服务可能不划算，顾客宁愿多等几分钟；有人龙出现，收钱的服务员会见形势而提升工作的速度。这些及其他的解释都有可能。跟自然科学一样，经济学的科学方法可教如何取舍解释，如何决定是哪几个解释的合并，也教怎样从几个有关的合并中衡量彼此之间的轻重。

炒"黄牛"一词据说起自二百年前上海出现的"黄牛党"，以"黄牛群之骚然"来描述该现象。其中那个"党"字近于不可或缺，因为下文可见，要炒得有利可图，联群结党而炒之往往需要。一般之见，是"炒黄牛"通常是把原定的物价或票价炒上去而图利，但今天神州大地的经验说，把原价炒下去也时有所遇。炒黄牛因而不限只炒上，而是有时炒上有时炒落。我曾经说中国的市场比西方先进之邦的来得自由，来得精彩，黄牛之价往往炒落是西方经济学者不容易想象的玩意了。

不成气候的课本说的炒黄牛，其实是指炒黑市。这是要在有价格管制的情况下才出现的。黑市的存在可以减少在价管下因为要排队轮购或花时间搞关系等行为必会导致的租值消散。黑市是非法行为，破坏了价管的目的。其实价管的目的为何是深不可测的学问。我认为在私营运作下政府推出价格管制，主要是满足某些人的政治要求。历史的经验，很难找到劳苦大众能因价管而获益的证据。

跟八十年代的中国相比，西方的价格管制属小儿科了。当年神州大地的价管，主要用于国营企业的产品。此管也，容易推行，因为有国营干部的支持。当时在价管下的炒黑市称为倒买倒卖，谁是获益者清楚明确。今天回顾，国企的大事价管帮助了经济改革。这是因为价管无可避免地带来的国企财政损失，要政府上头负担。上头负担不起，是促成要亏蚀的国企加速私有化或民营化的一个主要原因。另一个原因是世纪转换时地价开始上升，国企因而卖得出去，有足够的资金遣散国家职工。是的，当年卖要亏蚀的国企其实是卖地产。

转谈大家熟知的炒黄牛，其实主要是炒票：戏票、球票、车票、粮票、剧票、音乐会票、运动比赛票等。黄牛党卖的称黄牛票。炒黄牛门票有两个特点，增加其生动性与过瘾度。其一，票是小小的纸张，黄牛老兄携带方便，一夫之勇可以随身带很多。其二是门票的使用一般有时间性，过了开场或开车的时间，票的使用权一般作废。炒票的繁忙时间通常是使用前的短暂时刻。要急切地推销，否则作废，这样的局限逼使黄牛老兄们要有很高的效率才可以赚钱。他们要联群结党，互相呼应。黄牛"党"于是成立，大家互传信息的法门是个现象了。今天手提电话普及，使国内黄牛党的运作快若闪电，令人叹为观止。

国企或公立的服务的票价往往偏低——例如新春期间的火车票价——黄牛当然大炒特炒，而我们不用怀疑这偏低的票价会使有权发票的人获利。公立出售的车票或门票鼓励炒黄牛容易解释，不用细说了。困难是私营牟利的企业也屡见炒黄牛的现象。为什么呢？有几种原因。

想想吧，一家私营的电影院，老板不可能不知道怎样定价才对，或起码知道价位大概应该为几。黄牛老兄要从中取利，谈何容易？大手购入一批电影票，猜错了市场的需求，只卖出其中一小部分岂不是血本无归？这就带来黄牛老兄们要与电影院的售票员串谋行动之举：卖不出去的可以静静地退回给票房。这是香港五十年代的经验，导致电影院的老板们到警署投诉，促成政府立法禁止黄牛行动。这可能是炒黄牛一般属非法的主要原因。今天的电影院一律以电脑处理票房操作，炒黄牛近于绝迹了。

今天，国内的音乐演奏会、体育比赛等项目，皆有黄牛党的存在。那是为什么呢？一个原因，是这些节目的票价够高，炒上炒落都有点油水。另一个原因，是这类演出，在国内通常有免费的赠票送给达官贵人，而这些君子们往往不知莫扎特是何许人也，黄牛老兄于是把这些懒得出现的君子的门票弄到手。再另一方面，任何演出，总有些购买了门票的人因为某些事故而不能参与，于是通过黄牛老兄放出去。炒赠票或因事故而不参与的票，往往炒落——即是黄牛票价低于原定的票价。当然，有了黄牛老兄的存在，购买了票的顾客可能见黄牛票价大升了而放出去。

有一次，在上海要观看世界乒乓球决赛，黄牛老兄担保一定有最佳座位，说明票价大约会高出原价百分之五十。到那天，知道决赛的全是中国球手，该老兄说不用急，票价一定会下跌。我和太太等到开场前二十分钟才抵达，结果以半价得票。

两年前在广州听某钢琴演奏，在演奏厅门外有两位黄牛老兄求票。以为一定爆满，殊不知进场后，竟然发觉三分之二的座位是空置的。我立刻考察，发觉黄牛老兄要炒落。他们要以廉价购入因事故而不能参与的弃票，赚一小点钱但以低于原定的门票之价出售。那时该演奏厅的售票处还在卖票，但票价是硬性规定了的，不能改，售票员于是眼巴巴地看着黄牛老兄在面前割价抢生意。

最困难的解释可能还是英国伦敦音乐剧的黄牛安排。这些音乐剧一般上演好几年，而往往未来一年甚至两三年的门票一早就全部卖清光。短暂的低估了需求可能，但那样长线甚至永远地低估是不可能的事。然而，一位外来的游客要看任何音乐剧，只要出得起钱，有黄牛组织可以光顾，而最方便是名牌宾馆的服务处了。属非法，没有告示说有票出售，但如果轻声地问服务员，他会拿起电话，让你讨价还价一下，门票在半个小时内送到。票价比原价高很多，但顶级的座位随时可获。十多年前在伦敦，我们一家炒了两场，其中一场的顶级座位从原价的五十英镑炒到二百英镑，太贵，只让两个孩子去看。伦敦的黄牛党也神乎其技，只开场前几个小时购得黄牛票，价够高座位果然绝佳，而令人佩服的是这样的黄牛处理，两场皆坐满了观众，空座一个也见不到。（我没有去的那场，叫儿子数空座回报。）

我想到的解释是价格分歧。音乐剧的老板及他们的票房无从判断谁是本地人，谁是愿意出高价的游客。他们于是一只眼开一只眼闭地让黄牛组织先购入一两年的门票。黄牛组织有不同的等级层面，可以鉴辨不同类别的顾客，价格分歧于是出现了。有了这价格分歧的处理，音乐剧的老板以不分歧的票价出售给黄牛组织，其总收入是会高于不容许这些组织存在的。这是经济学。

相比起来，香港的迪士尼乐园就显得愚蠢了。几年前启业后不久，一些买了门票的内地客不光临，托黄牛在园外出售。乐园报警，拘捕了一男一女，舆论哗然。蠢到死，出售后容许黄牛转让的门票，其原价当然比出售后不容许转让的卖得起钱。这也是经济学。

从卖桔者的角度看经济大师的贡献

二〇〇九年十二月二十九日

　　萨缪尔森（Paul A. Samuelson）谢世了，享年九十四。三年前弗里德曼（Milton Friedman）谢世，也享年九十四。米尔顿我很熟，保罗只是认识，不熟。两个多月前在广州与萨大师的最佳弟子蒙代尔把酒话旧，提到保罗，蒙兄说正在考虑怎样处理保罗本人不大喜欢举行的九十五岁生日的大庆。天公不作美。

　　不打紧吧。论到经济模型的创造古往今来没有谁比得上萨缪尔森。桃李满门，他起码有五个学生拿得诺贝尔奖，可能还有几个，芝加哥的奈特比不上他。弗里德曼与萨缪尔森的争论是二十世纪经济学的热闹话题。大家在生时弗老的声望占了先机，但最近萨老谢世，排山倒海而来的追悼文字却比三年前弗老谢世时的轰动强一点了。我对二师的相对形势在他们身后倒转过来有两方面的解释。一方面，麻省理工的经济学人马来得一致、均匀，且历久不衰。另一方面，金融危机出现后凯恩斯学派再抬头，而萨氏是这学派的中坚人物。话虽如此，我认为弗、萨二师孰高孰低的争议还会继续下去，舆论上谁胜谁负要看世界怎样发展来决定了。

无数评价萨氏的文章，颂赞无疑是大多数。有两篇唱反调，很难拆解。这两位作者指出萨氏平生对宏观经济（萨氏的专长）的推测，错的多，对的少，其中一位直指萨氏没有对过一次：his predictions have invariably been wrong（他的推测毫无例外地错）。他们引经据典，下足注脚，真的水洗不清。尤其是，萨氏历来看好昔日的苏联与东欧的发展，说一九九〇年苏联的人均收入会追及美国。就是到了苏联解体前两年的一九八九，萨氏还认为那里的经济前途无量。早几年的一九八五，苏联的经济溃不成军，但萨氏写道："不要被他们的不足之处误导。任何经济都有它的矛盾。重要的是效果。毫无疑问，苏联的计划制度历来是经济增长的强力引擎。"这样的话，类似的说过几次，白纸黑字地发表了，怎还可算是经济大师呢？经济学的重点是解释现象，而解释与推测是同一回事——虽然有事后与事前之分。究竟发生了些什么事？

不少读者及朋友要求我表达对萨氏的评价。我认为天才是没有疑问的，说是经济大师也当然。但我认为萨氏不是搞经济解释的。他本人认为是，我认为不是。在一门复杂的学问的一条路上他走得很远，远过历史上的任何人。为此我曾经在一篇文章中表达过我的仰慕。然而，经济学有好几条路可以走，走其一而又要占有其二、其三会惹来麻烦。四十一年前，在芝大，哈里·约翰逊（H. Johnson）催促我多学数，认为走萨缪尔森的路我也会走得很远。细心考虑后我选走另一条路。我认为经济学需要有萨氏那样的学者，可惜他对后学的影响一般不是那么好。搞纯理论能搞出大成的历来不及一掌之数，不自量力的多若天上星。能在名学报多发表文章不等于在思想史上会有半点立足之地。搞纯理论不容易搞出可以传世的贡献来。

跟无数学子一样，做本科生时我也读萨氏的《经济学》。这本最畅销的教科书出了十九个不同的版本。我认为最好是第四版，今天还珍藏着两本。这本书创立了教科书的典范，仿而效之的作品扩散到所有科目去。初级课本，概念的处理不深入，而凯恩斯的宏观经济分析，没有写出来的局限假设与真实世界大有分离，误导了学子。但学子容易学，老师容易教，于是畅销。

做研究生时我喜欢读萨氏的专业文章。他推理清晰，逻辑前后一贯，永远不拖泥带水，在当时的读物中是表表者。虽然我不同意他或明或暗的局限假设，但有新意而又逻辑井然的理论读物不容易遇上。后来在西雅图华大跟巴泽尔谈及萨缪尔森，大家同意读萨氏的文章不用担心逻辑出错，或假设转轨，或前言不对后语。换言之，读萨氏的文章，只要知道他的假设，读者不会中计。一九四八年萨氏出版的《经济分析基础》（*Foundations of Economic Analysis*），满是方程式，幸或不幸，是二十世纪后期数学经济大行其道的主要原因。萨氏的其他文章就远没有今天见到的后学的那么多方程式了。萨氏不论，满是方程式的经济文章的普及发展，有几个原因，我认为决定性最大的是这些写手写不出好英文！好些人不知道，非经济的散文，萨缪尔森写得非常好。高傲，锋利，幽默，但写起散文萨氏有情感。

毋庸讳言，我认为《基础》一书引起数学方程式在行内普及是不良效应。三十多年前，我的一位优质学生被施蒂格勒（G. J. Stigler）赏识，要请他到芝大去，说要监管他学数。该学生问："数学对经济真的那么重要吗？"施氏回应："只有傻子才会这样问。经济学行内不用数而还能站得住脚的只有阿尔钦、科斯、张五常这三个人，你把自己放在哪里？"该学生对我说了，心中有气，我说："施蒂格勒的数学水平是不需要怎样学的。"

最近读到关于萨氏的评论，其中提及卢卡斯（R. Lucas）大赞萨氏的《基础》对他的影响，跟着说没有方程式的经济文章得个讲字，废物也。卢兄是过于高傲了。不知他会把亚当·斯密放在哪里呢？十九世纪的理论第一把手马歇尔与二十世纪的第一把手费雪，皆数学出身，但他们的经济论著很少用数——基本上不用。

一九六九年，后来获诺奖的弗农·史密斯（V. Smith）对我说，没有方程式他不懂得怎样想。这是他的法门，但我认为以方程式思考是多了一个框框，不宜用于道理不深但变化复杂的经济学。当年在西雅图华大，诺斯、麦基、巴泽尔等同事认为我的思想变化自如，无须学数，是全面革新经济理论的人选。当时我可以自己发明数学。想通了问题，要加进方程式来粉饰一下，自己可以发明，再不然找些数学书参考。可惜自己发明的方程式虽然对，但不雅观，被一位数学同事指责了，于是再也懒得发明。后来巴泽尔在文章中提及，当年他教我统计学的回归分析只教了两个小时，说没有见过这样的学生。这些是说，除非选走阿罗、萨缪尔森等人的路，数学用于经济不是那么重要。但要走阿罗及萨缪尔森的路，谈何容易？天赋需要上苍赐予，不是数学懂得多就会有作为的。然而，阿罗应该知道，他用数推出来的我不用数也可以推出来。不知有谁敢赌身家，让老人家表演一下（一笑）。实不相瞒，经济推理斗快，斗准，用数的斗不过我。

人各有法，如果要用数我是先想通了，有了答案，才考虑要不要用。我的经验说，想通了再用数证是多此一举。杨小凯曾经把我一九八三年发表的《公司的合约本质》翻为方程式发表，后来知道史提芬·张就是张五常，吓了一跳。究竟是谁先拔头筹了？是我的文字公司还是小凯的数学公司有机会传世呢？

小凯曾经指出，一位萨缪尔森教出来的名家把我一九六九发表的《合约选择》翻为方程式表达，说如果我懂得用数会获诺奖。小凯可不知道，那篇数学译作是经我评审而发表的。评审时我察觉到该文的数学在概念上有一个严重失误，无可救药，但错得有趣，就对学报的老编说了，建议发表。后来陈坤耀推荐一位韩国仔到港大经济系讲话，讲的又是佃农分成合约的选择，上述的名家的错失频频出现。我指出，说他的整篇文章完蛋了，举座哗然，韩国仔讲了十分钟就鸣金收兵，很尴尬。可见数学用错是连普通常识也没有的。

这就带来本文的中心话题：一个卖桔者怎样看萨大师的经济学贡献呢？先从科学方法衡量吧。萨氏曾经与弗里德曼大吵科学方法，而科斯又跟弗老吵过。我的科学方法师从卡尔纳普（R. Carnap）与布鲁纳（K. Brunner），也加进自己的，认为上述三师的争议原则上没有冲突，只是重点的处理有严重分歧。科斯和我走的路是卖桔者的坚持：解释现象要从调查真实现象入手，要知道现象的细节，虽然有时我投诉科斯花太多时间于不大重要的细节上。另一方面，如果要推测某现象的出现，我们要调查有关的局限转变，而细节也尽可能要顾及。换言之，科斯和我的立场，是解释或推测世事我们首先要从调查真实世界入手。

萨缪尔森的立场，是作为一门科学，论方法，经济与物理（后者是他早年的兴趣）没有两样，理论可以推测还没有发生的现象，略知真实世界的大概就可以创造理论来推出其他或整体。在科学方法上我认为他的想法没有错，只是他忽略了经济科学的实验室是真实的世界，而自然科学的却有人造的实验室。一个经济学博士从来没有进过人造的实验室，对真实世界的认识很皮毛：读读刊物，找些机构发表的数据做统计分析，就算是对真实世界有所认识了。我认为没有作实地调查的经济实证，远为不足，是经济学对世事的解释或推测频频出错的主要原因，而为弥补不足，动不动创造新理论，是错上错。

是的，我认为萨前辈在经济推断上的失误，起于他对现象的细节知得少，何况数学的思维永远要把世界简化。我不是说不应该简化世界——任何理论的本质是简化世界——而是我认为这简化先要有深入的真实世界的细节调查。不要误会，我不是说萨氏不知世事。他知很多，记忆力上乘，但需要落手落脚的实地调查他没有做，重要的细节他往往忽略了。

举个例。萨氏高举昔日的苏联计划制度：那里的政府发表的增长数字历来可观。一九六九年，西雅图华大的一位女同事到莫斯科一行，发觉那里宾馆内的台灯重得拿不起，推不动。原来苏联当时对台灯产量增长的统计，以重量算！又例如，萨氏当年高举瑞典的福利经济，指出那里的人均收入不下于任何先进之邦。一九九〇年我到瑞典时，找那里唐人餐馆的老板细问，知道他们的层层抽税加起来的总税率奇高，而政府乐善好施的社会福利，对国民收入贡献的算法是由政府主持。看看那里的物价，看看那里的食品市场，我认为那里的居民不容易吃得饱。

我们不容易在萨缪尔森的作品中衡量他对经济学的基本概念——例如成本、租值、价格等——的掌握达到哪个水平。他的畅销课本没有提供深入的讨论；他的《基础》经典满是方程式；他的学术文章着重于创造模型。我认为萨氏高举的凯恩斯对经济学的掌握不到家。

曾经说读不懂凯恩斯的《通论》。这是客套话。凯氏对不可或缺的价格理论没有足够的掌握。例如他假设工资下调有顽固性。工资下调当然比工资提升困难，但最低工资法例与工会势力的左右，是不应该忽略的局限。更重要是除了政府的机构雇用员工，自由市场的工资合约很少采用老生常谈的时间工资合约：件工、分成、时间工资加分红或加佣金，等等，皆普及，而这些合约的工资下调是没有困难的。凯氏显然也不明白，边际产出等于工资的均衡，是竞争下的后果，不是他笔下的假设。凯氏也漠视了那所谓"均衡"只是一个概念，不是真有其物，而不均衡是说理论的假说没有可以被事实验证的含意。更难明的是：凯氏说的储蓄（saving）有储藏（hoarding）之意，有小孩把钱放进扑满（piggy bank）的味道，使无数学子以为看到了皇帝的新衣。耶鲁大学的费雪与凯恩斯是同期的人，前者的储蓄及投资的理念远为优胜。这两位大师各走各的路。

可能受到他的老师萨缪尔森的影响，最近克鲁格曼发表的专栏，直指美国削减最低工资不会对就业有助，对经济无补于事云云。克大师显然不知道最低工资的规限是一种价格管制，不知道产品市场与生产要素市场是同一市场，只是合约的安排有别。我的意识是麻省理工的经济系教深不教浅。

没有谁会那样傻，认为政府大手花钱毫无效应，或财政政策（fiscal policy）对经济不景的帮助是零。弗里德曼那边反对，因为认为这类政策治标不治本，浪费多，惹来的大政府后患无穷也。财政政策容易被接受，因为表面上有浅道理，也容易获得压力团体的支持。知识上的影响也厉害：前有聪明盖世的凯恩斯，后有智商顶级的萨缪尔森。这两位锋芒毕露，是二十世纪经济学者中足以把行家们吓破胆的人物。可惜天赋高不一定对。

金融危机以还，中国的经验也误导了地球人类。中国复苏得快，地球的人频频指着北京的四万亿花得快。我是不同意这观点的。我也认为跟三十年代不同，大政府今天不容易卷土重来。今天，地球上要活下去的穷人太多，哪个国家推出大政府，哪个国家在竞争中会败下阵来。

回头说那天晚上在广州跟蒙代尔煮酒论英雄，谈到萨缪尔森，他认为保罗的模型创造技巧天下无匹，缺少了的是有广泛深远影响的思想（no sweeping idea）。这评价应该对。若如是，萨氏在将来的经济思想史上不会有一章的篇幅吧。

五、民主与宪政（八篇）

民主与市场

一九八三年十二月九日

在九七问题的喧闹声中，香港人提倡民主的声调渐趋明显。这个现象是不难了解的。有些人一向认为香港政府不够民主，现在可以借题发挥；另一方面，亦有人认为若中国于九七年后恢复行使主权，及早推行民主政制，会为自由增加一点保障。我希望能用几篇的篇幅，以近代经济学的角度来分析民主问题。这个须写数十万言的题目，只用数千字来代替，简陋是在所不免的。

在一般人心目中，"民主"一词实在太神圣了——几乎不可侵犯；公有制度的政府也大都赞成民主。但近代深入研究这个问题的学者，均认为"民主"难有明确定义。可能就是因为定义模糊不清，执政者可轻易地以"民主"来为自己的行为辩护。

普遍为人接受的民主定义，就是政策或行为的决定——不单是政府的行为——是基于投票方式。一般学者都同意这方式并不一定带来自由或较理想的社会。但投票有两个功能。（1）在某些情况下，少数服

195

从多数可避免以武力解决问题的损失；（2）投票是反映民意的一种方法。但投票的政制出现了三种问题——一、决定谁有投票权；二、什么行为或政策应以投票方式决定；三、投票是否能正确地表达民意。

决定谁应有投票权往往可用情理的办法，例如小孩或某种罪犯不应有权投票。但在很多情况下，一个压力团体可以凭票数多而否决小部分人的利益，而这小部分人的损失可能比该团体所得的好处大。另一方面，为利益计，大团体可以用投票的方式令小部分不能分享利益的人支付费用。例如香港要加重租务管制法例，应否全民投票并不是一件容易决定的事；虽然以外国的经验而言，租管多是由全民投票来决定的。

决定投票权的基本困难是很明显的。从来没有一种政策能使每个市民所得的利害均等。多数人所得的利益，并不一定能抵消少数人所蒙受的损失。受益或受害较大的团体，可以用广告或其他方法来影响民意。滥造资料或欺骗的行为屡见不鲜。

撇开压力团体的各种手段不谈，可以肯定的是任何投票都会导致市民财富的分配有所转变。这转变并不一定带来较平均或较理想的分配效果。财富分配是主观的事，见仁见智，好坏不能以理论分析。主要的问题是假若财富分配常受投票影响，经济发展就会有一定的不良效果，这是因为市民可以期待的收入少了保障，对前景的信心就减少了。换言之，投票采用得越多，民权的保障就越少，这与以"民主"作为保障民权的概念是有矛盾的。

第二个问题——什么政策或行为应以多数取决——更重要。最明显的例子，是市场的决定往往跟所谓民主投票背道而驰，而市场对社会民生的贡献是无可置疑的。

假如某人到市场买手表，他选好了，议了价，付钱结账。他是以钞票投票取胜——虽然这并不是一人一票的"民主"方式。他的口味可能与多数人不同，但制造手表者为了要赚他的钱，他的怪口味也能得到满足。若手表的品质及款式是由一人一票的投票取舍，他的口味会被忽略，而手表的生产者亦渐须靠政府津贴，在生产过程上会有多种浪费。

在社会里，每一个人都有很多喜好属于"少数派"的。若每样行为、政策或生产都要以多数取决，那么产品种类必然是少之又少。这是以投票定民主最坏的可能。

不要以为我是反对民主，或是否定投票的一切功能。事实上，很多政策的取舍，有不少人认为应以民主投票方式作决定，跟手表的例子在概念上没有分别。香港计程车的多少、收费的高低、设备的全缺，应否以投票方式决定？香港教育费用由谁负担，学校考试方式甚至学生可否不学英语，是否应以一人一票的方式决定？或以学生家长肯出钞票多少作决定呢？

当然，有不少人以为教育跟手表在概念上有所不同，但不同在哪里呢？手表跟房子在概念上又有什么不同？为什么房子的租值会有很多人赞成应由民主投票决定？是推行民主，保障民权？抑或是自私自利，希望能从投票的结果中自己得益？

共产党领导下的中国坚持他们的体制是民主，是不无道理的。几年前中国入口管制有一规定，凡是大多数中国人没有机会得到的物品，不能进口。这算是以多数取决了，免却投票的手续往往无可厚非。很明显，有不少货品对于大多数的中国人在目前的经济环境中是无法获得的。只要投票的问题设计得恰当，实行投票会得到同样的入口管制的结果。

若民主对社会一定是要有贡献的话，那么基于投票的定义就不适当。这是一个可以肯定的结论。但若不基于投票，其他现有的民主定义多是空泛之词。即使我们能满意地解决了谁人有权投票及什么行为应以投票取舍的问题，投票本身能否正确地表达民意，也是一个有趣的疑问。在这后者的问题上，阿罗（K. Arrow）的"难能定律"（Impossibility Theorem）所演出来的各种含意，至今仍有纷争。这个有名的"难能定律"通常要用公式解释，但用简化的解说，一般读者能知其大意。

假若社会有甲、乙二人，每人都能以优劣排列A、B、C三个选择。甲的选择排列是A、B、C；乙的排列是 B、C、A。推论如下：

一、甲以为 A 胜 B，而乙却以为 B 胜 A，那么社会应是难分 A 与 B 的优劣。

二、甲以为 B 胜 C，而乙亦以为 B 胜 C，社会应以 B 比 C 为优。

三、社会既以 B 胜 C，而在第一点内社会难分 A 与 B 之优劣，那么社会应以 A 比 C 为优。

四、但甲以为 A 胜 C，而乙却以为 C 胜 A；在这种情况下，社会应难分 A 与 C 之优劣。

以上三与四的结果显然有矛盾。前者社会以 A 胜 C；后者社会却认为 A 与 C 优劣难分。难能定律的主要结论，是社会未必能够通过投票将市民的意向以优劣排列出来！

这个定律演变繁复，市民及政策选择的数字有所改变，其"难能"性亦有所改变。其中有关民主投票较为重要的一个结论，是布拉克（D. Black）推出来的——多数取决并不一定能正确地反映民意。当然，投票人数越多，胜方比例越大，以投票取民意越可靠。

有关本文的要点，就是我们可以从难能定律的各种演变中，更深入地欣赏或明白市场的功能。假若投票权能在自由市场公开买卖，那么只要交易费用不过高，投票必能正确地反映民意。这个听来是有违道德的建议，其实就是市场的本质。我们不妨回顾上文提出的甲、乙二人的例子。假若在 A、B、C 的三个选择上，每人不单排列优劣，并且在每个选择上加上个人愿意付出的代价，那么社会排列优劣的"难能"问题就可迎刃而解。换一个角度来看这个问题也可以。每个社会政策，市民所受的利害不同，而以投票方式，多数取决，受益者的总利可能远较受害者的总负值为低。若后者可以补偿前者的话，害大于利的政策就不会实行，大家都可得益。

市场是以钞票投票（市价）定胜负。人数多少并没有一定的决定性，而获胜者也并不一定是富有的人。价高者得是可以决定社会对资源运用的优先次序；以上提及的补偿可以免除，"难能"问题亦不会产生。至于在某些情况下以市值排列可能导致浪费，是经济学上的一个热门题目，我希望将来能有机会向读者解释。

若民主的定义是以人民的喜好意向为主，是要保障民权，是要提高人民的生活水平，那么以市价作胜负衡量是比任何其他投票方式可靠很多。我们也可因而以市场为最民主的地方。但以投钞票（市价）定胜负，与以人数多少而取舍的民主定义出入颇大。民主投票的最大缺点，就是票数既不能反映代价，亦不能刺激生产。投票可以导致财富分配有所转变；但要改变分配，投票方式是下策。无论用什么方法，改变财富分配与保障民权是有冲突的。

在这篇文章里，我分析了几个民主投票的重大困难，而又指出了市场投钞票的民主效能。但我并没有反对在某些情况下，一般人所知的民主投票是有其功用的。这问题很复杂，在下两篇有关民主的文章里我将会试作分析。

民主与交易费用

一九八三年十二月十三日

    不少经济学者曾经在民主及投票的问题上下过功夫。显明的例子有熊彼特（J. Schumpeter）、奈特（F. H. Knight）、哈耶克（F. Hayek）、阿罗（K. Arrow）、唐斯（A. Downs）及布坎南（J. Buchanan）等人，堪称高手如云，阵容鼎盛。可惜在这些天才的盛年，产权及交易费用的理论远不及今日的成就。所以虽然产权及交易费用的理论与民主问题不可分离，但能将这几门学问合并研究的文章，表表者至今仍是绝无仅有。且让我从近十多年来兴起的政府经济学说起。这门新学问的主要研究是关于政府法例的形成，跟一向只限于分析法例对经济影响的研究相去甚远。雄心是前者大，但成就至今只能见于后者。政府是什么或什么活动政府可以比市场办得较有效率，经济学仍未有肯定的答案。

    我个人所偏爱的政府理论，是从科斯（R. H. Coase）一九三七年发表的《公司性质》推演出来的。这原理要到发表后四十年才被学术界重视，可见科斯确有超时代之能。跟其他妙用无穷的理论一样，科斯的《公司性质》说浅甚浅，说难极难。在这里我只能以简化的解释来作民主及独裁的经济推论。

科斯认为在市场交易往往有高昂的费用，所以在某些情况下，市价是难以决定的。因为这个缘故，就算是在私有产权的制度下，资源的运用往往不能靠市价的指引。定价的费用是交易费用中的一大项，包括了量度费用、讯息费用、讨价还价及保障承诺的各种费用。因为交易费用大而难定市价，公司便会代替市场。在公司机构里，经理或监督者指导资源的运用，免却了很多种市价的决定。公司的形成是因为要节省交易费用的缘故。

我们不妨在这见解下推论民主。没有市价指引而转靠监督者作决策，民主问题必定较为容易产生。这是因为监督者可能独裁和滥用权力。市场永远都不会滥用权力，因此从来都没有人在市场上提出民主的问题。换言之，市场永远都是以民意为主的。

在科斯理论的范畴内，公司与政府显然大同小异，而有些公司的结构也往往与政府的结构相同。在这一点上，列宁与科斯的见解如出一辙——政府其实就是一家大公司。我们不妨举一个大家熟悉的私人机构为例，以其结构与政府难分，来推论因交易费用而产生的民主及独裁政制。

在香港，很多大厦在分层出售后，都有一个业主及租客共同组成的联会。这联会有法例,有被公选出来的委员及会长,跟政府一样。大厦联会的任务,就是要在清洁、保安及某些有关公众利益的活动上作决策。我所指的公众活动,就是那些难将各会员所受的影响分开而量度的活动。例如大厦的外墙扫灰水,是很难任由住户各自处理的。有的住户要扫,有的要不扫;而颜色的选择亦各有不同。若各自为之,大厦将会变成怪物,大家受害。

事实上各住户的喜好不同。若交易费用是不存在的话,大家可以以钞票投票的方法,决定应否扫灰水及用哪种颜色。时间的先后,住户单位方向的重要性,各人颜色的不同喜好,都可以定价,不满者大可将他应有的否定权出售。但很明显地,不仅是要在很多琐碎的事上讨价还价,费用不小;更重要的,就是在有连贯性的活动上的议价,很多人会希望能得到"免费午餐"而不肯真实透露自己所愿出的代价。因为议价的交易费用大,所以保养外墙的事便要用民主投票的方式。这方式并不一定能带来理想的效果——甚至可能导致扫灰水的费用高于大厦的增值。但既然议价的交易费用大,由投票而引起的浪费就不算是浪费了。

民主投票也有其交易费用的。联会的组成、讯息的传达、票式的设计、印刷及某些会员对扫灰水的知识稍作研究,都有不可忽略的费用。我们不妨用需求定律再推出含意。假若大厦所有的住户会员投票的交易费用，比起扫灰水这种价值昂贵的公众事项有较低的比率，那么全民（所有住户）投票的方式便会被采用。但价值比较低的决策，如电梯的保养次数，就往往授权给委员作决定。委员投票要比所有住户投票的交易费用低，但也比较独裁；更琐碎的事，就不妨授权会长作独裁决策了。

从以上的推论中，我们得到如下的结论。在私有产权的制度下，市场、民主投票及独裁决策，都可与市民的自由选择而共存。民主投票是因交易费用而起，而独裁也是因交易费用而起的。单在作决策的问题上，因为市场要先定市价，所以它的交易费用是最高的。独裁作决策的交易费用最低，但独裁者可以滥用权力。市场不只永远不会滥用权力，其反映民意的准确性，因为是基于市价的指引，是远较民主投票或独裁为高的。

当然，在大厦联会的例子里，会长的职位是公选而来的，若滥用权力，也可以被会员投票罢免。多数取决并不一定能在候选人中拣出最佳人选，而有才干的人不一定参加竞选。去理想甚远的结果在所皆是。但因为要市场作引导的交易费用高，不大理想的民主政制就有其功能。"理想"与"绝望"相同；以不够理想为由来反对政府或反对市场的论调都是浅见。

在很多私营公司里，民主投票及独裁取舍都是并存的。这些公司或以上提及的大厦联会，跟一般人所知的政府的主要分别，就是在私营的机构中，股东或职员可以用卖盘或辞职的方法来表示不满。换言之，转让或辞职权是约束滥用权力最有效的保障。退股越易，独裁越不可怕。反对独裁的行为多是从难以脱身的情况下发生的。

在大厦联会的例子中，我采用了一些有公众联系性的活动来表达市场交易费用的高昂；但这并不表示只限于同类的活动，"公司"或"民主"才能有较高的经济效能。另一方面，有些"公众"性的活动，市场显然比"公司"有效率。交易费用是一个因素，决策准确性的利益大小也是一个因素。二者是要衡量的。

历来经济学者都希望能找出一个规律，来断定哪一种经济活动由政府办理会比市场有较高的效率。虽然这规律我们目前仍未知道，但交易费用理论的发展已能令我们对这问题有了较深入的了解。我们不妨从另一个有关的角度——产权——再来分析民主问题。

产权与民主

一九八三年十二月十六日

此前两篇有关民主的文章里，大致上有五个结论：

一、投票取舍的主要缺点，是票数既不能反映代价，亦不能刺激生产；因此投票不是表达民意的可靠方法。

二、投票会引起财富分配的转变，故投票可成为减少民权保障的工具；要改变财富的分配，可用较直接及有固定性的办法。

三、压力团体可从投票得益。以推行民主为理由的自利行为是很普遍的。

四、以市价定胜负是一种投票——投钞票。若民主的定义是以人民的喜好为主，则市场是最民主的地方。市场永远都不会滥用权力，所以独裁的问题不会在市场出现。

五、民主投票最大的经济收益，是在决策上能节省定价的交易费用；但投票作决策的准确性不及市场。独裁决策的费用比投票还要低，但独裁者可能滥用权力。

以上第四个结论，是基于私有产权的存在。没有私产就没有市场，也没有真正的市价。第五个结论也是基于私产制度，但加上了决定市价的交易费用。第二和第三点跟私产是有冲突的。产权缺乏了清楚的界定及保障，混水摸鱼的民主政制就可大行其道。

从以上的结论中，我们可以更广泛地推论产权与民主的关系。政府可以界定及保障私产，亦可以用武力或其他办法削弱或废除私产。民主投票或独裁决策的产生，可以分为两大类。第一类的出发点是在乎节省交易费用，是私产拥有者所选择的结果。第二类的出发点是在乎改变财富分配，与私产制度是有冲突的。让我先谈第一类。

在私有产权的制度下，决定市价的费用可能引起非市场的决策，这是我在前文分析过的。但交易费用不单限于定价的困难；界定及保障产权的费用也是交易费用的一种。若因为这些费用无可避免而使产权难以界定，非市场的决策也会因节省费用而起。因为费用大而产生的私产界定及保障问题，跟以武力或压力来削弱或废除私产的性质不同。我可以用两个相连的例子来解释第一类因交易费用高而引起的非市场政制。

在美国，很多市镇是用公司合并（incorporate）的方法组成的。跟我们在前文提及的大厦业主联会一样，这些市政府有法例、委员及市长，而其行政方式亦跟大厦联会相同——民主与独裁决策并存。因为不满意省或地方政府的服务，合并后的市政府就会执行雇用警察、设立消防局、维修街道等任务。虽然市镇的财资多是私产，但因为在这些事务上定市价的交易费用过高，市政府的形成就是要节省这些费用。换言之，在私产制度下，政府机构的形成与私人公司的形成可能基于同样的因素。

美国华盛顿州的水晶湖镇是以市中心的湖（Crystal Lake）定名的。这个湖的产权是属于湖边住户所有，湖边以外的住户无权过问。但因为要界定每个湖边住户在湖上的使用权，费用甚高，所以这些住户就组成联会，立法例，选用委员及会长，来管理湖的清洁，决定鱼量的投资、钓鱼的季节及约束其他不合法例的行为。公司代替了市场；民主投票或独裁决策代替了以收费（市价）的方法来决定湖的使用。因为要量度各户用湖时间长短及钓鱼多少的费用过高，私产的资源便转为公众拥有，而联会的非市场决策亦因为节省这些费用而起。

我们引用过的私营公司、大厦联会、市政府及水晶湖管理联会的各例子，都是基于私产制度。"政府"的形成是因为要节省定市价或界定产权的交易费用。投票或独裁决策虽然会导致某程度上的财富分配的转变，但因为这种决策不是为改变分配而起，分配的转变不大，而这些无可避免的转变跟私产的定义是没有冲突的。

事实上，私有产权的界定及保障越清楚，非市场的决策就越难引起重大的分配转变。就算决策者独裁、无知无能且驱之不去，也难造成对社会有大损害。在私产的保障下，独裁者很难从损人利己的行为上得益，所以他的权力无足轻重。充其量，私产的拥有者可采用其他交易费用较高的方法，完全不理会独裁者。

第二类以非市场政制作决策的原因，是要改变财富的分配，虽然这意图可能是为社会福利而起，但无论意图的好坏，基于改变分配的民主投票或独裁决策必与私产有冲突，而产权界定不清楚亦会增长损人利己的行为。

压力团体赞成以投票方式决定租管或其他价格管制，或增加劳工福利，其目的是要改变财富的分配，不是要节省交易费用。这些改变分配的行为违反了私产的原则，因为私产的保障一定要包括产权收入的保障。另一方面，政府也可以利用权力或武力将私产改为公产，或将私营企业收归国有。与前文提及将私有的湖改为公用的例子不同，这些削弱或废除私产的原因并不是由于要节省费用。

在削弱或废除私产的情况下，以非市场作决策的需要必然增加。缺乏清楚的产权界定亦会引起混水摸鱼的行为。独裁者的滥用权力，也会因为有利可图而得到鼓励。就是民主投票也会成为权力运用的工具。

公有制度论民主跟私产制度论民主有基本上的不同。在公有制度下，自由市场是不能发展的。少了市价的指引，以投票作决策实在投之不尽。干部作决策的费用要比投票低得多。换言之，在以公有为主体的制度下，等级排列是按经济规律而定的。

在私产制度下，民主投票是无须以改革方式来推行的。市场的交易费用大，私产的拥有者会自己选择投票或独裁决策来解决某些公众问题。所以在公有或私产的两个极端，赞成或反对民主投票都是白费心机。前者因为非市场的决策太多，投票投不胜投；后者市民自动选择投票，要反对也反对不了。在两个极端之间，推行民主往往是有意图的。

基于以上三篇文章的分析，我认为在九七前提下，以保持香港繁荣而提倡民主政制的言论是无济于事的。香港人要争取的是私产的界定与保障——不只是不动产或可动产，劳力及知识资产也极重要。不成文法律（common law）有其重要功能，但这并不是界定产权制度的主要因素。从美国的经验中，我们知道以宪法界定私产是一门很深的学问，与中国执政者所表达的法律知识相去甚远。法律的设立与施行是两回事。

垄断可能是竞争的结果
——为微软说几句话

一九九九年十二月二日

美国富可敌国的、有金漆招牌的微软公司，最近在一件被称为本世纪最大的反垄断官司案中，被法官杀得落花流水！虽然要待明年才判案，但此判也，凶多吉少，而庭外和解总不会得到甜头。据说微软打算上诉，但上诉既不能拿出新证据，成功的机会是不大的。

实不相瞒，我曾经是美国反垄断官司的专家，在学术上作过研究，而在经验上也作过两件超级大案的幕后经济理论顾问。我赞成竞争，所以从来不反对以竞争的方法去争取垄断。因此，在自由市场竞争下所产生的反垄断案件中，我永远是站在辩方那一边。控方请我做顾问好几次，我都推却了。

微软官司的法官公布他的见解后，好些人大声拍掌，尤其是那些曾经与微软竞争的败军之将。香港的《南华早报》也站在法官那一边，认为微软有所不是。

215

我认为这些人不明白市场，不明白竞争，更不明白美国的反垄断法例是怎样的一回事。

说来不容易相信：美国的反垄断法例是没有法律的——有法例没有法律——永远都是武断，很有点乱来。这法例反对的不是专利，也不是垄断，而是垄断的意图及行动。那是说，这法例反对的不是名词的"垄断"，而是动词的"垄断"。然而，市场的所有竞争，都是要把对手杀下马来，不多不少是有点垄断的"动作"的。

说反垄断的官司判案历来武断，有点乱来，微软目前的官司就是例子。要不是微软赚那么多钱——要不是盖茨那样富有——何罪之有？要是你和我在美国试行微软做生意的手法，但赚不到钱，或亏大本，那么就算你和我跪地恳求被起诉，美国政府也必定视若无睹。换言之，微软的问题，是钱赚得"太多"，在竞争中所向无敌。令人费解的是，在反垄断法例中赚钱多少从来没有提及。

我认为除了赚钱，今天微软在这场官司上所遇到的困境，还有三个原因。其一是他们不选用陪审团。可能今天美国的反垄断官司与二十年前我参与时有所更改，但据我当年所知，被控的一方是可以选择有还是没有陪审团的。当年，一般律师认为，复杂的案件，陪审团难以明白，所以要选单由法官裁决。微软的案件极为复杂，但我认为选用陪审团是上策。这是因为

好些人买了微软的股票，或起码有不少朋友买微软而
赚了钱。在一般市民的心目中，微软的形象实在好。
这家公司把西雅图的经济搞上去，也是美国今天以科
技雄霸天下的一个大功臣。

其二，微软在这场官司中，雇用的律师虽属一流，
但对经济理论的阐释却不足。竞争与垄断的概念，竟
然没有人对法官解释清楚。

其三，把软件连带硬件一起出售，可以防止软件
被盗版或盗用。这是个重点：微软可以说他们坚持软、
硬搭销，不是为了垄断，而是要为软件防盗。我认为
起码在某程度上，这是事实，但为什么微软没有把这
重点说出来？

垄断的成因有四种。从社会经济利益的角度来衡
量，只有一种是不可取的。其一是垄断者有特别的天
赋，像邓丽君那样的歌星，或多或少有垄断权。这种
垄断是不应该被禁止的。要是邓丽君还在，你要把她
杀头，还是让她笑口常开地唱下去？

第二种垄断是有发明的专利权或版权，或商业秘
密。这种也不应该被禁止。没有发明专利，世界上不
会有爱迪生，虽然此公最后因为专利官司打得太多而
近于一贫如洗。

第三是最难明白的，而也是美国反垄断法例最通
常针对的垄断。这就是在竞争中把对手杀下马来。这
种垄断有垄断之貌而无垄断之实。一万个竞争者中只

有一个不被淘汰，但这生存的"适者"，分分钟都惧怕
众多的败军之将卷土重来，所以他的产品价格不可能
是垄断之价。这是微软的"垄断"，有貌无实，是不应
该禁止的。

据我所知，赞成自由市场、高举竞争的有道的经
济学者，反对的垄断只有第四种，那就是由政府管制
牌照数量，或由政府立法来阻止竞争而产生的垄断。
这种垄断香港政府是专家，也难怪几年前消费者委员
会提出的反垄断建议遭到漠视了。

回头说在微软这件大案中，控方的主要理论专家
是大名鼎鼎的罗伯特·博克（Robert Bork）。我认识
这个人。此公神高神大，声若洪钟，思想敏捷而深
入。他曾经是芝加哥大学元老戴维德的入室弟子，懂
经济而又当过大法官，是个奇才。他写过一本经典之
作，反对美国所有的反垄断法例。在这次世纪反垄断
的大案中，控方在政府之外的主要公司 Netscape 聘请
了他。

三十年前施蒂格勒（G. J. Stigler）对我说，人的
灵魂是可以出售的。是的，人各有价！

独裁、民主、市场
——给阿康与何洋上一课

二〇〇五年六月九日

上海发了神经。只三年前他们公布的令鬼子佬目瞪口呆的建筑项目，今年十一月竣工，可以启用了。是怎样的项目呢？是一条六线行车、长达三十二点五公里的东海大桥，从浦东的南汇直伸大海茫茫的洋山岛，在那里建造据说是中国沿岸最大的货运海港。整体三年又五个月完工，动员六千多人，投资人民币一百四十三亿，大桥的本身占一半。是世界上最长的跨海大桥，但这纪录只能保持三年：将于二〇〇八年竣工的、邻近的杭州湾大桥长达三十六公里，耗资一百一十八亿。

东海大桥的设计与算盘打了好几年，层层拍板拍得快，施工也快。这样的速度只有独裁决策才可以办到。年多前姊姊从多伦多飞访神州，谈到正开始动工（数月前启用）的位于浦东的东方艺术中心，美轮美奂，有所感慨，说："多伦多要兴建这样的文娱中心，规模没有那么大，说了十多年，还是遥遥无期，中国是搞

219

什么鬼的？"

中国是搞独裁之鬼。当然不是一个人拍板，有专家，有委员，也要层层交代。没有的是民主投票，也没有征求民意。要建公路吗？中国给外人的印象，是政府拿出直尺，再拿起笔，在地图上画一下，然后动工去也。这当然不是实情，但印象如斯也。记得美国要建公路，单是吵闹、论经费就花上好几年，环保更头痛，征用土地也麻烦，而过了十年八载的议决，动工了，半途不是工会闹事，就是压力团体反对，或诉之于法，搞得成本上升逾倍，经费不足，最后要更改设计，或索性停工不干，使中断的悬空公路高架仿佛巨型新潮雕塑，默默无言地屹立数十载。

说独裁决策比民主决策快，竣工快，很少人不同意——阿康与何洋也是会同意的。问题是，独裁会做出错误的决策吗？这一点，阿康与何洋会立刻举出浦东机场的"磁悬浮列车"的例子，花了巨资建造，今天血本无归。该列车起于这里说的独裁决策，怎可以算错那么多不容易理解。从南京到上海的沪宁公路也算错：启用只几年就要加宽了。我当然不敢担保，东海大桥的算盘没有打错。独裁当然可以错，可以大错特错。但问题应该不是独裁可不可以错，而是错的机会会比民主投票高吗？从判断错误的概率看，像赌马那样下注，以较少错为赢，我的钱会押在独裁那一边。

写到这里，机缘巧合，读到阿康写《学券五十年》，说弗里德曼建议的教育学券制今天有起色。（也是写到这里，发觉《壹周刊》欠我版税，因为阿康的大文刊登的看来是一本书的封面的弗里德曼照片，以及学券建议五十周年大宴的入场券印上的弗老夫妇照片，皆为区区在下于一九八八年所摄。睹照思情，索版税是说笑了。）美国政府大事资助公立教育，使弗老提出的学券制成了名。但美国的公立教育是怎样搞起的呢？起于民主投票！说浪费，与美国的公立教育相比，浦东的磁悬浮列车是小巫见大巫了。

阿康的大文的确有点启发性：《学券五十年》！没有算错吧，五十年是半个世纪呀！学券制摆明是政府资助教育的上选办法，为什么五十年还不被广泛采用呢？又是因为民主投票！今天，美国采用学券制的实例不多，而在弗老定居的加州，以民主投票取舍此制起码两次，两次皆被否决，不是输几个马位，而是输几条街。压力团体奔走相告，广告不尽不实，连思想清晰绝伦与口才雄辩天下的弗里德曼，身在其中也输得面目无光。这是民主。

民主的问题不少，而关于决策出错这个话题，其困难在于投选票而不是投钞票。投钞票，投者入肉伤身，不能不慎重考虑切身代价与切身利益；投选票不需要从袋中拿出钱，只模糊地希望他人的钱可以投到自己的袋中去，或模糊地期望某些利益。没有明确的代价与肯定的回报，不会慎重考虑，容易受到煽动与误导。

我曾经说过，在某些公共事项上（例如大厦外墙要涂什么颜色），民主投票可以节省交易费用。我也说过，独裁的交易费用最低，但可以错估了公众的一般取舍。这里的问题是，建造东海大桥可不是大厦涂外墙，资金与效益远为庞大之外，这大桥的兴建不是品味那么简单。社会的整体经济收益要精打细算。大桥要涂上什么颜色大可民主投票，但应不应该建造是另一回事了。全不负责的政府，万事皆休，但受到适当约束而负责的政府，独裁除了可以避免上述的费时失事，其决策不会因为要讨好多方而右摇左摆，或要分饼子而做出错误的判断。当然还可能错，可能大错，但错的机会比在有团体压力与影响下的投票为低。当然，官员上下其手时有所闻——这方面，我看不出独裁与民主有什么分别。

说到判断经济投资的准确性，独裁与民主皆远不及市场。市场也可能错，但投钞票的市场是直接的价值量度，其准确性考第一是毋庸置疑的了。这里的问题，是像东海大桥那样庞大的公共项目，交易费用的存在不容许市场处理。土地与大海的征用，私人发展商就是有政府的协助也不容易。政府如果处理了这些，可让发展商竞投，而事实上东海大桥的多项工程是由商人竞投处理的。问题是：东海大桥的兴建与否，怎可以由市场决定呢？如果交易费用是零，或够低，所有未来的大桥使用者可以预先出价，签订未来合约（forward contracts），私人发展商于是独资或合资地竞投，政府只协助征收土地与提供海域就是了。还可能出错，但错的机会甚少，因为所有未来使用者签上forward contracts，大桥的价值为何极为可靠。困难是交易费用存在，这些合约可想而不可求也。

我是四十年前在洛杉矶加大与芝加哥大学接受经济学训练的。这两处当时被认为是市场经济的圣殿。于今回顾，当年的师友差不多包括二十世纪的信奉市场的所有大师了。离开这两所圣殿一两年内，我在想，市场不能办到的，政府不要干。后来改变了主意，同意郭伯伟、夏鼎基等人的看法：市场可以办到的，政府不干。再后来的想法——今天的想法——是市场不能办到的，政府要考虑干不干，甚至考虑大干特干。这观点的转变，是经过多年在公司理论上的苦思而得到的结果。公司与政府的性质相同。既然市场不能办到的公司可能办到，政府也有类同的职责了。只要记着郭伯伟还是对：市场可以办到的，政府不干。

"大"与"赌"跟"喜功"不同

二〇〇五年十月七日

议员张文光访珠三角后,在《明报》评述观感,赞赏之余提到内地好大喜功,例子有广州的大学城,圈地四十三平方公里,怀疑是在展示一只超级大白象。文光兄看错了。不是说中国从来不搞"好大喜功",以前有的是,但这种意识早就不存在了。早就没有这种需要。

我自己也曾经做出类似的错误判断。十年前上海要在浦东建新机场,我想,还算是新的虹桥机场生意平平,为什么要建新的呢?后来浦东机场启用了,庞大美观,空空如也,我对自己说:哈,好大喜功!殊不知过了几年,飞机要排队升降。这是今天的中国。

文光兄低估了中国的人口密度与发展速度。从上海到南京的高速公路,收费的,启用后又是空空如也,但几年后的今天正在加宽四线。破世界纪录的跨海大桥,一条还没有建好就建第二条,自己破自己的世界纪录。一家公仔面厂每天产出三千万包,一家鞋厂职工十二万,乐从的家具店相连十公里,上海的超级市

225

场大得不容易想象。还有，义乌的小商品批发商场我入门一看就不想再走：老人家走之不尽也。大、大、大，大学城何足道哉？文光兄是少见多怪了。

九十年代中期，世界百分之十七的建筑起重机集中于上海，五年内建造了香港五十年才达到的商业楼宇的总面积。跟着商业楼价暴跌，朋友都说上海发神经，只有一位不信邪，购入银主盘，今天赚了一百倍。这也是中国。

人多加上迅速发展必有"大"现象，想象力不足不容易理解。一九八三年深圳的人口三十万，今天一千三百万！落笔打三更，但跟着的发展深圳处理得好。这里我要给文光兄上一课，说园艺。举世皆知，年长了的树是不能拔起移动的。应该是炎黄子孙的伟大发明，他们可以搬动百年古树而保存不死。于是立法例：人可以枪毙，但树不准杀。这解释了为什么今天深圳的绿化比香港高那么多。本来是荔枝园满布的穷乡僻壤，今天深圳的马路两旁，不是荔枝就是龙眼或杧果。

文光兄写道："富裕容易浮夸，繁荣难免豪气，珠三角的大城小镇，都在兴建巨型的政府大楼，连绵不断地坐落在绿化大街上，宏伟的大楼与宽阔的园林，比英国的唐宁街豪气得多。"文笔好，可惜不懂中国园艺的神乎其技，也不知道今天中国的树，可搬不可杀。

回头说大学城，珠海搞不起，中了计。不是好大喜功，而是要大赌一手。中国目前的政制，决策失误是要负责的。问题是在地区与地区之间的激烈竞争下，不大赌几手不会有大作为。这些年，本来是遥遥领前的珠三角，明显地给长三角比下去。要怎样才可以反败为胜或追成平手呢？于是，一方面他们大兴土木搞文化，另一方面要大量产出本土的大学毕业生。老实说，国内的学术水平使我失望，但他们知道，工商业的发展不需要苏东坡，却需要有大量读书识字、懂得计数的学子供应。这方面，比起长三角，珠三角是远远地落后了。珠海的大学城搞不出看头，广州不信邪，大博一手。大博一手与好大喜功是两回事。

广州的大学城会成功吗？很难说，任何投资都是赌注。文光兄要知道，他们要的不是大学城赚钱，而是要招徕大量中学成绩可观的学子，希望他们大学毕业后留在珠三角服务，然后在工商业的发展中取利。我们要深入地理解中国的制度才知道大学城是怎样的一回事。要招徕大量学子，校园不搞得仿佛多头大白象到处飞是难以成事的。

不清楚中国的制度，容易看错！

下星期上海不堵车

二〇〇六年六月九日

人口二千万的上海，下星期有五天不堵车。事缘六月十五日（下星期四）上海将举行"六国峰会"，搞什么我不清楚，市政府唯恐交通阻塞，通告本周末不放假，大人要上班，小子要上课。换来的是下星期三、四、五是假日，取二送三，与下个周末加起来是一连五天大假。算我孤陋寡闻，这样别开生面的处理在其他地方没有听到过。

当然由某委会决定，因为没有谁愿意独自负责。没有征求民意，也没有吵吵闹闹的公开辩论，委会决定了，于是通告。你可以骂他们不够民主，或社会成本高于社会利益。我个人觉得有趣、过瘾，有点发神经。这是今天的中国。

三年多前上海要建东海大桥，跨海三十二点五公里，是世界最长的。当两年多前我读到一份外国报道，说该桥有点难以置信，好奇地查询，已建了三分之一。去年十一月该桥落成，长度既然破了世界纪录，理应大事庆祝才对。没有。简单仪式，市长没有出席，只

229

派一个副市长，剪彩，几分钟了事。这是今天的中国。

不久前举世知名的长江三峡工程竣工，北京说不举行任何庆祝，后来还是派出个水利部长，说话三分钟，了事。这是今天的中国。

今天的上海音乐厅，是七十六年前建成的南京大剧院，座位一千三百个，加上消闲地方，是巨型建筑物，非常讲究，内里的大理石及细工雕刻，使之成为国家的历史文物，要保护。四年前要建公路，该建筑是障碍，二话不说，他们把那庞大建筑移动二百多英尺，升高十英尺多。这也是中国。

提到上述看来没有关联的例子，要示范三个观察。其一是内地决策快，牵涉到工程的动工也快，竣工一般早于预定的日期。可能是我多次提及的地区激烈竞争促成的现象。不一定是好事。一些到内地投资的朋友应付不了那里的节奏，而北京正在推出的压制楼市的措施，显得有点手忙脚乱了。

其二，外人看来是不"民主"的、没有通过司法程序的决策与执行，其实是用上另一套管治制度，不知就里容易妄下批评。历来避谈政治，但这些日子为了研究那重要的地区竞争，我不能不理解一下他们作决策的程序，以及他们坚持是否民主的政制。没有秘密，相当公开，只是外人不习惯，学者漠视，于是高深起来了。我还在查询，要在《南窗集》正在发表的系列加进一篇关于内地地区的管治制度。这里只能说，要明白中国的地区政制，我们要从一家公司或一间机构的角度入手。北京上头的运作我一无所知，但地区的政制，是公司制。相比之下，美国的城市，法律上不少注册是公司的，但运作程序是另一回事。二者的比较是极端重要的学术研究，自己老了，再没有魄力去处理那么庞大的题材。

其三是这些日子，除了"神舟"上太空，内地喜欢低调处理成果。不容易明白为什么重要如三峡工程与东海大桥的竣工，他们视若等闲呢？好几个可能，是无聊的猜测，不说算了。

广州巧设空城计

二〇〇七年一月十二日

顾题思意，这篇文章是要跟广州的朋友开一下玩笑的，而其中"巧设"二字是为了音律的需要，要用仄音，也要七个字才有"三国"的味道。

话说最近报载，去年广州的人均收入是全国之冠，逾一万美元，把我吓了一跳。物价调整后，论实质收入，广州与美国相比如何？拿起笔，在衣、食、住、行这四方面的两地物价水平大略算一下，跟着估计广州的衣、食、住、行的大概比重，算算广州的一万美元消费等于美国的大约多少。"衣"包括所有日常用品；"食"考虑了双方的街市物价与食肆收费；"住"算美国大都会的楼价与广州的相比，以英尺价算；"行"则衡量双方的车价、汽油价、保险、修理、公共交通等。与几位朋友对照一下，整个计算用了两个小时，当然不精确，但应该不会太离谱吧。

算出的结果，是在广州花一万美元消费，大约等于在美国花二万五千。美国的人均收入大约三万五千（有几个不同数字，美国商务部公布二〇〇五年是三万

233

四千五百八十六）。这样算，广州的实质人均收入达美国的七成多。相差那么小？不可信。

真相终于大白。原来广州有三项人口统计。其一是户籍人口，有户口的，约七百三十万。其二是常住人口，五年统计一次，算在广州住半年以上的，约九百九十多万。其三是实际人口，包括着三百多万流动人口，约一千三百万。二〇〇六年广州市的地区总产值约人民币六千亿强。以户籍人口算，人均收入逾一万美元，但以实际人口算，人均收入只美元五千九百。物价调整要乘二点五，等于美国的一万四千多，实质人均收入约美国的四成多，减了三成，合理可信。

广州以户籍人口算出人均收入逾万美元，是摆空城计。当局没有隐瞒实情，空城之计是报道渲染出来的。但某报道又说当局考虑用常住人口算人均收入——多放一些老百姓进去，好叫诸葛孔明在城头上奏琴时不会弹得太乱了。

中国的经济发展奇速，人口四处奔跑，地区变化复杂，过瘾的数据与故事天天有，各各不同。北京上头莫名其妙地低估增长率，跟省与省的个别统计低很多。地区要夸夸其谈，拜孔明为师也无不可。

过瘾过瘾，不久前高小勇到内地某农村调查，得到的结论是年轻力壮的都跑掉，余下来的人口不多。小勇大勇，估计农民只剩人口的两成，周其仁不同意，吵了起来。

其实今天中国的农村是摆另一种空村计，跟广州相反，但比较高明。农村的户籍人口依旧，但不少跑到广州等城市去，从工为生。这样，农村的人均收入，以户籍人口算，低得可怜。是否因此而赢得国务院取消农业税，不得而知。如果是，我这个老人家会站起来大呼精彩。不要忘记，月薪人民币一千六百以下是不用报税的。

我不知道世界上有没有其他国家，人口统计会分那么多类，何况是天下人口最多的大国。写到这里，忽发奇想。如果中国的十三亿多人口有十二亿是流动的，那么城市以户籍人口算人均收入，农村则以实际人口算，一夜之间整个国家的人均收入会暴升十倍！

六、国际贸易的棋局（五篇）

日日贸易的启示

二〇〇三年十二月十八日

中国入世以还，日本的经济有起色。他们对中国的贸易顺差最近再增加，去年他们常说的中国威胁日本经济的舆论开始宁静下来了。事实上，有些舆论转为感激中国对日本经济的贡献。在这个微妙的转变中，某日本大报的某君子提出了一个前所未闻的新观点：日日贸易！

什么是日日贸易呢？解释是：日本人在日本的产品出口全是卖给身在中国的日本人，而在中国的日本人产出的全是卖给身在日本的日本人。说是对外或国际贸易，其实是日本人与日本人之间的贸易，日日贸易是也。

当然是夸张之说，事实上不可能对，但据说因为日本的文化品味特殊，中国与日本之间的日日贸易比率相当高。后者是可信的。

现在来一个颇为重要的问题，不是说笑的。在贸易与投资完全开放的情况下，原则上——记着只是原则上——日本人到中国投资设厂产出，可不可以做到全是日日贸易而双方的国民收入有增长呢？答案是可以的。

让我先提出两个假设。一、日本人到中国投资设厂，雇用中国劳力，因为在日资旗下，这些中国职员在经济上算是日本的下属。二、日本民族的品味特殊，凡是在日本或在中国的日资产出的物品，只有日本人有兴趣，其他的民族皆不问津。

在上述的两个虚构的假设下，日本出口到中国的有：一、日本本土产品，供给身在中国的日籍职员及其家属购买；二、日本运到中国的来料加工的"料"；三、日本的发明专利、商业秘密与生产知识；四、日本的管理人才。中国出口到日本的有：日资旗下的产品——这主要是由中国劳力产出的了。

我们不难想象，在上述虚构的情况下，日日贸易的成交量可以很大，原则上可以占了日本国民收入的一个很高的百分比。日本人赚得的是：一、从中国进口的日资产品的价格比日本自产的低廉；二、出口到中国的"料"的收入；三、日资在中国的利润——主要是人才与知识资产的收入——其中部分寄回日本享用。中国人赚得的是：一、劳力的薪酬；二、从日资学得的知识。

会有人受损吗？有的。在日本的某些职员，某些企业，会因为外间的工资低廉，迫使日本本土的工资要向下调整，而如果调整不易，职员失业与企业倒闭皆会增加。这些团体当然要求国家保护。然而，事实上，开放政策与日日贸易带来的利益，会足以弥补上述的损失而有余。困难是我们不能想出一套容易推行的弥补方法。对受损的人来说，调整期间是痛苦的，可能为时甚久。今天过了十多年，日本的调整期看来快要完结了。真替他们高兴。这些年来，因为压力团体的左右，日元在国际上是偏高的，但他们还是守得云开见月明。

当然，硬性的日日贸易是虚构的。没有这约束，日本的经济调整，有广泛贸易的协助，更为容易了。问题是没有方案使受益者弥补受损者，而调整需要十多年。但如果十多年前日本人全都明白今天日日贸易的启示，明智地懂得取舍，这调整会快得多，顺利得多。这启示简单不过：国际贸易与投资愈是开放得快，调整愈容易。另一方面，不能否认，困难不单是日本本身的保护主义。早期到中国投资满有沙石，到东南亚一带又遇上什么金融风暴。希望此后不再。

既然原则上可以有日日贸易，当然也可以有美美贸易、英英贸易、德德贸易、法法贸易……都是到中国来投资设厂的想象虚构。余下来的中中贸易是中资产出只卖给国内与国外的炎黄子孙。是虚构的故事，有很大的约束性，但原则上只要开放国际贸易与投资，各国的国民收入会有增长。这是日日贸易的启示。

这几年我对自己提出一个问题，任何经济学本科一年级学生都懂得答案，逻辑上不可能错，只是自己到今天还答不出来。我问：如果香港无端端地多了一百平方英里的优质土地，可以兴建数之不尽的房屋，香港人的平均收入会否增长呢？本科生的答案是肯定会增长，什么方程式、几何分析之类，不到五分钟就拿得一百分。

然而，会发生的事实又如何？面对楼价与地价的暴跌，拥有楼宇的业主会反对，持有土地储备的地产商会反对，靠卖地收入支薪的政府（因为需求弹性系数有所不利）也会反对——这三组人反对把那一百平方英里土地放出来建造楼宇。不是业主的或要租楼住的，当然赞成把那从天上掉下来的一百平方英里土地全部放出来兴建楼宇。反对的与赞成的吵呀吵，政府左右为难，决定放一部分出来。殊不知不少业主负资产，地产商叫救命，而政府也为了保持高地价，立刻收回比"八万五"还要高的承诺。这是真实世界。经济逻辑，是全部放出无端端的天赐土地，兴建楼宇，国民的平均收入一定增加。然而，利益所在，各顾各的利益，平均收入反而减少了。我想不出有哪个可以解决这个矛盾的、皆大欢喜的方案。

土地如是，劳力也如是。我说过了，十多年前，因为之前的封闭与半封闭的国家搞开放改革，一时间地球多了大约二十亿廉价劳力参与国际生产竞争。土地与劳力都是生产要素，本科生的考试答案，像土地一样，廉价劳力的暴升会使地球人口的平均收入上升。

问题是因为压力团体的存在，保护主义抬头。这与上述的虚构土地例子如出一辙：压力团体促使政府保护，不把骤然急升的土地放出来，好好地利用。

我不知道要给那位发明"日日贸易"的日本仁兄一个什么奖。但他的发明启发了我，使我能从一个真实世界不存在的极端而又硬性的角度推到尽，得到启示。虚构的日日贸易有大约束，不可取，但远胜于没有国际贸易。然而，要有日日贸易，日本要鼓励日资外流，也要开放贸易。保护主义如果成功，连大有约束性的日日贸易也没有。要知道，日日贸易之说是中国签订了世贸协议之后才有日本仔想出来的。

配额：前车可不鉴乎？

二〇〇三年十一月二十六日

（五常按：成衣配额的国际法例演变后来跟本文提到的不同，但本文的理论分析正确无误，经济学要这样处理才对。同学们要注意，这里我刻意地一连三篇反复分析，为的是要示范需求定律与租值概念合并的解释威力。）

中国两年前签订世贸协议后，纺织成衣产品进入美国的配额按步取缔，其中一些取消了配额。后者中有三种产品因为取消了配额而导致美国进口急升。美国决定把配额于明年初放回去。中国反对，说美国违反了世贸协议，美国则认为没有违反，吵了起来。公有公理，婆有婆理，我不懂，但谁对谁错不是这里要探讨的话题。

经济学者是屡有分析配额的效果的。他们一般是按照课本的方法，把几条曲线移来移去，看着法例加上一点变化，然后以些什么回归分析计量一下。这种分析不是错，而是因为过于着重方程式与进出口数字，忽略了我认为是制造品配额最重要的含意，也即是说漠视了最重要的内容。让我说说吧。

二十世纪七十年代，香港成为世界第一成衣（纺织品）出口"国"。你道为什么？是因为六十年代中期，美国及其他先进之邦，以配额约束香港纺织品的进口数量！

那些年头我在美国，亲眼看得分明。六十年代，香港的纺织品只在低档的百货商场的地库（basement）出售，品质奇劣，价格相宜，见不得光，与数之不尽的落后国家的产品排排坐。配额约束实施后，香港成衣的质量急升，几年之间由地库升到最高档次的那一层，而价格也大幅提升了。不少美国的高档牌子惨遭淘汰，或节节败退。是的，七十年代后期，香港富有的太太小姐们，坐飞机到美国的高档商场购买衣服，买回来的都是香港货。

有什么奇怪了？四十年前美国某些州份把香烟税改为以每包算，香烟立刻加长。若干年前西雅图某区政府委任的收垃圾公司发了神经，垃圾按每箱收费。该区的垃圾箱立刻加大，塞得满满的，父母叫孩子在箱中的垃圾上跳，结果是垃圾箱重得拿不起来！

配额是值钱之物。一件成衣要一个配额才可出口，制造商怎会不增加其质量呢？这正如香港进口的美国苹果与金山橙，因为高档的与低档的要加同样的运费，进口商当然选高档的了。如果我瞒着老婆，偷偷地带一个像年轻的宋美龄到雅谷进晚膳，我不会那样傻，问侍应有没有汉堡包。

经济理论的解释当然还是那条需求定律。香港中六学生懂得的答案，是虽然加上运费后，优质苹果与劣质苹果的价格一起提升了，但从相对价格那方面看，优质苹果的价格是下降了的。需求定律的价格，永远是相对价格。同样，提升成衣质量，其价格是上升了，但优质与劣质同样加上一个配额之所值，优质成衣的相对价格下降，所以出口的质量提升。

这分析，中六学生说得出有一百分，但到了博士后只得六十，强可及格，因为只是大略地对。较为正确的分析比较深入，要把"量"来一个颇为复杂的阐释。拙作《科学说需求》的第六章第五节处理了这个问题。

为什么被配额约束了数量，香港当年会成为天下第一纺织成衣出口"国"呢？答案是两个理由的合并。其一是优质使价格上升，而出口总值以价算。其二是优质的成衣远为耐用，减少了他国的出口量。

另一个问题来了。当年亚洲的国家或地区都受到同样的配额管制，为什么主要是香港跑了出来呢？答案还是需求定律：整个亚洲只有香港容许配额在市场自由买卖。这自由转让不仅使配额落于善用或适用者的手上，也使配额的价值上升，而这使香港的优质成衣的相对价格下降得更多了。听说内地的纺织品配额也有在市场转让的，但因为法律不容许，市场就发明了一些偷龙转凤的转让方法。这增加了交易费用，然而，一般的观察是内地的配额转让盛行，对产品质量的影响应该与香港昔日的相若。

任何制造品都有多个层面的档次。在国际自由贸易的市场中，不同之区会按他们的比较优势成本来选择各适其适的品质档次产出，选错了的制造商会被市场淘汰。不是说在配额引进之前，香港的制造商没有能力产出质优、档次高的成衣，而是在国际自由竞争下，他们认为投资于高档次的产品，其成本斗不过先进之邦。

配额的引进，是把自由市场的质量档次排列更改了。怎么可能呢？配额之前香港的成衣制造商认为走高档的成本过高，走不过，难道配额之后走高档的成本下降了吗？不是的。答案是：配额引进之后，成衣制造商之间的竞争受到约束，使配额的每个受配者在某程度上拥有一点垄断权，配额之价代表着垄断租值，而这租值的存在容许持有配额的竞争者提升成本，因而容许成衣质量的大幅提升。在持有配额者的竞争下，均衡点是质量提升的成本增加在边际上与配额的租值相等。成衣质量的大幅提升于是可分两部分看：其一是需求定律强迫质量上升的选择；其二是配额租值给予成本上升的空间。这是经济学。

是愚蠢得不容易想象的保护主义。当年美国与其他先进之邦，为了保护自己的纺织成衣商，把落后而质劣的香港纺织品加上配额限制。然而，到头来，落后的香港成衣商，因为配额保护着他们，给他们有可观的配额租值，让他们有成本空间大展拳脚，提升产品质量，把先进的配额倡导者杀下马来。这叫做搬起石头砸自己的脚。

这些年来中国内地的纺织成衣，有众多港商的参与，质量广及多个档次，其中不乏高档的。入世之后，面对配额的瓦解，制造成衣的竞争急升。在这样的情况下，配额的重临会使他们精益求精，可能把金缕衣造出来。城门失火，殃及池鱼，欧洲的什么名牌将会有难矣！

出口从量税的经济分析

二〇〇五年二月七日

　　从量税是 unit tax 的内地中译，与从价税（advalorem tax）排排坐。二者都是销售税（sales tax），前者按件算，价格不论，后者按价算，通常是物价的一个百分率。从量税与从价税的区别分析，经济本科一年级必读，可惜毫无新意，像一潭死水，当年我听不到五分钟就魂游四方。到了研究院，这个题材换了几条方程式，什么弹性系数之类闷得怕人。

　　去年九月，美国商务副部长访中国，要求依照世贸协议的规定，今年一月一日撤销纺织品配额后，中国自动限制成衣出口，而美国之外的好些国家，尤其是欧洲的，大都有类同的要求。中国要怎样自动约束才对呢？再引进配额是明显地违反了世贸协议，而任何限制国际贸易的政策，免不了违反世贸协议的精神。然而，国际压力如斯，要怎样应付才对呢？

　　北京显然认为，自动限制比他国出术留难好一点。最近他们推出"自动限制"纺织品出口的从量税，理由是希望此税能鼓励出口的纺织品提升质量。这是有脑的想法，不俗不俗，可惜还想得不够周全。

指出这从量税的不足之处之前，让我先说这新政策是抽一百四十八项纺织品的出口从量税，其中一百二十五项每件抽人民币二毫，二十一项每件抽三毫，两项按重量，每千克抽五毫。是轻税，虽然有些纺织商叫救命。另一方面，中国的纺织品出口量庞大，单是上海海关在一个星期内的从量税总收入，就达二千一百九十万人民币。再另一方面，我不认为这次从量税的推行会满足老外提出的"自动限制"的要求。

说出口从量税会提升纺织品的质量是对的。香港的中六学生懂得这样说，但其实是湛深的学问。四十多年前老师阿尔钦首先提出如下的问题：为什么美国的金山橙与苹果出口，永远是选择质量最高的呢？他的答案，是因为出口要加运费，而优质与非优质的苹果的运费一样，所以虽然优质的苹果的价格比较高，但加上同样的运费，到了外地，与非优质的相比，优质苹果的相对价格是下降了。

举个例，如果美国的优与非优苹果的价格是二毫与一毫，相对价格是二比一。假设运费是一毫，到了外地的价格是三毫与二毫，相对价格是三比二，即是一点五比一，优质苹果的相对价格是下降了。需求定律所说的价格永远是相对价格，所以外地对优质苹果的需求量在比例上是高于美国的，因而主要选优质的出口。目前中国推出的纺织品出口从量税，理论上与加运费有同样的提升质量的效果，皆需求定律使然也。从价税不会改变上述的相对价格，所以要提升出口纺织品质量，从量税是正着。

当年大家都以为分析就是那样简单，但一九六九年，两位芝加哥大学教授（J. Gould 与 J. Segall）发表文章，以等优曲线清楚地证明阿师的分析是错了。大家被弄得天旋地转，因为事实上，运费提升，出口的产品质量跟着提升是千篇一律的现象。当时同事巴泽尔就作了如下的实证研究：美国的香烟有长有短，一些州抽从量税，一些抽从价税，资料证明，抽从量税的香烟较长。为这争议我的一位学生昂伯克（J. Umbeck）发表了两篇很好的文章，支持阿师的分析，但得不到完满的答案。最终阿师还是对，只是逻辑有问题。几年前由我"破案"，找到了完满的分析（见拙作《科学说需求》第六章第五节）。这里只说阿师的结论没有错，而说从量税会提升出口纺织品的质量也没有错。

复杂又来了。二〇〇三年十一月二十六日，我在《信报》发表《配额：前车可不鉴乎？》是自己这两年比较称意的文章。该文指出，二十世纪七十年代，香港成为世界第一成衣（纺织品）出口"国"，主要是因为美国及其他先进之邦，以配额约束香港的纺织品进口数量。配额值钱，而香港容许配额自由地在市场转让，其价更高。经济效应有两方面。其一是上文提出的因为优质产品的相对价格下降，出口会偏于优质那方向走。其二是配额给每个受配者一点垄断权，配额之价代表着垄断租值，因而容许有配额的竞争者提升成本，使出口纺织品的质量大幅提升。均衡点是质量提升的成本增加在边际上与配额的租值相等。这是说，配额租值给予成本上升的空间；需求定律强迫质量提升的选择。换言之，当年香港的纺织品本来是低档的在外地商场的地库贱售之物，但引进了可以转让的配额制度，数年间质量急升，升到商场最高档次的那一层，把老外的名牌打得叫救命。

回头说目前内地实施的纺织品出口从量税，虽然税的本身有提升出口质量的选择之效，但因为远低于此前的配额市值，也由政府收取，质量可能不升反跌。质量大幅下跌的机会不大，因为在配额制时提升了，攻占了市场，纺织商不会那样傻，放弃既得之市。

还有两个问题。其一是出口从量税是盈利所得税之外的附加税项，虽然原则上可从所得税扣除，这附加会淘汰一些在没有从量税的情况下仅可生存的竞争者。其二是与配额相比，从量税只改变了优质与非优质的相对价格，在现存的产品中会鼓励质量较优的出口。然而，与配额制的重要不同处，是从量税没有提供以增加成本来改进产品质量的空间。

我为这个"政策"问题想了好几个晚上，不是为了要改进什么，而是遇到的是有趣的经济难题，见猎心喜。先此声明，我是反对配额或任何出口税的。世界的政治局限我是门外汉，但如果听到或读到的是大概地对，不能漠视，我想出如下的折中办法。

凡是出口的纺织品，一律取消盈利所得税（或取消现有的所有税项），只抽出口从量税，此消彼长，务求二者打个平手。纺织业的总税率应该与其他行业看齐，只是前者在出口产品上换了单用从量税的抽法。因为不再抽所得税，从量税可以提升，老外应该开心一点。与约束出口量的配额相比，从量税是约束出口价，如果不抽所得税，从量税也有提升成本的空间，虽然与配额的不完全一样，但有类同的效果。出口量会减少，但出口的总值多半会上升。

多方面考虑，我认为对中国纺织业的发展，出口产品不抽所得税只抽从量税的制度，有机会胜于此前的配额制。但我不是税务专家，怎样施行，每项纺织品的从量税如何厘定，怎样算出从量税与取消了的所得税大致打平，是我所学之外的话题了。

从日本的经验看地球一体化
的不幸形势

二〇〇九年七月七日

　　我历来敬仰经济学大师萨缪尔森，今天九十四岁了。不久前他发表了一篇文章，认为中国有机会成为地球经济的一哥。我为文回应，但不够详尽，这里再说，是转了话题，但要先重复我在该文写下的一段话：

　　萨缪尔森提到，在国际贸易收支失衡的情况下，美国很可能走上保护主义的路。我认为如果奥巴马的政策成员真的有萨氏说的水平，保护主义是不会出现的。这是因为今天的世界与二十年前的很不相同：开放而又满是廉价劳工的发展中国家无数，在产品的成本上这些国家与先进之邦出现了一个差距很大的断层，"保护"对成本高的国家会带来灾难性的发展。好比如果禁止或约束中国的玩具进口美国，进口商会转到印度等地方购买，就是对所有国家封杀也不容易找到投资者在美国设厂制造玩具。这是说，今天，保护主义的有效施行是要全面性的：国际要全面，制造品也要全面。这样一来，美国的物价大幅上升不会被消费者接受。

让我从日本说起吧。五十年前，日本的制造品在国际上开始发难，价廉，且质量不断改进。先进之邦斗不过，约十年英国输得面目无光，继而美国及西欧。在保护主义的压力下，日元大幅升值。记不清楚时日，也不记得过了多久。记得的是日元从三百六十兑一美元升到八十兑一美元，上升了百分之三百五十！这就带来一个经济奇迹：日元上升了那么多，但日本的产品还在国际上畅销，还是满布地球。日本当时继续有贸易顺差不奇，因为弹性系数有决定性，但出口产量依旧强劲却是奇迹。相比之下，两年前人民币兑美元只上升了百分之十强，中国的厂家就遇到困难，在新《劳动合同法》引进之前好些工厂开始关门了。

日本当年的际遇与中国今天的际遇大为不同，可不是因为中国产品质量的改进速度比不上人家，而是五十年前落后国家的制造品能大量地攻进先进之邦的，只有一个日本。日本的人口一亿多。七十年代加进亚洲三小龙——香港、台湾、新加坡——八十年代再加上第四小龙——韩国。连日本一起算，这些新兴之区的总人口只约二亿。世界人口是五十亿强。

拉丁美洲的际遇历来风风雨雨，这里不说。地球一体化始于三十年前中国改革开放，跟着是印度，再跟着是苏联解体，东欧参与国际竞争，又再跟着是越南、非洲及那些"斯坦"之邦。这是说，三十年来，参与国际竞争产出的人口增加了不止三十亿（劳动人口当然较少），比日本与什么亚洲小龙的人口多了十多倍！六年前，美国的商场满是中国货，但当人民币兑美元只升约百分之十，那里的商场不同国家的品牌无数。

想当年，日本的国际竞争形势与今天的中国很不相同。在缺少发展中国家的竞争下，日本承受得起先进之邦的保护主义，而他们选择让日元的国际币值大幅提升，换取先进之邦不大加进口税，是明智的选择。可惜跟着的处理出现了问题。是的，跟着而来的日本故事是悲哀而又有趣的学问了。

是经济学博士生也不容易考得及格的问题。当年日元兑美元上升了百分之三百五十，日本货还是销售得好，失业率没有多大变动，经济整体的均衡点要怎样调整才对呢？答案是三方面的合并：提升外汇储备，提升工资，提升租值（是经济租值，见拙作《供应的行为》第二章第三节）。日本的外汇储备无疑是大幅提升了，但从他们经济整体的实力看，微不足道。工资提升得快，而当时的日本，终生雇用的合约安排普及，这提升主要是以分花红的方法处理。当年日本员工的"分红"的夸张，使举世哗然。

是在租值大幅增加的发展中，日本当年的政策闯大祸！他们变本加厉地禁止农产品进口——这是增加租值的一种方法。七十年代后期我路经日本时，在一间高级零销店见到如下的定价：一只番茄五美元，一粒温室葡萄一美元。我带两个孩子到可能是最高档次的花园餐馆进午餐，最相宜的套餐每位美元一百五十。

明治维新之前的德川时代的大地主们的财力，百多年后还存在。他们要地价高，而禁止农产品进口是非常有效的方法。七十年代日本的工资急速提升，主要通过分红制，有需要时下调不困难。然而，房地产的价格（属租值）上升，下调却不容易。有两个原因。其一是在政治压力下，农产品进口不容易解禁。其二是房地产一般押进银行借钱，水涨船高，借贷大幅上升。一九八五年，日本的房地产价格比香港的高出不止一倍。

大约一九八六我发表《日本大势已去》，年多后，我见中国的发展有看头，接受邀请在日本的《朝日新闻》的头版发表了一篇对日本经济前景不看好的文章。由他们翻作日语，而据说《朝日新闻》是当时日本的第一大报。好些日本朋友读后不开心。

这就带来另一个有趣的经济现象。日元兑美元大升了好几倍，以美元及先进之邦的币值算，日本的人均收入很快就与先进之邦打成平手。但因为工资与租值跟着大幅上升，在禁止农产品进口的局限下，日本人的实质生活水平其实升得远没有那么高。这个发展，促使七十年代至大约一九八七年，日本人大手调动资金到外地作房地产投资，到泰国等地投资设厂的也无数。这些投资一般不是那么理想——日本要到九十年代初期开始进军中国才算是有所斩获。美国的朋友应该记得，七十年代后期与八十年代初期，美国的国际机场满是日本学生及小孩子。这是日元大幅上升给日本人民带来的利益了。

一九八六年底或八七年初，日本的房地产市场终于崩溃，不到一年大城市的高级商业楼宇下跌了百分之八十以上。这导致那里的银行纷纷步入困境。通缩出现，经济不景大致上持续到今天。这个日本不景现象连带着的，是那里的货币量推不上去。弗里德曼很关心这个发展，他谢世前数年几次跟我谈及日本的货币政策问题。日本有关当局不放宽银根困扰着他。到二○○一，弗老说日本可能有转机。我的看法不同，但没有向弗老提出自己当时还是有点模糊的见解。

我认为德川时代的地主演变成为后来的资本家的后代，不少是日本的国会议员。他们反对日元贬值。这个意向与放宽银根及搞起通胀是背道而驰的。另一方面，经过那么多年的向外投资的发展，维护日元的强势是需要的。君不见，几年前日本的舆论就出现了"日日贸易"之说：日本输出物品到中国去给那里的日本人及厂家，日本在中国的厂家的产品输出到日本去。这个有趣的舆论是正面的，大有感谢中国之意。

这就带来本文要说的重点。日本的经验，是日元大幅升值，以先进之邦的币值衡量，日本的人均收入水平很快就追上先进之邦（实质生活水平是另一回事）。但日本只有一亿多人口，先进之邦可以不困难地把他们的国民收入拉上去。香港昔日只五百万人，七十年代工业起飞，一九八二年初港元兑美元升至五兑一，也同样地把香港的人均收入拉上去。差一点的有台湾，有新加坡，到了八十年代再差一点的有韩国。说过了，连日本在内，这些算得上是有成就的发展中地区的总人口只约二亿，先进之邦可以维护自己的工会与最低工资而在某程度上把这二亿人的人均收入拉上去。

今天的地球局限有了大变。自中国改革开放以还，新兴的发展中国家的人口不止三十亿。增加了那么多的穷人参与国际产出竞争，先进之邦是拉不上去的。拉不上去，先进之邦不能不面对下面由无数廉价劳力组成的低成本断层。上层不撤销工会与最低工资，早晚会被下层拉下去。撤销工会及最低工资会使上层的租值上升，原则上可以稳守。这是因为依照比较优势定理，先进之邦在没有工会及最低工资的约束下，大量廉价劳力参与国际竞争会使他们的知识租值大幅提升。这是经济学，可惜今天失传了。

我希望读者明白，今时不同往日，先进之邦再推出保护政策是愚蠢的，因为一定要很全面才有效，而这样做会无可避免地带来他们不可以接受的物价大升，知识租值会消散得快。另一方面，六年以来我坚决反对人民币兑美元升值，主要是因为我看到中国要面对的世界，与日本当年面对的很不相同。

闭关自守也无妨！

二〇〇九年九月二十二日

　　去年奥巴马竞选总统提名时，说如果他获任总统，会杜绝中国的玩具进口美国。据说不安全是原因。后来他认说错，有歉意。（想深一层，美国本土的玩具工业早就移师中国及工资较低的国家，去如黄鹤，没有什么可以"保"的。）最近九月十一日美国宣布对中国轮胎征收惩罚性的进口税，三年加三次，每次加得厉害，得到奥巴马批准。奥氏之前，布什执政时，美国的压力团体多次提出对中国货进口征收惩罚税，据说有六项通过有关当局，皆被布什否决。

　　有一个严重问题。这次在惩罚中国轮胎进口的言论中，没有提到像玩具那样，被指有危险成分。中国制造的轮胎显然被认为是安全的，只是价格相宜，导致美国的轮胎工人失业，所以要惩而罚之。既不危险，也非倾销，只是价格过低。这样，将来反对中国制造品廉价进口的声浪会不绝于耳，奥巴马不容易厚此薄彼，轮胎的命运会成为保护主义卷土重来的先驱。不可能是美国消费者的选择。

263

重罚中国轮胎进口，美国还存在的轮胎制造商会得益，但没有谁会在那里兴建轮胎工厂。这是因为惩罚关税这回事，既可来，也可去，设厂造轮胎是蠢行为。其他发展中国家呢？大量产出轮胎，廉价输美，也会同样地遇到惩罚关税，所以也不会那样傻，见到自己的国家还没有被点名就赶着去设厂产出轮胎了。如此类推，明智的发展中国家的投资者，会选择不走廉价输出美国的路，转而谋求发展中国家之间的互相贸易，地球一体化会变为地球两体化。

上述是我持有的水晶球的看法，可能想象力过高，但逻辑是对的。中国可以报复（retaliate）吗？当然可以，而纵观今天中国持有的筹码，容易。我反对。曾经说过，无论外间怎样惩罚中国货进口，北京的朋友不要采取任何报复行动。协商不成，他们要惩罚，一笑置之是上策。何况今天遇上金融危机，此报复也，将会导致保护主义地球化，对中国半点好处也没有。是的，协商不成，北京的朋友要逆来顺受。尤其是，我认为中国的经济发展到今天，就是被迫要闭关自守，有得守，守得云开见月明。

我要从亚当·斯密的《国富论》起笔的制针工厂说起，向北京的朋友解释一下简单的分析。斯密前辈的制针工厂，因为工人分工合作，每人的平均产量，比独自操作的产量高出数百倍。我曾经指出，因为专业而分工合作，其产量可以容易地上升逾万倍。这是斯密前辈指出的"国富"的主要原因。他跟着翻来覆去地指出，要鼓励专业分工产出，市场贸易不可或缺，因为没有市场无从专业。这就带来斯密前辈的一个重要格言："专业产出的限度是由市场的广阔度决定的（Specialization is limited by the extent of the market）。"

这里我要用一些真实的数据来示范市场广阔度对生产成本的重要决定性。二〇〇一年为了写《供应的行为》的第三章——《生产的成本》，我要求一家印制商提供印制书籍的成本数字，由花千树的叶海旋核对，说明一分也不能错。是一本三十二开内文一百九十二页的平装书，以港币算，时间是二〇〇一年七月。众所周知，印制书籍是量愈大平均成本愈低。我获得的数据，印制五百本的平均成本是每本五十七元二毫九分，八千本的平均成本是七元五毫三分。资料显示，开头平均成本跌得急，到了八千本就跌得远为轻微。当时我算过，考虑到仓库的租金，无限量的不急销售，以香港而言，每次印制八千本最着数。

在香港要出书过瘾一下的君子们知道，因为市场小，要销售五百本不容易。二〇〇一年的市价，内文一百九十二页的书每本约四十五元，批发六折，是二十七元。没有算进编辑、设计费用，五百本的平均成本五十七元多，要过瘾不能不入肉伤身。要真的过瘾，二千本（印制成本平均约十七元）是起码的要求了。

市场销量够大是利用专业分工产出而减低成本的

主要法门，也因为这法门的存在，基于私有产权的经济就可以夸夸其谈了。印制书籍是量愈大产出平均成本愈低的一个好例子，可能有点夸张，但我们不难想出更夸张的其他实例。权利有了清楚的界定（所谓私产）是市场运作的先决条件。这是科斯定律。但有私产，市场的销量不足，算你是绝顶天才也只能大叹倒楣了。

神州大地的人口比香港的高出二百倍。要出书过瘾一下吗？内地今天的书价比香港的大约低一半，成本也大约低一半，销售二千本当然远不及香港那么困难。书籍如是，其他产品也如是。外间多购中国货是扩大市场，有助，但自己既然有那么大的市场，他们要保护什么的，让他们保到够算了。不容易明白，美国在消费指数一蹶不振的今天，他们会推出保护主义。难道轮胎之价大幅提升，那里的市民会多购汽车吗？是湛深的学问，我不懂。

美国推出保护主义，对中国当然不利。但此不利也，在发展得有头有势的神州大地来说，因为本身的市场够大，用不着哭出来。报复还击，怎样算我也算不出对中国本身有好效果。中国的劳苦大众拼搏了那么多年，站稳了脚，让他们享受一下外间的名牌贵货不是很好吗？索性取消所有进口关税吧！是站起来表演一下真功夫的时候了。

我曾经指出，中国要大事发展的是内供，而不是内需。只要内供发展得好——主要是撤销所有约束内供的管制——内需的威力会随之而来。外需无疑有助，但今天看已经不是炎黄子孙的生存命脉了。一个人口不多的小国，要靠出口换饭吃，或靠开赌，或靠旅游，或靠碰中了些什么天然矿物。但中国不是小国，人口多而又吃得苦，市场大得惊人，而工业的确是发展起来了。人家要保护，中国在不利中可以稳守，而长此下去，最大的输家一定是推出保护的那一方，因为在保护中市民是买贵了货，资源的使用也被误导了。日本保护农产品的经验是灾难性的。

我感到惋惜的，是美国惩罚中国的轮胎进口，在过渡期间中国的轮胎制造商会受到损害。中国自动提升出口税会打上交叉，也会与目前的出口税制有冲突。自动约束出口量是配额制度，麻烦多多，纺织品的前车可不鉴乎？然而，轮胎出口配额会减少甚至弥补制造商的财政损失，而更重要是会大幅提升出口轮胎的质量。如果美国可以接受这配额而放弃惩罚税，对中国来说是比较上算的。我可以保证，如果惩罚税换作配额制，而商务部懂得容许配额以市价自由转让，中国产出的轮胎的质量会冠绝天下。这是价格理论的推断，其准确性与牛顿推断树上的苹果会掉到地上相若。

（五常按：如果美国政府言而有信，把中国轮胎进口美国的税分三年猛加三次，美国的轮胎工业会怎样了？我想到的答案是那里的轮胎工厂多半会关门大吉。这是因为进口商会提早大量进口中国轮胎，储存起来，逐步销售，使本土的轮胎工厂好几年半点生意也没有。）

七、从农民到燕子（五篇）

要冷静地处理中国农民问题

二〇〇四年三月二十五日

这些年来很多青年要求我分析中国的农民问题，提出些建议，希望改善农民的贫困生活。不久前人民文学出版社出版了陈桂棣与春桃合著的《中国农民调查》，洛阳纸贵，其中描述安徽农村的故事，很具震撼性。与此同时，温家宝对农民的关怀，溢于言表，而最近又提出五年后取消农业税。

我不怀疑，从国务院到小学生，他们对农民的热情是真实的。事实上，神州大地没有出现过像今天这样浓厚的对农民的关注。手头没有足够而又可靠的中国农业资料，自己的观察很片面，不能做出有分量的

271

分析。几天前太太的弟弟，一个四十六岁的饱学之士，给我电话，说他读《中国农民调查》，哭了，要求我立刻为改进中国农民的生活下笔。可惜感人的故事对经济分析是没有多大帮助的。

不要告诉我中国农民的苦况——我可能比所有的人都清楚。二战期间我在广西的农村生活一年多，记得只吃过一碗饭，稀粥一两个月才能品尝一次，番薯是上品，十来天才吃一次，主要食品是木薯，有毒的，要在水中漂洗几个星期才能吃，也吃不饱。骨瘦如柴，余下的皮肉因为营养不足而腐烂，六十多年后的今天还见痕迹斑斑。

重要的是，当时的农民说，他们的苦况不是二战使然——历代相传也如是。今天中国的人口比六十多年前上升了两倍，而农民的生活有了很大的改进。还是困苦，但平均寿命不到四十的日子是过去了的。

拙作《佃农理论》对中国农业有深入的分析，曾经在芝加哥大学教过农业经济，不是个门外汉，加上二战时的经历，可以冷静地看问题。我要在这里提出三项原则，漠视其中一项中国农民的生活不会有大作为。

原则一。农民人口一定要大幅下降，弃农转工商。华中的张大哥培刚五十多年前就为这问题大声疾呼，而去年谢世的芝大农业经济大师约翰逊（D. Gale Johnson）关心中国，为这个问题写过好几篇文章。想想吧，在美国，一个以农为业的小康之家，需要拥有的一级农地大约是中国的三百亩。我不知道今天中国一户农家的耕地是多少，还要交承包租金。可以肯定的是：如果不大量地弃农从工，中国的农民不可能有小康之乐，永远不能。

另一个现象同样有说服力。个人的随意观察，以年息五厘算，今天中国的工业用地的现值比农业用地的大约高二十倍，住宅用地则大约高六十倍——虽然工、住用地有转用途的开发成本。这庞大的差距代表着庞大的浪费。人口不大量由农转工，土地相对较少量转用途，这差距是不会大幅收窄的。

据说今天中国的农民人口是九亿，大约是总人口的六成九，比以前的八成五有改进。我认为六成九是高估的，因为很多农民今天半农半工。正确的数字我不知道。同样，我不大相信很多地区的农民的人均全年收入不及人民币四百——工业及其他外快应该没有算进去。低收入却是毋庸置疑的。要使农民一般达到小康之家，以全职农业算（full-time equivalent），其人口比率要下降至百分之二十五左右。

政府帮助任何人是干预市场，但为了帮助农民而干预一下不容易反对。问题是，你可以帮助农民而鼓励他们留于农业，也可以帮助农民而鼓励他们转到工业去。前者错，后者对。纵观今天北京帮助农民的策略，是选错了方向。正确的方向明确，但路要怎样走，我要多作细想才说。（我需要中国农地的颇为详尽的产权与分配资料，希望读者可以提供。）

原则二。一定要放弃农产品自供自给的保护主义。中国人多地少，加上大量弃农转工的需要，农产品不可能自供自给而有大成。我多次说过，历史上没有任何供应，能比让人家赚钱的供应来得可靠。要让农产品自由进出口才可把农民的生活搞起来。稻粮今天有进口，是正着，但最近北京决定补贴鼓励稻粮种植，是劣着。

大量放开农产品进口，市场的发展会转向劳力密集的农产品那方面去。例如同样农地面积，蔬菜种植所需的劳力大约是谷稻的八倍，而饲养行业与温室培植所需的劳力，以土地面积算，也多。需要劳力密集的农产品，每亩的产值相应上升。开放农产品进出口，中国的农业会向这方面发展。以养牛为例，美国养一头牛所需的土地面积大约是中国的三十亩。让自由市场发展，中国肯定不会选这种养法。市场的发展，要不是牛只进口，就是学日本神户的饲养：种植名贵饲料，以人工替牛按摩，像服侍父亲似的，炎黄子孙出不起钱购买，就卖到外地去。

是的，中国要放弃二百多年前欧洲的重农主义的糊涂思想，开放农产品进出口。需要劳力密集的农产品与工业皆有可为，可以出口交换地多人少的农产品，由市场处理。

原则三。中国农民的困难不单是地少人多，而更重要的是知识不足。没有任何资产能比知识资产来得稳定可靠，而不像土地，只要愿意付出代价，知识资产是取之无尽，用之不竭的！

要干预市场来帮助农民吗？听我说吧：大量向他们廉价供应知识教育。有多种通过媒体（例如电视）及其他广及形式的教育方法可以选择，而天天为中国农民哭哭骂骂的大学生，不能自食其言，临阵退缩，要站出来做点义务工作了。我建议国内的大学采用美国的每年四学期制，学生选修三个学期，轮更地抽出一个学期到农村做教育工作。这经验对大学生自己也是一种好投资。

两年多前在成都几家大学讲话，听到大约百分之三十的大学生是农村子弟，很高兴。当时我说，这个数字使我对中国农民的前景看到一线曙光。万事起头难，今天农民求知的意欲明显，政府要干预，不妨顺水推舟，把补贴稻粮种植的钱转往种植知识于农民的脑子中去。

我既欣赏也担心温总理的仁慈。国家负担得起，读过中国历史的人都不会反对帮助农民。但帮助要讲战略，要论投资的社会回报。我认为上述的三项原则是要坚守的大方向。

与农妇一席谈

二〇〇六年一月二十日

　　几天前与一位农妇谈了两个小时。她来自河南省信阳市以东的罗山县。地点我有兴趣。一则那里不是沿海较为富裕的地带；二则那里的农地广大平坦，可以多用机械耕耘，更改了一些我在《中国的农业传统》的说法。

　　她说这些年农民的收入上升得快，农工的工资最近一年上升了百分之二十。加速的生活改进不是我说的近四年，而是有六年了。主要是舍农从工或从商的急升。我要一个大约的比率估计，她想了良久，从自己亲朋戚友中数手指，说一家四口的有两个半转到工商业去。老的幼的留在家，年轻力壮的跑广东，跑江浙，跑北京，也有在农村邻近的工厂工作，造木板居多。营商的多跑北京，做小贩，或开大排档。离乡别井跑工厂的不少，有些做驾驶员。做建筑工人的称民工，也多。种植与收成时节，回家协助的多是建筑工人，跑厂的较少。家中老人照顾孩子外，负责两个旺季之间的灌溉与施肥。以兼职化作全职，老幼不算，如果这农妇的故乡有代表性，中国的农民在劳动人口中跌得快，比我此前想象的快得多。

农工——指那些替他家种植或收成的——开始盛行。好比插秧，几年前是我帮你，你帮我，今天是雇用农工了。理由简单，转业的人多，不能再靠邻居帮忙，农工就迅速兴起了。雇用农工，永远是按亩，不按时间算工资。我拿着计算机，按她提供的资料翻为时间工资，不肯定的要她打长途电话回家查询，是比较有趣的调查过程吧。

插秧是艰苦的工作，每亩五十元（一年前是四十元），从早到晚十个小时，一个人可以插一亩半。那是每天七十多元工资，是跑厂的三倍。但只有旺季才可以做，每年大约有两个月。淡季要靠其他收入，也有自己农地的产出。收割也是五十元一亩，与用机械收割同价。收割机车不便宜。日产的一部三十万，国产的十八万，前者湿地可用，后者不成。每天可收割七十亩，那是三千五百元，但要出机车出油费，当然包维修保养。不知农村的利息率、机车折旧与保养等，算不出机车操作员的工资，但只值数千元的代替牛耕田的翻土车，大约计算，机车操作员的工资与人手略同，每天七八十元左右。工资比工厂高几倍，也是旺季才有工作。妇人说，机械的采用只是这两三年的事，采用得快。牛耕田今天只限于小农地，高低不平的。蔬菜还是全用人手。

转业打工，最低月薪六百，一千不难求，她的家四个出外的三个逾一千。不久前我估计过，离乡别井的收入大约高百分之三十，今天得到的不完善的资料显示，这差距可能高估了一点。

温家宝先生应该高兴，年多前的农业免税或大减税，对农民的生活改进比我想象的为大。今年起农业法定废税，农民一般高兴，网上及香港传媒的言论不可信。

废除农业税的本身会鼓励农民留于农业，但我在《南窗集》指出，如果农地可以自由出租，会反过来，鼓励农民离开农业。果如所料，一些报道说，去年起有某种合作社的出现。那是农民把农地合并，以股份处理，把扩大了的农地租给"资本家"，所获租金按股分账。这就是了，当我在《南窗集》指出出租农地会鼓励转业时，我怀疑农地合并的有利使用会是个头痛问题。想不到中国的农民比我聪明。合作社者，公司也。看来这种以公司形式合并农地的方法会盛行，因为农地合并使用会提升租值。看来中国真的要来一个我说的农业革命了。

佃农专家倒楣记

二〇〇八年四月三日

少小时在广西的农村生活过，对田园与农作有感情。战前战后在香港长大，母亲把房子建在西湾河的山头，邻居零落三五家，高低不平的山地还是一小幅一小幅地种着蔬菜、花生之类。后来难民涌至，山头给木屋占了，田园一去不返。再跟着是高楼大厦出现，诗人田汉颂赞过的"筲箕湾的月色"与"鲤鱼门的归帆"再也看不到了。对我这一辈的人来说，高楼大厦是可怕的世界。

留学美国，课余之暇喜欢到园林静坐，有时拿着照相机去，脑子胡乱地想着些什么，有时一片空白。然而，就是在这样的没有刻意地想什么的状态中，往往灵光一闪，此前没有想过的新思想跑出来。后来到西雅图工作，主要是为了爱海，也爱田园，而这些西雅图一带多的是。购买了海旁别墅，跟着是这里那里作点小投资，要不是耕地蚝滩就是树林果园之类。我可以在一个四顾无人的环境中，足不出户好几天。美国的田园景色是好的，非常好，只是缺少了中国农村

281

那种苍烟落照，不让我们看到一个李白，或一个苏东坡，或一个李清照。没有中国的田园，不会有中国的诗人。

几年前寻寻觅觅，在国内的农村找些休闲之境，希望每年能过几天古诗人的生活，让自己的遐思回到少小时的感受去。价格相宜，但有可取环境的却不易找。后来得到朋友的协助，找到两处。在大江以北承包了些鱼塘，万亩荷花之中竟然有一块小小的干地，只此一块，也承包下来，希望筑小居，让爱好摄影的朋友在夏天有个去处。大江以南呢？找到一个果园，不大不小，在小丘上，也承包下来了。

谈谈这个不大不小的果园吧。种着的主要是荔枝、龙眼、黄皮之类，品种上乘。旧园主聘请了一对夫妇农工，好的，刻苦耐劳，也懂得植果之术，我当然一起"承包"了。一年只有机会到那里三几次，一位当地的朋友替我监管该夫妇的操作。本来相安无事，但不久前监管的朋友把该夫妇炒掉，换了另一对。征求过我的意见。朋友要"炒"的理由，是该夫妇频频偷偷地到外间工作，每人每天可获百元，荒废了果园的打理，百劝不听，于是非炒不可。

历来做得好的农工，要炒我当然有保留，但想不到解救之法。我提供的待遇应该不错。夫妇二人的月薪提升至一千七百，电费电话由我出钱，钻了个科学井，食水是好的，而有什么病痛我会出手。更重要是替他们建造了一间约八百平方英尺的房子，内里有卧室，有客厅，有厨房，有浴室，也有储物室。当然不是星级酒店，但作为农居是好的。听到他们要电视，我把家中客房的交出去。听到他们要空调，我的回应，是该房子的楼底刻意地建得高，也刻意地斜顶用瓦，不可能太热，给他们风扇算了。

该对夫妇没有要求加薪，而我也没有提出加薪挽留。关键问题是我的朋友只能久不久到果园一次，无从查察农工外出打散工的行为。这几年中国农民的收入急升，一百元一天大有吸引力，我们这边加薪，总不能保证农工不违约地出外工作。我们于是只能希望某些农工的个性有别，言而有信，转换一下或会有幸运的效果。

读者要知道，果树的培植还有另一个关键。那是杀虫、施肥、剪裁等，时间要来得相当准。尤其是花开时节必需的杀虫，可取的时间只有三几天。一次错失会失收。一季失治，补救不易；一年不管，整个果园可能废了。杀虫每年要杀好几次，施肥与剪裁的时间也要准，与其他果园或农植的繁忙时间往往冲突，在重要时刻农工外出赚外快果园就完蛋了。

作为一个懂农业而又曾经尝试过其他生意的经济学者，我当然预料到会有上述的麻烦，所以承包该果园时，我给那对夫妇的口头承诺是佃农分成合约。我说明每年的水果收成的收入，减除费用余下来的会与他们瓜分。说得清楚，承包果园是为了消闲，减除费用后的收入，要怎样分我无所谓。他们当时是高兴的。然而，我这个数世纪一见的佃农专家（一笑）也真倒楣，竟然没有想到水果之价到今天还不值钱，与正在急升的农民工资是各走各路的！

你说奇不奇？我早就料到农产品之价会急升，但可料不到在这几年农产品价格急升的情况下，水果之价竟然下降了！只有水果一项其价是下降了的，或然率跟买中彩票差不多吧。天下可以跌价的产品那么多，为什么偏偏选中水果呢？你说倒楣不倒楣？一斤上佳的荔枝批发三元，扣除工资及其他费用是负值，何况这几年风雨不顺，失收，水果之价不升反跌。

没有作过深入的调查，但为水果之价一枝独"瘦"这个怪现象我想过。得到的不能肯定的解释，有两方面。其一是这些年果树很多种到山上去，山坡无数，地租近于零，而满布山头的果树，这几年长大了，产出进入高峰期。读者不妨细看南中国的山头，果树无数，以荔枝为主，再细心看，你会发觉好些果树，其上荒藤满布，其下野草丛生，摆明是被放弃了的。另一方面，海南岛的农业发展大有看头，尤其是果树的培植，温高早熟，轮到我这边消费者都吃厌了。

同样是水果，需要平地培植的、江浙一带的水蜜桃，精品每个批发达八元之高。水蜜桃的培植比荔枝、龙眼等更麻烦，治虫要出尽八宝。看来水蜜桃之价还要上升，因为其用地极宜建造楼房，转用途地价上升动不动数十倍。近城市的农民发达无数，与发展商对立的钉子户今天到处皆是。

不容易明白为什么剥削农民的神话可以持续那么久。昔日的中国我没有机会实地考察过，但今天要剥削农民吗？你去试试看。为了消闲，也为了跟进农民的生活，作了点小投资。以养鱼为例，我怎样算，费用之外自己所得的要不是负值就是零。鱼价上升了，但费用的上升更多。五年前江浙一带的农工月薪三百，今天九百不容易找到，较为壮健的千元以上。

只有两个机会可以在中国的农地投资赚到钱。其一是若干年前廉价承包了农地，今天地租上升了，转包出去可赚点钱，但自己主持操作多半要亏蚀。其二是拿得很大的农地，千亩以上的，作有系统的研究、选择品种、引进科技、新法管理等。赢面不高，但机会存在。

最高明是选走我的路了。花小投资作消闲，每年过几天陶渊明的生活，体会一下"农人告余以春及，将有事于西畴"。这样，投资其实是消费了。既然是消费，农工不听话大可一笑置之。告诉你吧：这种消费今天在国内还算相宜。上升了不少，但还算相宜。以消费者盈余算，我是赚了的，可惜到今天还没有机会把这盈余享受一下。

从造园林看中国农民的产出成本
——再评新劳动法

二〇〇九年四月二十一日

　　我喜欢亲自建造园林。没有真的学过，但研究过，建造过，曾经在美国获得一个园林大奖。由我出钱，由我设计，由我指挥，从早到晚工作一个月，造成后让承包工程的仁兄拿去比赛，获大奖后此君生意滔滔。

　　说自己没有学过可能不对。参阅过苏州与日本京都的园林书籍，认为日本的较合心意。到京都几个园林静坐几天，心领神会，再找一些建造园林的技术书籍参考一番就是了。自己的本领，是摄影时构图看得快，看得准，用之于园林，石头、草木、小丘、水池等的摆布，建造时意之所之地发挥可也。技术的要点是不同物体的动工及安置要有先后次序。根底是日式，中国品味是加进柳树——日本的园林不用柳——是"杨柳岸，晓风残月"的影响吧。读者不要给我误导：植柳是名树中的最差投资。

　　喜欢亲自造园林，因为作为一门艺术，那是最容易发泄情感的玩意：创作时作者身在园中，整件作品包围着作者。我不先作任何图样设计，建造时在场中指挥，晚上细想这里那里怎么办，日间见到不满意的这里那里修改一下。

亲近的朋友知道，在学术思想时我是个集中力很强的人，可以持久地集中多天，外人说什么往往听不到。当太太及孩子们见到一下子我魂游四方，知道发生着什么事，也知道怎样吵闹我是听而不闻的，于是不管。奇怪，集中思想时我喜欢孩子们在旁边搞得天翻地覆。这样的一个人，久不久要找艺术的表达来松弛一下，造园林是个好去处。

造园林的机会在美国的西雅图多得很，在香港的机会是零，而今天在神州大地的机会，比美国还要好。是的，中国没有美国那种发神经的环保法例，雇用农工一律相宜，而中国农工对种植的知识，冠绝天下。今天老了，不能整天站在园地指挥。只是久不久去看一次，作些建议或改动，成果远不及自己能长驻场地那么好。然而，有机会我还是喜欢染指一下园林的。

这里还有一个不能漠视的话题。造园林是一项可以稳定地赚点钱的投资。困难是要找到一间有足够空地及宜于造园林的房子。找到了，自己的劳力不论，一元投资房子可升值三至五元。还有，园林这回事，保养得宜会按年升值。这与室内装修年年折旧有很大的差别。

　　最近要在一个园林种植约四十株桂花树。这种树常绿，清洁，花香，而每年的增值可观也。我选较大的，树干直径八至十公分。售价包运、包种、包活一年。要天晴起码三天才移植，要懂得怎样挖掘，要懂得怎样用草绳把树根连泥土扎成球形，而某些树要懂得怎样切枝。准备工作做好后，搬运移植桂花树那天，六个农民，四女二男，从清早七时工作到晚上七时也植不完。当我知道该天他们每人的工资只约四十元，不是天天有工作，心酸起来，每人补给五十。异日继续，只半天就植完了。当时我不在场，电话坚持要等我赶去看看才放农民走，其实是赶去每人再补给五十。我不要把钱给他们的老板转交，要亲自交到农民手上。

　　上述的平凡现象有两个不平凡的经济含意。首先是这样的园林移植，连树带工，美国要多少钱一株呢？答案的第一步是美国的园艺专家不懂。五年以上的树他们不敢移植。我移植的桂花树逾十年。中国的农民可以移植逾五十年的老树，一律是包活的。

　　让我假设技术上美国也没有困难，那么同样的一株树，包运包种包活的，在美国需要多少钱呢？我的大约估计是美元六千一株，比中国约高五十倍。这是较为夸张的例子，但数字的估计大致上对。六千美元一株，选植两株也是过于奢侈了，做梦也不会想到四十株那边去。

　　现在的问题，是从植树那方面看，中国的劳动力与美国的没有多大差别，树的欣赏价值也差不多，但从国民收入那方面衡量，我选的夸张例子是中国只有美国的五十分之一。国民收入是不算消费者盈余的——应该算，但无从算——对欣赏者来说，这盈余比在美国高得多了。这些大差距的解释，是植树这个行业不能卖到美国去，而中国的贫苦农民实在多。我遇到的那六位植树农民上了年纪，识字不多，而他们的植树知识虽然了不起，没有其他值钱的用途。享受着他们的产出是我这种人，市场说廉价，我就付廉价，除了赶到场地多给他们一点钱，我还可以做什么呢？说过了，按照经济原则帮助农民，我们要鼓励农民转到工业去，然后让市场压力使农产品之价提升。这是唯一的最有经济效率的法门，其他的一概不妥。

这就带来第二个更为重要的问题。上述的六位农民是打散工的，既没有白纸黑字的合约，也不遵守最低工资的规限，而新《劳动合同法》的所有条例显然是一律违反了。我们应该为这些农民而坚持新《劳动合同法》的执行吗？

我的大略估计，如果新《劳动合同法》被坚持引进，桂花树的培养与移植的成本上升，会使市价高出一倍。有些还能继续移植工作的劳动农民的收入会提升，但因为顾客见树价上升了，会减少购买量，植树的劳动需求量会相应下降。树园的老板会因为新《劳动合同法》的执行而选聘那些生产力较高的劳工，生产力较弱的要不是失业，就是被迫转向收入较低的、劳动法管不着的小贩工作，或行乞，或盗窃。邓小平先生昔日站起来搞经济改革，在中共十一届三中全会中不是说得掷地有声，说得清楚，要给每一个人自力更生的机会吗？

如此类推，转到工业那方面看，我不否认，新《劳动合同法》会促使还没有倒闭的厂家多置较为先进的机械，也会多向较为优质的产品打主意。淘汰了接单工业，余下来还可以继续操作的会好看一点。中国的改革是为了好看吗？还是为了改善劳苦大众的生计？是谁想出来的经济谬论，支持着科技的改进由法例逼出来会有好效果的？高举腾笼换鸟的汪洋先生最近说大家要耐心等一下，要忍一下，忍得云开见太阳。看来汪先生是忘记了中国的穷人是没有练过仙术的（一笑）。

我没有反对过帮助那些因为某些不幸而不能工作的人，但像中国这样人口多资源少的国家，大搞福利经济愚不可及——也没有资格。新《劳动合同法》的执行有一个肯定的效果，那就是生产力最低的人受到损害。这是浅的经济学。较深的经济学说，像中国这样的国家，只要最低下的人能有自力更生的机会，层面高一级的众君子的生活用不着我们操心。

回头说我遇到的那六位上了年纪的植树农工，他们的前途怎样了？很不幸，就算新《劳动合同法》不存在，我看不到他们的生活会在他们有生之日大幅地提升。衣服破旧，鞋子看不出是什么，到死那天还会差不多吧。我想，他们工作得那么起劲，应该是为了他们的后代。这里那里多赚几块钱，寄回乡下孙子们或可购买一件新衣。他们是希望见到子孙有成而活下去，不是希望自己会富裕起来。这些人伟大，国家是因为他们吃得苦而建设起来了。

写到这里，脾气顿发，要问：上苍究竟授予了什么人那么大的权力，可以连最苦的人的一丝希望也不放过？

燕子风水说

二○○九年六月二日

很不愿意写这篇文章，因为有替与自己有关的生意卖广告之嫌。但我有一个神奇的故事要说，有机会传为佳话的。避嫌无法，除非不说。前思后想，还是说说吧。

话说深圳某商场有间海鲜酒家，称燕来居，名字与我有关，而设计的品味也由我做主。我这个年纪对生意没有兴趣，但还是要像年轻时那样，好玩的总想玩一下。深圳的燕来居以中国的文化为主题，提供的是我从小爱吃的广东菜。风水不灵，该高雅的商场八成满后，不知怎的差不多所有租客都跑掉，什么广告云云，不说算了。

故事要从"燕来居"这个名字说起。两年前我想到这个名字，不打算采用，但后来一位朋友竟然推荐同一名字，那么巧，就决定采用了。说跟我有关，因为我母亲的名字是苏燕琦，父亲的名字是张文来，前"燕"后"来"，取名燕来居有点意思。英文名字称什么呢？灵机一触，我想到Capistrano，是再适当不过的"翻译"了。在燕来居酒家的菜牌上我写下了这样的解释：

美国加州南部有一个小镇，名 Capistrano，很小的，镇内有一间教堂，很旧的。百多年前发现，每年三月十九日燕子一定飞到该教堂，勾留几个月，又再飞去了。这个三月十九燕子归来的习惯据说起码有几百年，而多年以来，每当该教堂见到第一只燕子回归，就敲响钟声，而钟声一响，整个小镇就大事庆祝好几天，游客云集。很多年前，有人写了一首题为 When the Swallows Come Back to Capistrano 的歌，今天不少人还在唱。

那些燕子来自阿根廷，每年从二月十八起飞，飞三十天，在二千英尺以上的高空飞七千五百英里。这个大自然的现象没有谁可以解释，可见造物者远超世俗。

宋人晏同叔的《浣溪沙·一曲新词酒一杯》词是这样说的：一曲新词酒一杯，去年天气旧亭台。夕阳西下几时回？无可奈何花落去，似曾相识燕归来。小园香径独徘徊。

话分两头。江苏有一处叫金湖的地方，其中有一处叫荷花荡，有荷塘万亩，据说是地球荷花最多的地方。六年前我到过，见而喜之，五年前再去，摄影两个早上，出版了《荷乡掠影》那本摄影集。我热爱田园，在荷花荡承包了一些鱼塘，一些荷塘，后来又在那里购得一小块绝无仅有的陆地，希望在那里筑小房子，偶尔过一下陶渊明的生活。

头痛的问题来了。朋友希望我能安排一点小投资，带动一下荷花荡的可能发展的旅游业。大家想到建造一间只几个房间的小宾馆，成本看来不高。看错了。我这个人不能接受不舒适的居所，于是成本直线上升。读者要知道，荷花荡这个地方虽然风景幽美，但每年除了荷花盛放的季节，四顾无人，一些散落的农家是不食人间烟火的。几个月前我对那里的朋友说：平生为了好玩屡作要亏蚀的小投资，但荷花荡的小宾馆的投资不算小，加上要雇用人手，亏蚀可以肯定，而每年我只能抽空到那里三几天，玩意是玩得太贵了。

这一次，风水有灵，荷花荡的投资一下子变为有机会赚点钱！我赌读者怎样也猜不中。分点教你怎样赚钱吧。

一、六年前承包鱼塘之际，鱼的批发价约二元五角一斤，请人饲养一定亏蚀。今天批发每斤八元，算盘打得过。

二、不知是谁几年前的发明，在荷塘饲养大闸蟹可与植藕共存，互不干扰，于是把小蟹苗放进荷塘去。

三、金湖一带盛产小龙虾，产量冠于天下。这种小龙虾肉少，我不认为好吃。但说不得笑，这是大名鼎鼎的 crayfish，在美国被视为珍贵食品，六年前金湖的小龙虾批发一至两元一斤，今天市场需求庞大，是十元以上了。

奇迹开始出现。我们把小龙虾的苗放进一个荷塘饲养，也是聪明的农民的发明。效果好得离奇，养大的小龙虾呈碧绿色，是顶级精品，商人抢购，出价每斤二十元。不少农民也在荷塘养小龙虾，但我们的产量特别多，也特别精，农民皆啧啧称奇。不知发生了什么事。依照农民的方法，是五月小龙虾收成后，落药物杀掉余下的，培植莲藕，到九月莲藕收成后，再饲养龙虾。我见该塘是龙虾神塘，为恐杀掉龙虾的药物会影响该塘的生态环境，立刻禁止。算盘说，要龙虾不要莲藕。

四、最神奇的故事你道是什么？你不可能猜中。正在装修的荷花荡的小宾馆，两个月前有燕子飞来筑巢，而且愈来愈多，多到妨碍着装修工程。想到Capistrano的世界知名的典故，我立刻禁止损害任何燕子，燕巢一个不许动——燕子的光临有季节性，不久后会离开。它们选择栖身的建筑物有偏爱，只有上帝才知道它们怎样选，很可能明年会再来，有可能像Capistrano的教堂那样，今后数百年每年会准时回归。难道Capistrano的举世知名的燕子奇迹会在神州大地的荷花荡重演吗？机会恐怕不大，可能性存在。

荷花荡那间宾馆原本定名"听荷居"，我们立刻改为"燕来居"。与深圳的酒家同名，但风水有别也。老人家的生意眼立刻发亮。如果燕子回归两三年，我会在宾馆顶上建一小钟亭，不用西方教堂的钟，用中国的古式寺钟，张继写"夜半钟声到客船"那种，每年见第一只燕子回归就敲响钟声，然后大排筵席，让邻近的农民免费地吃个饱。此法一行，传了开去，游客生意滔滔可以断言吧。我会说服有关人士，如果因为燕子赏面年年回归，使荷花荡的燕来居赚到钱，要全部捐出去给邻近农家的孩子们，为教育用途也。燕子协助教育孩子，不是很有意思吗？

写到这里，我想到某些事，某些情，也想到燕子，不由得想到苏子的《蝶恋花·春景》。词好，是天才之笔：

花褪残红青杏小，燕子飞时，绿水人家绕。枝上柳绵吹又少，天涯何处无芳草。

墙里秋千墙外道，墙外行人，墙里佳人笑。笑渐不闻声渐悄，多情却被无情恼。

八、土地的使用（两篇）

不救工业，楼市何救哉？

二〇〇八年十一月四日

（五常按：此文发表后几个月，中国的楼价开始大幅回升，因为一、新《劳动合同法》大手地放宽了，使厂房的租金收复一半的失地；二、央行大幅把利率下调；三、国际金融危机导致不少外资跑到中国来找避难所。）

在内地的飞机上见乘客手持报章的大字标题："政府救市凶猛，楼市坚冰难融"。没有借来一读，但心想，那不是发了神经吗？

曾几何时，是年多前吧，读报，某官员说一定要把内地的楼市打死。当时正在打，乱打一通。楼市也真顽固：这里那里交易要加税，谁可买谁不可买有规限，利率加了多次，借钱诸多留难，百分之七十的住宅单位要建在九十平方以下，廉租房要拜香港的难民时期为师……打了大半年，终于把楼市打死了。应该大事庆祝一番才对，怎会叫起救命来了？

也是几天前，内地某报的标题说北京要鼓励劳力密集的工业，增加就业机会云云。我想：曾几何时，不是说要搞经济转型吗？不是说要淘汰劳力密集的夕阳工业而走向高科技的发展吗？怎么一下子又变了卦？

老人家快要气死了，说说笑，发一下牢骚，或可延年益寿。转谈真理吧。一个像中国那么人多，人均农地极少而天然资源又乏善足陈的国家，大事发展工业是唯一的可靠出路。在这必需的庞大农转工的过程中，工人住得差、吃不饱、苦不堪言。这些现象无可避免。但像中国这样的国家要发展起来，有多个穷国参与竞争，别无善策。整国的高楼大厦、公路、大桥等都是令人哭得出来的劳工血汗建造起来的。有幸有不幸，机会存在，好些劳工成功地打上去，生活改进了。新《劳动合同法》意图协助劳工，但除了很少的一部分，尤其是那一小撮要搞事图利的人，基本上此法是害了穷人自力更生的机会。不容易找到一个比我更关心劳苦大众的——抗战期间我比他们还要苦，苦很多。然而，研究法例的效果是我的专业，学术的尊严不容许我说假话。每次依理直说都给网上客骂个半死，但历史的经验说，热情是换不到饭吃的。

我和太太不是什么慈善家，但认为吃少一点无所谓，见到需要帮助的人，没有手软过。可惜毕竟是小人物，爱莫能助之感天天有。我的主要本钱是经济分析得准，地球史实知得多，动笔写点文章，解释与推断因果，是我可以帮助劳苦大众的最佳方法吧。我认为演变到今天，新《劳动合同法》的主要困难再不是初时的第十四条，而是劳资双方的关系正在急剧恶化。合约的条件不能让双方自由议订，不斗个你死我活才奇怪。令人睡不着觉的故事，罄竹难书，篇幅所限，这里从略了。

先说一个大麻烦。因为人民币的处理不当与新《劳动合同法》的引进，内地无数工厂关门主要是在地球金融风暴之前出现的。停产、减产、没有注册而失踪的无数，公布的八万多工厂倒闭是低估了。更远为低估的是百分之四的失业率。某些地方，某些情况，失业率是难以估计的。

我要赶着说的大麻烦，是为写这篇文章再找做厂的查询而获得的。很不幸，非常不幸，地球的金融风暴对中国工业带来的不良效果，比我此前估计的严重！是赶工的季节，但自十月初起形势恶化，门前冷落车马稀，我因此推断：如果北京不迅速大手处理，在未来的农历新年之前——近农历除夕之际——神州大地会再出现工厂倒闭潮，使工业区的已经出现问题的治安急转直下。不能排除骚乱会发生。

屋漏更兼连夜雨，地球风暴真麻烦。立刻取消新《劳动合同法》，取消最低工资，肯定会帮助，虽然可以帮多少很难说。另一方面，在这个时候撤销这些法例，不明事理但还有工作的工人可能吵起来。如果北京不当机立断，起码用一些婉转的手法软化这些法例为零，使做厂的见到一线生机，三个月后的新春很头痛。多一事不如少一事，干脆地取消新《劳动合同法》会减少麻烦。这里要说明，我急着查询的只是工业的重灾区，其他没有时间顾及。

转说楼市，像中国这样的国家，经济发展主要靠工业支持。目前，楼价跌得最少的是上海，而上海的优质楼价下跌甚微。这些现象是因为上海主要是一个商业城市，还有国际的商业人士支持着。一般而言，工业遇难，中国的楼价不会出现奇迹。想想吧：无论工人回乡耕种（据说不少）或失业，他们空出的床位，是楼市少了支持，而老板失踪是更大的支持损失了。工厂倒闭，厂房空了，厂租急跌，对住宅楼市也有负面影响。这是因为住宅用地的供应早晚增加的预期，会受厂房空置的影响。更明显是工业的收入减少对楼价有负面作用。不明显的，但不可能错，是楼市两年前的急升，炒作之外，一个主要原因是工业发展的形势好，鼓励了市场对楼房需求不断上升的预期，而这预期今天是改变了。

不久前建议北京取消楼房买卖的所有税项。目前只减了一小点，怕什么呢？不久前也建议北京大手减息，一手减两至三厘吧。目前减了三四次，每次减幅小，怕什么呢？十次减息，加起来减两厘半，比不上一次过减两厘半那么有效。这些可以舒缓楼市的劣势，要有奇迹，工业一定要转头回升。

不久前说六个月后中国可能出现通缩，这推断今天不变。最近的观察，认为北京刚公布的百分之四点六通胀率是比实际偏高了。要强调的，是在目前的国际灾难形势下，通胀率回头上升一点不是坏事。赌他一手吧：央行要设法把通胀率推到百分之五至七之间。试行推高此率，在今天的形势下，央行会发现不是那么容易。

我说过，经过数十年的观察与思考，我不同意弗里德曼支持的无锚货币制，不同意以货币政策或调整利率来调控经济。然而，目前中国的央行还没有建立好一个不需要管这些政策的货币制度。形势不利，通缩出现肯定是烦上加烦，所以逼着要再用弗老之见。他认为通胀率达百分之五是可以接受的上限，但形势不对头，很不对头，多加一两个百分点是比较上算的。不容易，因为通缩之势已成。滥发钞票可使通胀大升，这不对，但要增加通胀率两个百分点——过了关容易调整的——在目前的形势下很不容易。经济不景有不同的性质，不是所有不景通胀都可以协助，我认为这次是可以帮一点的。

美国最近公布的第三季消费下降数字很不妥，因为雷曼兄弟事发后只占这第三季十多天。期望地球风暴会很快地平息是不切实际的看法。北京不要学香港的官员那样，大叫大嚷地吓死人，但反应要快，要果断，看准了治方要下重药。中国的困难比美国及欧洲的小很多，法例的修改远为容易，走位还有很大的空间。这是说，如果北京知道怎样处理，做得快，做到足，还是出现我担心的负增长的话，地球的大萧条会比上世纪三十年代严重。

猪价与楼价：评中国的土地政策

二〇〇九年九月八日

中国看来在国际上有点举足轻重。不久前北京说要微调一下，股市应声下跌，八月二十六日美国《华尔街日报》评云：泡沫的新迹象正在中国出现！没有那么严重吧。曾几何时，中国民不聊生，《华尔街日报》不认为是新闻，但今天中国的股市下跌数百点他们却认为是地震。

为什么北京要在这个时刻提出"微调"不容易猜测。一个看法是中国的货币量增长得快，有效应，为恐通胀复苏他们未雨绸缪。个人以为，国际金融危机的阴影未散，央行的朋友不妨多等一下。我也认为他们把微调的意向说出来是错的。不久前美国的联储主席伯南克发表《退出战略》，错得更大。金融危机的阴影犹在，市场很敏感，他说有收缩之计市场不会向好的那方走。此君的职位不值得羡慕。大热获续任后，有分量的劣评立刻出现。我赞过他在雷曼兄弟出事后的果断，但赌他在下届任期内会被骂得厉害。经济奇迹不容易在美国出现，英雄难做，有什么风吹草动评论会入他的账。

北京说要微调，也可能因为见到两个价格上升。一是猪价，二是楼价。先谈猪价吧。

这几年做猪也艰难。是奇特的动物。两年前猪价大升，跟着下降，但最近又升，升得相当急。还是那个老故事：养猪的饲料昂贵。问题是，饲料不是猪才吃的，为什么其他家畜没有类同的市价急升呢？我胡乱猜测，得到一个近于怪论的答案，有点新意，说出来给读者们吵一下吧。

不久前得到一项资料。在塘中养鱼，一斤八两的正规饲料可获养鱼增重一斤。养猪，一斤八两的饲料所获可能远不及一斤。鱼在塘中还有其他食料。牛、羊等有草原饲养；鸭、鹅、走地鸡等，饲料之外还可各自觅食。猪呢？蠢到死，单靠饲料来增加体重。究竟今天的猪吃什么的料我没有研究。记得七十年前母亲养猪，用的饲料是番薯苗，不值钱的。此法失传，多半因为昔日是饥荒时代，种番薯的农地无数，而今天炎黄子孙有饭吃，少种番薯，受害的是猪。

转谈楼价。这几个月中国的楼价上升了不少，也升得急。主要是商业地区。工业区的楼价还不怎么样。两个原因。其一是利率下降了不少，而楼价历来对利率的变动很敏感。其二，在国际金融危机下，外地的投资者要找避难所，跑到他们认为是比较安全的神州看看，见到大城市的楼价比国际大都市的还算偏低，就下注了。可喜的是，在这次国际金融危机的阴影下，中国放宽银根就容易地见到楼市大升。这可见神州还没有大中毒资产之计，也可见中国的经济发展是有了很不错的基础了。

楼价的经济分析是深学问。篇幅所限，这里只能分点略说。

一、楼价上升主要因为地价上升。人口密度、经济情况、土地供应等因素皆老生常谈，而远为复杂的是政府的土地政策会有决定性的影响。

二、一个国家的经济发展起来，人民的财富增加总要找些投资项目放进去。一般而言，土地或楼宇是最可靠的财富累积的选择。房地产本身有用途，有租值或使用的收入，远没有股市那样难于调查，难以明白，受骗的机会大减。有谁不知道房子是可以住的？

三、经济发展起来，人民的收入增加，财富是收入以利率折现，也跟着增加。人民把财富放进房地产去是自然的选择。原则上，楼价的上升等于租值上升的折现，而租值上升是反映着生产力的上升，价格理论中的边际产出理论分析可以推得逻辑井然。然而，在本文的第十点可见，政府操控利率可以严重地扰乱这个重要的经济规律。另一方面，政府的土地政策、货币政策及其他政策，可使房地产之价急升或暴跌，无端端地发达或破产的人无数。我们喜见因为经济上升而楼价上升，但政府的政策处理失当可以是悲剧。

九十年代后期中国的楼价暴跌，破产者无数。但我解释过，那是朱镕基要杜绝权力借贷的宏观调控的效果，大家要接受。然而，跟着的楼价还继续大幅波动，除了国际的不良影响，北京难辞其咎。

四、香港选走高地价路线，有他们的原因，是玩火游戏，这里不评。中国内地的局限条件与香港的是两回事，不应该搞高地价政策。问题是，中国整体的经济发展，人口怎样分布有关键性。如果珠三角及长三角的楼价够低，人口会密集在这两个区域，对国家的经济整体可有大害。原则上，这两区还可以大量地增加楼房的土地供应，或提高容积率，压低楼价。这两区的人口密度是应该比较高的，楼价也应该比较高，但从整个国家的利益看，这两区的楼价应该高多少，我想了很久也没有简单的答案。复杂的答案我是有的，但历来不喜欢复杂，而简单答案的我还没有找到。不管怎样算，不同地区的房地产之价的或高或低是重要而又可靠的处理人口分布的法门，可惜这问题不能单由市场处理。政府的策划是需要的。市场不是万能的，有些事，有些情，市场无价——这是科斯和我的公司理论中的一个要点。

五、原则上，楼价上升是好事。这反映着经济的财富或租值上升，人民的生活有了改进。除了处理人口分布，这原则不容许土地政策刻意地推高楼价，也否决政府压制楼价的上升。同样，政府抽物业的资产增值税有压制楼价的效果，属不智。这种税香港从来没有，美国有，知道是劣着，改不过来。奇怪目前的美国还不撤销此税。那里的楼市跌了那么多，撤销此税不会大减税收，但会让他们目前极为需要的楼市上升见到一点光明。

六、中国可以在撤销资产增值税的前提下，考虑每年抽百分之零点五的物业税，抽楼不抽地，以政府估计的物业所值为依归，为了避免争吵要以估价打个八折。这类税收政府要说明用途，也要与其他税项分开处理。最适当的用途是城市的治安与清洁。其他税收应该因而递减。我曾经建议抽楼宇空置税。此税会压低楼价及租金，但鼓励使用没有违反经济发展的原则。另一方面，何谓空置不容易界定，实施起来可能很麻烦。

七、楼价上升，穷人怎么办？历史的经验，是楼房的出租市场会解决这问题。我反对政府提供廉租房，理由解释过了。如果政府一定要出手助穷人，出售近于免了地价的居屋是较佳的选择。也头痛，因为贪污的行为难免，而这类房子的建造一般偷工减料，天雨屋漏，而短桩等故事会传遍天下。说到底，协助穷人的最佳法门还是尽量提供他们自力更生的机会。外地的经验说，私营或民营的慈善机构有成功的协助穷人居住的例子。另一方面，廉价楼房，不管是谁提供的，可以扰乱国家应有的人口分布。

八、没有好理由禁止或约束外籍人士在中国购买房子。中国人是赚了他们的钱，赚了他们带来的知识，而炒买炒卖对赌，一般而言老外斗不过炎黄子孙，所谓猛虎不及地头虫是也。日本仔当年不是在美国的房地产损手频频吗？

九、还有一个重要但难度极高的土地政策问题。经济原则说，条件相若的土地，不同用途的回报率应该相等，也即是说地价应该相等。这是指以发展或改进之前的地价算。不同用途土地的发展成本可以有很大的差距，我们要从还没有发展的土地衡量。这个重要的衡量有一个大麻烦，因为土地使用的界外效应（内地称内生外部性）可以有不能漠视的社会成本的分离，在实际运作上大名鼎鼎的科斯定律往往因为交易费用过高而得不到市场运作的指引。

八十年代到九十年代中期，中国的条件相若的土地，不同用途的回报差距很大：用作工商业的回报率远高于农业的。可幸的是，到了九十年代后期，县际竞争制度的普及发展，带来了惊人的改进，是中国经济奇迹出现的一个主要原因。县干部很懂得衡量界外效应，虽然不容易算得准。整个问题我在《中国的经济制度》那小书中有颇为详尽的分析。在土地使用这个话题上，两年多前北京上头增加了对县的约束，不对，但最近有转机。我打算再作一次调查。

十、今天看，最头痛是央行拜美国的联储局为师，不断地把利率辘上辘落。见人家闯了大祸，我们为何还不痛改前非？利率是应该由市场决定的。央行或政府不要管。只有让市场决定利率，土地使用及其他投资的回报率才有机会持久地大致上与利息率相等。这是重要的经济原则。近几年央行处理与操控利率做得不对。在无锚的货币制度下，原则上央行可以单控币量。不调控利率是弗里德曼多年的主张，而联储局曾经偏于这样做。后来格林斯潘转向调控利率，今天看当然是大错了。

无锚货币的确有很大的问题。在国际相对上，美国当年非常富有，输得起，今天还算是富有的。但他们遇到很大的麻烦，在可见的将来不会容易知道利率这只棋子要怎样走才对。

九、劳动合同的剖析（七篇）

二〇〇七年六月二十九日通过，二〇〇八年一月一日起施行的新《劳动合同法》，老人家骂了二十多篇文章。这里挑选几篇比较重要的解释，从二战期间的大疏散说起，牵涉到的中心话题是公司的合约本质。市场其实没有产品市场与生产要素市场之分，只是合约安排不同，管制劳动市场其实也是管制产品市场了。

从桂林疏散到公司理论

二〇〇三年三月二十日

　　抗日战争时，"疏散"乃"逃亡"之谓也。可能因为"逃亡"不雅，且大有怯意，国民党就发明了"疏散"这一词。日军快来了，要保命，三十六着，走为上着，疏散是也。四十年代初期，内地的城市疏散频频。当时我还是小孩子，但记得湖南长沙的疏散次数多。

　　桂林疏散今天不见经传，可能没有人记得，或者身在其中的死得七零八落，没有足够的生存者勒碑志之。我是知道的，因为我是桂林大疏散最后的其中一个。

　　记不起正确的年份了，应该是一九四三，那时我七岁。母亲和我的哥哥与妹妹在柳州，三位姊姊在桂林医学院就读，我在桂林真光念小学。这小学（是的，今天在香港大名鼎鼎的真光的前身）位于山坡脚下，很简陋的。是寄宿生，膳食奇差。母亲给我交了学费与宿费就让姊姊们照顾我。

317

桂林疏散突如其来，毫无先兆。其实所有疏散都是这样的。我在真光小学寄宿，早上醒来不见了好些同学。过了一天又不见了好些同学。过了几天，醒来全校就只剩下我一个人。不知是发生了什么事，但心底里觉得情况不妥。

三位在桂林医学院就读的姊姊曾经再三叮嘱，不收到她们的指示，就不要动，不要跑，要等她们指导的讯息。后来我才知道，姊姊们见桂林疏散迫在眉睫，委托一位家中的世交前辈到真光找我，把我带到柳州交给母亲，而姊姊们各自为战，先走了。她们想不到，那位世交前辈自己也忙于奔命，忘记了我这个孩子。

话说那天早上醒来，真光校园空无一人。厨房内有东西可吃。在校中等待姊姊们来找我，等到午后也没有影踪，于是独自步行到火车站。街上没有人，但火车站却是人山人海。大家都嚷着那是最后一班火车，叫的叫，哭的哭。一位妇人恳求一位男人带她上火车，什么可以做到的都可以，包括嫁给他为妾。这景象在我脑子中历久不忘。

火车早就满了，车顶上也满是人。我是儿童，个子小，顺利地爬到火车顶上，在人丛中找一个小位置坐下，没有谁说什么。火车晚上起行，不少人挂在窗外的。记得穿过山洞时，一位车顶乘客可能坐得过高，或半站起来，碰撞死了。

火车早上到柳州。下车只有三几个人，我是其中一个。火车稍停后继续行程。原来柳州也疏散了，市中不见人影。我步行到一条名为沙街的街道（不知此街今天还在否），是母亲居住的地方。桂林真光之前我在柳州中正中学的附属小学读过几个月，住在沙街，因此记得清楚沙街的家。

找到家门，进去，母亲见到我，哭起来。原来哥哥与妹妹都在病，不能起床。妈妈说，不够钱再逃了，只是后园有一头猪，肥而壮，杀了可能卖点钱。感到穷途末路，不知从哪里来的勇气，我到厨房拿了刀，走到后园，一下子把肥猪杀了。

母亲和我把猪切开，在空无一人的街上找到一辆木头推车，把猪推到位于河畔的市场出售。市场空无一人，没有顾客，是夏天，苍蝇满布猪肉，黑黑一片的。母亲知道卖猪无望，哭了。

殊不知过了好一阵，近黄昏，数十艘船只从江上赶到市场购买粮食，见到只有我们母子在卖猪肉。别无选择，一下子抢购一空。这样拿到一点可观的钱，与一艘比较大的船议好了价，赶回家把哥哥与妹妹像猪那样以木头车推到江边，上船向桂平（太平天国起于此也）进发。

木船坐了数十人，只有我们一家四口是从柳州上船的。船不是机动，没有帆，也不用船桨。船行由两种方法推动。其一是由几个人以竹竿在近岸之处撑水底之地而行。其二是由十多个劳工以绳子在岸上拖着

船走。岸上的山坡有明显的拖船者走惯了的路。有时
竹撑，有时拖船，一段一段处理的，每段船主议价很
快捷。

船程数天的行程中，有两件难忘的事。其一是某
天黄昏，船主突然大叫停船。原来江上有一只大龟。
船主拿着一头有网的长竿，只一下就把龟拿到船上。
想来江龟不少，捕龟的工具早就准备好了。

其二远为重要。岸上十多个劳工拖船，有一个拿
着鞭子的人，鞭打他认为是卸责或偷懒的。二十多年
后书写佃农理论，谈到劳工合约时，我提出了卸责
（shirking）与监管的问题。一九六九年，多伦多大学
的一位学者朋友到我在西雅图之家小住，听到他正在
下笔的公司理论，我提出"有形之手"是公司的重点，
举出广西拖船与拿鞭子的人的例子。当时我说，有趣
的问题是：拖船的人可能聘请拿鞭子的人鞭打他们。
究竟谁是雇主？谁是被雇？

这拖船与鞭打的现象后来在经济学界引起了很大
的回响。多伦多大学的朋友（J. McManus）在文中说
拖船例子与问题是我提出的。跟着一篇大文（W.
Meckling 与 M. Jensen）说是多伦多提出的。跟着众
说纷纭，到后来谁是雇主，谁是被雇的一篇文章，把
我的名字放在文章题目之内。

应该是广西拖船例子与卸责的思维触发了后来阿
尔钦（A. Alchian）与德姆塞茨（H. Demsetz）的有关

公司的经典之作。此文导致威廉姆森（O. Williamson）的机会主义的创立，以及七十年代后期卷土重来的博弈理论。

广西的拖船、卸责与监管的例子是我首先提出的。解释公司的成因我选走的是另一条路。是的，我反对用"卸责"这种在实际上无从观察的概念或术语来解释世事。我要到一九八三年才发表自己的《公司的合约本质》。戴维德认为这后者为"公司"何物这个吵了数十年的话题画上了句号。

新劳动法的困扰

二〇〇七年十二月十三日

三年前贝克尔写中国前途，不乐观。他的看法是一个国家的经济发展到有可观之境，很大机会会搬起石头砸自己的脚。他举出二战后的德国与日本的例子，说服力相当高。三年前我持不同观点，也当然希望他错。然而，在内心深处，我知道贝克尔有机会对，而当时神州大地正开始引进西方的糊涂政策了。我不同意贝克尔，因为他不明白中国，不知道我当时正在研究的中国经济制度。在这制度中，地区的县有很大的经济话事权，县与县之间的竞争激烈，会迫使他们反对中央上头推出的对竞争不利的政策。我担心的是人民币的处理，尤其是汇率那方面，因为货币问题地区政府是没有话事权的。

北京不久前推出的新《劳动合同法》，共九十八条，洋洋大观，对地区的竞争制度很不利，应该不容易推行。问题是这"新劳动法"由全国人大通过，势在必行。六月二十九日通过，明年一月一日起施行。公布内容是几个星期前的事，网上吵得热闹。我本想

323

早作分析，无奈正在写《人民币的困境》那系列的五篇文章，脑子集中，分"思"不下也。

这几天翻阅有关新《劳动合同法》的文件，也读到一些市场的热闹回应，认为问题太复杂，不可能用一篇甚至一系列文章详尽分析。前思后想，决定只写一篇，不针对细节，只谈一些基本的经济原则。

新《劳动合同法》因为约束合约选择而引起的热门话题有四方面。一是机构之间的派遣工作，二是试用期，三是补偿金，四是无固定期限合约。后者吵得最热闹，是法例第十四条。篇幅所限，这里只略谈这第十四条，复杂的。简化而又不大正确地说，这"无固定期"法例是指一个员工在一个"单位"工作了十年，法定退休期之前单位不能解雇。这是说，一个员工被雇十年后，不管合约怎样写，法律上会获得终生雇用的权利。

中国之外，我知道终生雇用有两个其他实例。其一是日本，终生雇用的安排曾经普及。起自百多年前德川幕府的家族传统，不解雇成员。这制度之所以能持久，主要因为基本工资低，员工的收入主要靠分红。这终生雇用制今天在日本再不是那么盛行了。

第二个与第十四条更相近的例子，是美国的大学的终生雇用合约（香港的大学也拜之为师）。一个博士被聘为助理教授，合约三年，续约再三年。六年后，再续约就升为副教授，获得终生雇用合约，否则被解雇。今天不少美国大学，是获得终生雇用后，可以永远不退休。这大学的终生雇用安排，起于要维护教授的思想与言论自由，初时只用于公立大学，后来好些私立的也被迫跟进。

效果怎样呢？说是维护思想自由，结果是维护懒人。考虑减薪吗？教师工会立刻出现，吵得一团糟。当年我因为拒绝入"会"而弄得不愉快。可能最大的祸害，是有了终生雇用制后，力争上游的青年才俊因为上头"满座"而无职可升。七十年代在美国任教职时，我对那些结了婚、有了孩子的助理教授的前路茫茫爱莫能助。今天，因为上头"满座"，要在美国的大学获得终生雇用简直免问，而以短暂合约续约再续约的安排是来得普遍了。这是香港人说的散仔打散工。原来的计划是终生雇用，到头来短暂合约变得普遍。这是美国学术界的不幸。

目前中国要推出的新《劳动合同法》，第十四条之外还有其他数十条，一般是要维护劳工的权益。短期不会有大影响，因为正在盛行的，是员工炒老板，不顾而去另谋高就，老板跪下来也留不住。然而，有朝一日，经济缓慢下来，老板要炒员工，在新《劳动合同法》的保护下，工会林立会出现。举国大罢工的机会存在，证明贝克尔是对的。到那时，北京不容易压制工会的成立与罢工，因为员工可以说是依新《劳动合同法》行动。

不要误会，我的心脏长在正确的位置。有生以来，我永远站在劳苦大众那一边。任何法例只要对贫苦人家的自力更生有助，我没有反对过。问题是法例归法例，效果归效果，数之不尽的说是维护劳工的法例，有反作用。支持这观点的研究文献无数。我自己在街头巷尾跑了一生，结交的穷朋友无数，怎可以不为他们说话？不是说新《劳动合同法》不会帮助某些人，但这些人是谁呢？他们真的是需要帮助的劳苦大众吗？给某些有关系的或懂得看风驶帆的人甜头，某些真的需要帮助的就失却了自力更生的机会。这是经济历史的规律。

从经济原则那方面看，是如果要增加自力更生的机会，正确的做法是清楚界定资产权利之后，我们要让市场有合约选择的自由。在雇用合约那方面，雇主要怎样选，劳工要怎样选，你情我愿，应该自由，政府干预一般是事与愿违的。我不是个无政府主义者，更不相信市场无所不能。这里有一个严重而又不容易处理的问题：劳工合约的自由选择，好些劳工不清楚他们选的是什么，不知道法律对他们有什么保障，不知道他们是否受骗了。无良的老板这里那里存在。这方面政府要做的不是干预合约的选择，而是要设法协助，对劳工解释他们选择的合约是说什么，法律可以帮多少忙。如果劳工清楚明白，政府不要左右合约的选择。可惜澄清合约的本质是困难程度相当高的工作，而今天中国的劳苦大众，合约与法律的知识不足，是以为难。不同收入层面的员工有不同层面的知识，新《劳动合同法》不应该一视同仁。

基本的问题，是如果大家对合约与法律的知识足够，合约的自由选择对经济发展是最上算的。北京不应该因为这些知识的不足而以新《劳动合同法》左右合约的自由。这新法有机会把改革得大有看头的经济搞垮了。北京的责任是教育与传播合约与法律知识，因为种种原因，这些事项市场不容易处理。硬性规定劳工合约要如此这般，是干预市场运作，不可取也。

最近为科斯写的《中国的经济制度》一文，我指出九十年代后期中国有通缩，而算进当时产品与服务的质量急升，这通缩严重。房地产之价下降了三分之二。然而，这时期经济增长保八，失业率徘徊于百分之四左右。毫无疑问，这个推翻了弗里德曼的货币理论的经济奇迹，主要是因为中国的合约选择的自由度够高，尤其是劳工合约那方面。如果当时中国有今天要推出的新《劳动合同法》，严厉执行，失业率逾百分之八恐怕是起码的了。很不幸，因为新《劳动合同法》的推出，我不能不考虑在该文补加一个不愉快的后记。九十七岁的科斯不会高兴：他坚持该文要以中国大凯旋的姿态收笔。

劳动合同的真谛

二〇〇八年二月十四日

内地称"合同"，我爱称"合约"，是同一回事，只觉得"约"字是仄音，较为顺耳。

写了几期中国最近推出的新《劳动合同法》，读者反应多，同意或反对的都拿不准问题的重心所在。是我之过：怕读者跟不上，没有把经济理论的要点写出来。今天看，劳动市场的反应愈来愈麻烦，不容易的理论也要申述一下，希望北京的朋友用心细想。

首先要说的，是新《劳动合同法》的意图是把租值转移，或把劳资双方的收入再分配。收入再分配的方法有多种，为祸最大的通常是干预合约的自由选择，而新《劳动合同法》正是这种干预。如果从资方取一元，劳方得一元，没有其他效应，我们不容易反对。如果资方失一元，劳方得六毫，社会损失四毫，不利，伦理上也有支持的理由。但如果资方失一元，

329

劳方不得反失，那我们就没有理由接受了。目今所见，新《劳动合同法》的效应是劳资双方皆失！某些人会获得权力上升带来的甜头，但不会是资方，也不会是劳苦大众。是中国经改的关键时刻，我们的注意力要集中在低下阶层的生活改进。这几年他们的收入上升得非常快，说过了，新《劳动合同法》把这发展的上升直线打折了。

从一个真实故事说起吧。一九四三年的夏天，我七岁，桂林大疏散时坐火车顶到柳州会合母亲，继续走。柳州疏散得八八九九了。母亲选水路走，要从柳州到桂平那方向去。她带着几个孩子到江边找船。不知是谁找到一艘木船，情况还好，可用，但船夫何来呢？该船可坐约三十人，找乘客联手出钱不难，但要找苦力，船行主要靠苦力在岸上的山脚下以绳拉动。找到的十多个苦力互不相识，是乌合之众。母亲带着几个孩子，是大客户，参与了拉船费用与管理安排的商讨。花不了多少时间，大家同意选出一个判头，算是船程的老板，苦力人数足够，工资等都同意了。船起行后，有一个拿着鞭子的人监管着拉船的苦力，见偷懒的挥鞭而下。

母亲是我曾经认识的最聪明的人，落荒逃难之际不忘教子。船起行后，她静悄悄地对我说："那个坐在船头的判头老板是苦力们委任的，那个在岸上拿着鞭子的监工也是苦力们聘请的。你说怪不怪？我知道，因为他们洽商时我在场。"

一九七〇年，在西雅图华大任职，多伦多大学的麦克马纳斯（John McManus）到我家小住，提到他正在动笔的关于公司的文章，我认为他的分析不对，向他举出广西的拉船例子。他把这例子写进文章内，注脚说是我的。后来詹森（Michael Jensen）与梅克林（William Meckling）发表他们的公司文章，再举这例子，说是McManus的。八十年代后期，一位澳洲教授以拉船的例子说苦力是被雇，不是雇主，文章题目用上我的名字。胆大包天，他竟然到港大来讲解该文。我在座，只问几句他就讲不下去了。

听说北大的张老弟维迎曾经研究过究竟是资本雇用劳力还是劳力雇用资本这个话题。我没有跟进，不知维迎的结论。但我想，谁雇用谁大可争议，不是那么重要，重要的是合约的安排不同，交易费用有别，减低交易费用是经济发展之途，而从这角度看，合约的自由选择有关键性。

这就带来我自己一九八三发表的《公司的合约本质》，整篇文章是关于劳动合同的经济分析，没有其他。首先要说的，是劳资双方是合伙人。一方出力，另一方出钱，不是合伙是什么？合伙当然不是仇家，无须敌对。当然，因为交易费用的存在，任何合约都可以有纠纷，但政府立法例，左右合约，有意或无意间增加了劳资双方的敌对，从而增加交易费用，对经济整体的杀伤力可以大得惊人。

为什么会有公司的存在呢？首先是亚当·斯密的造针工厂，分工合作可获大利。上述的拉船例子是另一方面的合作图利之举。一艘可坐三十人的船，一个人拉不动，要用苦力十多个。船大乘客多，十多个一起拉，每个乘客的平均成本比一个苦力拉一只小艇的乘客平均成本低很多。为了减低成本而获利，大家就"埋堆"或组成公司了。"公"者，共同也；"司"者，执行也。

还有另一个远为湛深的问题，由科斯一九三七首先提出。"被雇"的劳工，大有奴隶之慨，由老板或经理或管工指挥工作，不靠市场的价格指引，那是为什么？其实不是奴隶，因为劳工有自由不参与公司，可以自己到街头卖花生去。参与公司，服从指挥，自甘为奴，那是为什么？答案是埋堆入伙有利可图，而科斯拿得诺贝尔奖的重要思维，是公司内的员工的操作贡献，缺少了像街头卖花生那样有市价的指引，公司的形式就出现了。科斯之见，是厘定市价的交易费用可以很高，公司替代市场是为了减低交易费用。一九三七发表，是古往今来第一篇重视交易费用的文章。

我一九八三发表的《公司的合约本质》，贡献主要有四点。一、埋堆合伙，科斯说公司替代市场不对，而是一种合约替代了另一种合约：例如以劳动合约替代了在街头卖花生的市场产品合约。二、科斯说厘定市价的交易费用往往过高，没有错，但公司之内的监管或拿着鞭子的行为，是起于劳工的薪酬一般不是直接地以产品的市价量度，而是以工作时间作为一个代替（proxy）。三、从重要的件工角度看，按件数算工资，劳动市场也就是产品市场。如果一间工厂内所有的产出程序皆由件工处理，老板只不过是个中间人，劳动市场与产品市场是分不开来的。四、劳工或生产要素的不同组合，合约的安排不仅变化多，一家公司可以通过合约的伸延而串连到整个经济去。结论是：一家公司的财务可以有界定，但从产出的角度看，公司的或大或小是无从界定的。这就是十多年来西方兴起的"企业大小无关论"的火头了。这也是目前内地工厂倒闭引起骨牌效应的原因。

任何企业或公司或工厂都是一家合约组织，这组织的形成是为了减低交易费用，而如果没有自由的合约选择，这非常重要的费用节省是不能办到的。这样看，像新《劳动合同法》那种大手干预合约选择自由的法例，对经济整体的杀伤力是不能低估的。

这就是重点。意图把收入或租值再分配的政策，或大或小对经济有害。如果一定要做，我们要用为祸较小的方法。我们要先让产出赚到钱，才考虑拿出刀来下手。埋堆合伙，通过自由的合约选择而组成公司，劳资双方有利可图，是经济发展的重心所在。大手干预这合约的选择，在图利的关键上政府手起刀落，何来租值或利润再分配呢？这解释了为什么凡是左右合约的政策，例如价格或租金管制，对经济的杀伤力历来比抽税、补贴等政策大得多。一九七一美国推出价管，导致经济大不景凡十年。今天中国的新《劳动合同法》，如果严厉执行，其祸害会远比美国昔日的价管严重。

不容易找到一个比我更有资历评论新《劳动合同法》的人。学问本钱足够：合约经济学是由我始创的，从而促长了新制度经济学的发展；重要的分成合约与件工合约，经济学者中只有我一个深入地调查过。合约法律有研究：曾经花了一个基金不少钱，请了一组助手调查商业合约法律达五年之久；七九年一篇文章，被美国某学术机构选为该年最佳法律研究作品；我拜读中国的合同法，则是六八年在芝大亚洲图书馆的事了。实践经验有来头：尝试过生意多项，跑过工厂无数。

这一切，恐怕比不上在感情上有需要对自己作一个交代：幼年在广西结交的小朋友，差不多全都饿死了；自己近于饿死好几次；后来虽然父母有钱，自己喜欢结交的一般是穷朋友——今天香港西湾河还健在的老人家不少会记得吧。

从穿珠子看新劳动法

二〇〇八年二月二十一日

我一九八三发表的《公司的合约本质》是一九八二完稿的。寄了一份给戴维德，他读后对一位朋友说："大家吵了那么多年关于公司究竟是什么，终于给史提芬画上句号。"史提芬者，区区在下也。那是四分之一个世纪前的事了。几年前遇到一位博士生，他说选修巴泽尔在研究院教的制度经济学，整个学期只讨论一篇文章：《公司的合约本质》。

为了理解"公司"何物，一九六九我开始跑工厂，十三年后才动笔，可见传世之作不容易。然而，整篇文章的破案关键，却来自一九五一我就深知的、当时香港人称为"穿珠子"的行业。穿者，串也。低贱之极，不见经传，平凡得很，但启发了我。这实例在《公司》文内有提及。

二战后几年，香港西湾河的山头住着些破落户，是贫苦人家，我家一九三八建于该山头，相比起来是"豪宅"了。贫苦人家不少以穿珠子为生计，一个人从早穿到晚只赚得四口便饭一餐，鱼肉是谈不上的了。

335

很小的不同颜色的玻璃珠子，用线穿起来成为头带或腰带，有点像印第安人的饰物，当时西方有市场。由代理人提供珠子、线与颜色图案的设计，操作者坐在自己家里按图穿呀穿的。以每件成品算工资，是件工。

代理人是老板了。不知是第几层的代理，他的报酬是抽取一个佣金。佣金多少或是秘密，或是胡说，但不同的代理人不少，有竞争，看他们的衣着，整天在山头到处跑——交、收、验货——其收入也是仅足糊口吧。

上述的平凡例子有几个绝不平凡的含意。一、从简单的件工角度看，劳动市场就是产品市场，二者分不开，传统的经济分析是错了的。二、如果政府管制件工的工资，就是管制产品的物价，价管是也。三、没有任何压力团体会对穿珠子这个行业有兴趣——今天设计新《劳动合同法》的也没有兴趣——因为作为代理的老板，做出的只是时间投资，赚取的只是一点知识的钱，身无长物，没有什么租值可以让外人动手动脚的。四、这些可怜的代理老板，就是经济学吵得热闹的 principal-agent（代办）这个话题的主角人物。这题材可不是起自那一九八三的《公司》文章，而是起自我一九六九发表的《交易费用、风险规避与合约选择》。无心插柳，但八十年代格里利克斯（Zvi Griliches）对我这样说，后来罗森（Sherwin Rosen）对阮志华也这样说。至于《选择》一文也触发了博弈理论在经济学死灰复燃，对我来说，是悲剧。

转谈衬衫的制造吧。整件衬衫，从裁剪到不同部分的车造甚至到上钮，都可以每部分用件工算，也往往用。应选用哪种合约过后再说，这里有些问题比穿珠子来得复杂，从而导致操作的要从住家转到工厂去。在家中操作是有好处的：节省厂房租金与交通时间、可以兼顾孩子与做家务，多多少少有点天伦之乐。但把工人集中在工厂操作，管治与合作配搭的费用较低。原料的处理，在家中可能有困难。当年我调查过一间织藤工厂，藤织品以件工算，但藤枝太长，在家中不能存放。最重要的促成工厂的原因，是机械的设置了。资金的需要是个问题（当年的西湾河不少人家自置衣车，在家中件工操作）；工厂可以分两更或三更操作，减少了机械的空置时间；最重要可能是机械太大，家中放不下。二百年前英国的工业革命，主要起于纺织技术有了两项重要的发明，纺织机变得庞大，工厂于是纷纷兴起了。

工厂的兴起，也有几个不平凡的含意。一、工人往往要离乡别井，一百年前中国的旧礼教家庭因而开始瓦解，而今天到处跑的民工以千万计，新春大雪火车站踏死人。二、自甘为奴（见前文）的劳工集中在一起，不仅增加了奴役的形象，加上知识不足，容易被煽动，上街或罢工的行为是远为容易产生了。三、与新《劳动合同法》最有关联的，是置了厂房及机械设备的资方或老板，投资下了注，不容易随时无损退出。这其中含意着的租值是一种特别的成本，是不浅的学问，读者要参阅拙作《供应的行为》的第三章第四节——《上头成本与租值摊分》——来理解。这租值的存在可使外人认为劳动法例有可乘之机，可把租值再分配。然而，有胆投资设厂的不蠢，总会想出些应对方法。这些方法一般提升交易费用，导致租值消散，劳方能得甜头的机会甚微，整体及长远一点看，劳苦大众是会受损的。这是因为租值消散他们要分担。

可能最有趣的含意，是新《劳动合同法》的推出，如果严厉执行，会导致机械或科技投资的两极分化。一方面，设置了机械的不会再投资，让机械老化，而还未入局的当然会却步了。另一方面，一些厂家会赌一手，多置机械或提升科技，精简员工人数，希望能选中杰出的，被迫提升薪酬可以赚回来。这两方面，皆会削弱劳苦大众自力更生的机会。比较难逃一劫的是有值钱的发明专利或名牌商标的机构。租值明显存在，他们主要的自卫方法是精简员工，减少产出，提升价格。

回头说件工，不是所有产品或产品的每部分都宜于用件工处理的。按产出的件数算工资，工人的意向是斗快。质量当然要检查，但所谓慢工出细活，档次要求极高的产品，检查的费用（包括与员工争议的费用）可能过高了。此外，过于琐碎的工作（例如文员），或有创造性的（例如设计），或不容易界定件数的（例如维修），或需要几个人一起做的（例如电镀），等等，件工皆不容易引进。这里又有几个不平凡的含意。一、选择件工是为了减低监管费用，不选件工是为了减低件数界定与检查费用。都是交易费用，劳动合约的选择主要是为了减低这些费用。二、如果资方投资机械设备，这设备的成本愈高，产出效率较高的员工，愈要有较高的每件工资才能找到均衡点（见拙作《制度的选择》第四章第六节）。这解释了为什么件工制度往往加上奖金制。三、如果件工合约的交易费用过高，时间工资（日工或月工）或其他劳动合约会被采用。但员工的时间本身对老板不值钱，所以监管"奴役"的情况会出现。任何行业，如果有件工与时工的并存，懂得做厂的人会互相印证，务求二者的工资大致吻合。政府干预一种合约，会误导另一种需要的讯息。四、上文提及，管制件工的工资等于管制产品的市价。这里的含意，是管制时间工资其实是间接的产品价格管制。五、如果政府规定的最低时间工资够高，工人会反对件工合约，因为产出斗快其收入也达不到最低时间工资的水平。这样，政府会被迫而废除件工合约。比施蒂格勒、弗里德曼等大师想深了一层：他们认为最低工资的不良效果是损害了生产力低的就业机会，我补加最低工资会左右重要的合约选择，从而增加劳动市场的交易费用。上述的五个含意，新《劳动合同法》的影响都是负面的！

屈指一算，我从经济的角度研究合约有四十三年的日子了。主要是从交易费用的角度看合约问题。说过好几次，分工专业产出，获利极大。自由的合约选择是减低交易费用的重点。在国民收入的百分比上，交易费用一般高得很。一九八一写《中国会走向资本主义的道路吗?》时，我指出，只要这些费用在国民收入的比重略减，经济增长会急升。

想当年，北京的朋友接受了我提出的关于交易费用的重要性，也同意要尽可能减低这些费用。够浅白，而当时盛行的走后门，交易费用奇高，所以提出的说服力强。跟着的经改有大成是人类奇迹。为什么最近推出的新《劳动合同法》，突然间背道而驰，把交易费用大手地推上去呢? 是的，从这角度看，新《劳动合同法》是明显地走回头路，清楚得很。是中国经济改革三十周年啊，难道这经改要止于二十九年吗?

中国的劳工比我的儿子矜贵了

二〇〇八年九月三十日

很多年前——七十一年前吧——母亲抱着我说："牛耕田，马食谷；父赚钱，子享福。"我问："马儿不是吃草的吗？怎会吃起谷来了？"不记得母亲怎样回应。她的智商比我高，从小就斗她不过。

父赚钱，子享福——天下间不可能有更大的真理。儿子四岁开始入学，今天三十六岁了，还在大学进修。历来成绩好，不需要他养我，没有理由要求他赶着去赚钱。在医院每星期操作七十多个小时，也没有理由要求他放弃应有的操作。除税后他的月薪不到三千美元，每小时算工资比不上一个香港的小学教师。如果儿子不再深造，出去赚钱，四倍收入容易。他要继续学下去，我找不到理由反对。儿子勤奋好学，也喜欢花点钱。我对太太说："补贴他一点吧，花钱可以松弛一下，儿子神经出事我们岂不是输光了？"

说没有心痛过是骗你的。不久前给儿子电话，找了几次才找到。我问："为什么不接电话呀？"他答："三十个小时没有睡了，很累，但还要继续。""为什么

341

呢？""一个两岁大的孩子病重，能活下去的机会不高，希望奇迹出现，我不能让他死去。""没有其他医生替代吗？""有的，但这个孩子是我的病人，我要跟进。"我只能回应："你做得对，医生是要这样做才对的。"

二十多年前，儿子在香港念书，暑期让他到海运大厦商场的一家玩具店做散工。因为儿子的英语流利，对外籍小朋友推销很有两手，店子的老板重用，每天下午工作六个小时给他二百五十港元。我精打细算，儿子拼搏六个小时后要到食肆大吃一餐，来去要不是司机接送就是坐计程车（父赚钱也），总成本近四百，收入二百五十，要亏蚀。但我还是鼓励儿子做下去。在玩具店工作是没有什么知识可以学得的。我对儿子说这种工作可以训练他的干劲与耐力，可以教他怎样才算是把工作做得好，也可以让他知道，事无大小，责任总要有个交代。今天儿子不论工资，每星期工作七十多个小时，算是学会了。

我不怀疑儿子的际遇与机会，比今天内地的劳工高出很多。问题是在新《劳动合同法》下，内地的员工每月不能超时工作逾三十六个小时，也即是平均每星期工作时间不能逾四十八个小时。这些劳工怎会变得比我的儿子矜贵了？说是国家爱惜劳工吗？当然是，应该是，但有谁会相信，国家爱惜劳工胜于我爱惜自己的儿子呢？要为劳工争取上进的机会吗？爱惜他们，不让他们多劳，这机会怎样算了？国家为工作时间设了上限，可不是劳工的意欲，是哪个天才想出来的呢？蠢到死！

我自己昔日求学的经历，远不及今天自己的儿子那么写意，但要比内地的劳工好一点，好不太多。父亲早逝，母亲爱惜，但我没有求过她一分钱。在多伦多没有大学收容，什么工作都做，较舒适的是在摄影店的黑房工作，每小时加币一元。后来转到洛杉矶加大就读，机会难逢，看到前途，就拼搏起来，每星期的工作与读书时间加起来约九十个小时。我不是例外。从香港去的学子，除了几个娇生惯养的，一般都工作"超时"一倍。有到火车站搬行李的，有敲门售货的，有到唐人街洗碗或企台的。我自己尝试过的工作，足够写一本厚厚的书，不写也罢。勤奋负责，不乏雇者，后来成绩好，有奖学金，也有研究助理或教书助理的工作，应接不暇也。

比较过瘾的是进入研究院之前，粗下的工作免不了，我的发明，是与一位同学合资，五百美元买了一部旧皮卡车（pickup truck），加五十美元买了一部用汽油的旧剪草机，到处敲门替人家剪草。市价八元，我们收五。两人合作，剪得快，剪得好，约三十分钟剪得客户满意。过了不久生意滔滔，但每天只能在课后操作一两个小时，周末多一点。

我这一代的生活比不上儿子的，但比今天内地的劳工好。我父亲那一代当然比不上我，也比不上今天内地的劳工。父亲当年的拼搏与一些叔伯的艰辛，母亲生时对我说完一遍又一遍。她就是要我知道成功的过程是怎样的一回事。母亲说，上世纪早期在香港工厂做学徒的不仅没有工资，较蠢的要给老板补米饭钱。几个月可以学会的技术，学徒要先做洗碗、扫地等粗活，学满师通常是五年了。几位叔伯打上去，事业有成。父亲胜一筹，晚上自修英语，加上学习，半译半著地以中文写了一本电镀手册。后来设馆授徒，也卖电镀原料。他的名字是张文来，被誉为香港电镀行业之父，谢世后多年他的诞辰被拜为师傅诞。火尽薪存，今天在昆山的文来行，还在产出当年父亲改进了的抛光蜡。小生意，但既然是父亲的玩意，可以继续就继续下去吧。

提到上述，是要说明论生活与收入，无疑一代胜于一代，但论到创业成就，以我家为例，却是一代不如一代了。我可以断言，如果新《劳动合同法》在神州严厉执行，有工作时间的上限，而每个被雇用的炎黄子孙都受到这上限约束，不可能有一个的成就比得上我的父亲，不可能有一个比得上我，也不可能有一个比得上我的儿子吧。真实的效果将会如何呢？被雇的炎黄子孙中总有一些的成就高于我们一家几代，但这些杰出之士一定是打茅波，违反了新《劳动合同法》！

朋友，想想吧。如果一个社会有老板，也有员工，但老板永远是老板，员工永远是员工，那么在新《劳动合同法》的严厉约束下，不会有员工杀出重围，久而久之，整个社会就变为一个奴隶制度了。二十年前微软发迹的故事令人欣赏。商业天才盖茨把微软的总部称为校园（campus），内设饭堂，鼓励衣履不整的青年不出外进膳，晚上灯火通明，不分昼夜地工作的无数。据说每星期工作逾百小时的不少。自甘为奴，被盖茨剥削得过，因为十年后数之不尽的身家逾千万美元了。

新劳动法与蚕食理论

拙作《北京出手四万亿的经济分析》十一月十八日在这里发表时，编辑先生加了一段按语："中国政府昨天宣布，为了稳定就业局势，暂缓调整最低工资标准，变相冻结新劳动法。"此按不对。新《劳动合同法》的江山依旧，何来变相哉？暂缓最低工资的上调，或这里那里放宽一点，有小助，但正着是撤销，因为有影响力的最低工资存在，劳苦大众的生活不会好过。

最低工资在内地不同地区各顾各的存在了好些年，为恐打草惊蛇，我不说。当时的最低工资低，一般没有影响力，而偶有比市场低薪略高的，没有谁执行。新《劳动合同法》的引进强化了最低工资的执行，而法定的"最低"，这些日子的升幅一般高于通胀率。新《劳动合同法》带来的反效果是明显的：今天，收入最低的工人失业的失业，回乡的回乡，而还有工作的工作时间是愈来愈少了。为什么到了今时今日，网上还有读者支持新《劳动合同法》呢？

我在经济学做出的比较重要的贡献，屈指算来近两掌之数。其中自己感到最满意的，行内不重视，可能因为与传统的分析格格不入吧。逻辑上我不可能错，而对真实世界的市场观察了数十年，认识与行内的朋友差别颇大。我是写了出来的，一九八三年以 The Contractual Nature of the Firm（《公司的合约本质》）为题发表于《法律经济学报》，是该期的首篇。二十五年过去，该文大有名堂，可惜行家们到今天还看不到其中要点。

该文说的要点，是经济学课本及课本之外的有关分析，永远把生产要素（如劳力、土地等）的市场与产品市场分为两个市场，课本一律在两个不同的部分处理，是大错。以我之见，市场是权利交换的地方，扩大起来只一个，其中的合约安排千变万化，各各不同，而不同合约安排的选择，一般是为了节省交易费用。后来我在其他文章补充：因为人的自私，或政府多加左右，提升交易费用的安排出现，可以是灾难。美国的金融合约安排是一例，中国的新《劳动合同法》也是一例。

我曾经提到一个尴尬例子。二十多年前被迫作评审，决定一个助理教授应否升级。见该教授专于产出函数研究，我问："当你在街头让一个孩子替你擦皮鞋，擦好后给他一元。这一元是购买孩子的劳力呢？还是购买皮鞋给擦亮了？"他答不出来，不能升级。我也说过战后香港西湾河山头家家户户穿珠子为生计的例子，拿开了中间人，劳力市场就是产品市场。在工厂见到的件工合约安排略为复杂，但拆穿了跟穿珠子没有两样。二战时在广西，每十天有"趁墟"之盛，农民带产品集中一处销售，既是产品市场，也是他们的劳力市场了。就是今天，周末到农村一行，在农地或路旁购买农作物，也是二市难分：基本上二者一也，分之蠢也。

既然二者一也，管一就是管二，管制劳动市场就是管制产品市场，法定最低工资就是法定物价管制。那些高举自由产品市场而又赞同最低工资的经济学者，是有点糊涂了。

离开了擦皮鞋或穿珠子，合约的形式变化多，例如以时间算工资，或分花红，或算佣金，或送股票，或供食宿，或赐奖赏，或佃农分成……而又或者几项花式合并而为约。然而，无论怎样变，不管搞得如何复杂，皆可翻为件工合约的替代，穿珠子之类也。从一方面看是雇用合约，是生产要素市场，从另一方面看是产品市场的替代，合约的形式有别，市场一也。

让我提出一个浅问题来考考读者吧。如果今天中国的劳动法规定最低工资是每天一千元人民币，严厉执行，失业会增加吗？答案是不一定。劳动市场可转用件工、或分红、或分成，等等其他合约处理。问题是政府约束一种合约的自由选择（这里指约束时工合约），市场选其他合约安排替代，一般会增加交易费用，而政府见工人一天赚不到他们意图的一千元，多半会左右其他替代合约。这样一来，雇主要逼着关门大吉，被雇的逼着回乡归故里，或到街头卖花生去。严格地说，行乞、犯案也是职业。

那所谓失业，是要有雇主及被雇的存在才出现的。失业主要是工业兴起的发明，工人被炒后一时间找不到其他雇主，自己无乡可归，一时间想不出卖花生之法，要再找雇主，找不到合意的，称为失业。炎黄子孙在地球存在了数千年，失业之声近二十年才听到。

为什么雇主与被雇于工业来得那样普及呢？两个原因。其一是分工合作，集中人手大量产出，每个成员分得的收入会远高于各自为战的产出方法。亚当·斯密一七七六提出的造针工厂是好例子，虽然后来的实际经验证明斯密前辈远远低估了。其二是好些生产程序，因为交易费用的存在，需要监管。这监管促成了劳工有奴隶性质的形象，剥削之声四起也。然而，多年的观察，知道说剥削工人的人没有一个做过厂。在市场的竞争下，剥削工人谈何容易哉？

这就带来上文提到的问题：为什么新《劳动合同法》为祸明确，网上还有读者支持此法呢？利益分子或颜面问题不论，答案是有些人见到某些地方，或某些企业，最低工资及劳动法例是明显地提升了就业工人的收入。这里的重点是租值的存在。最低工资及劳动法例由政府推出，更重要是跟着加进了工会，一个有租值的工厂或企业可以被蚕食而使工人的收入增加。租值是经济学中的一个重要概念，掌握得好不容易（见拙作《供应的行为》第二及第三章）。简单地说一句：租值是资源使用不受价格变动影响的那部分的资产价值。一家工厂大手投资购买了机械，转让出去不值钱的那种投资，工资被迫增加也要继续干下去，其租值是被蚕食了。一间因为苦干得法而打下名堂的企业，有值钱的注册商标，一间工厂研究有获，在发明及设计上拿得专利注册，等等，皆有租值，不是什么最低工资或新《劳动合同法》一推出就要关门的。他们有一段颇长的时日可以逆来顺受，但一旦遇到市场大为不景，租值全失，专利名牌就变得麻烦了。这是近今美国汽车行业的困境。庞大的租值被蚕食了数十年，几殆尽矣，怎还可以经得起金融市场的风风雨雨呢？

一般而言，蚕食企业的租值，是需要工会的协助才能成事，所以工会有工人的支持。工会操作的关键（先进之邦的工会，不是目前中国的），是阻碍工人自由参与竞争，因为工人自由竞争不容易蚕食企业的租值。

有幸有不幸，中国的最低工资与新《劳动合同法》是来得太早了。君不见，目前纷纷关门大吉的工厂，清一色是接单工业，没有什么租值可言，用不着什么工会对立老板就失踪了。这是不幸。幸者，是关门关得那么快，而又是那么多，其示范大有说服力，好叫有关当局知道容易中先进之邦的劳动法例之计。

可以阻碍工人自由竞争的工会今天在中国还没有出现，可能因为大有租值的企业目前在中国不多。新《劳动合同法》无疑鼓励蚕食租值的工会出现，但要等到中国的发展更上一层楼，大有租值的企业无数，这类工会才会借新《劳动合同法》的存在而林立起来。真的吗？可能不会吧。聪明的老板会意识到只要新《劳动合同法》存在，有租值蚕食力的工会早晚会出现，不敢向增加租值的投资下注。

这就是北京的朋友要重视的一个关键问题。要搞经济转型这些日子说得多了，而所谓转型者，就是要鼓励增加租值的行业：研发科技、搞国际名牌，等等。有新《劳动合同法》的存在，企业租值上升，蚕食此值的工会随时出现，岂非血本无归乎？新《劳动合同法》来得那么早，一则是悲，一则似喜也。我这个老人家是怎样也笑不出来的。

北京要利用县际竞争处理劳动法

二〇〇九年七月十四日

不久前有朋自远方来，谈中国经济，他们问外资会否再光顾神州。地球不景，有外资（尤其是韩资）撤离，而问津中国的外资是减少了。我说："外资还会再来的。虽然中国的经济不是那么好，但比起世界各地，投资下注还是中国最上算。投资环境永远是相对的。"说了这几句，我想到新《劳动合同法》，想到不久前几家考虑到中国下注的美国机构，提到此法有恐惧感。我于是说新《劳动合同法》一定要取缔。只轻轻带过：这些朋友知道我骂过不少笔墨，再大骂一番会触犯边际效用下降定律。

几天前再查询形势，有点好消息：中国的工业有复苏的迹象！南中国的工业区，水静河飞大半年，市面有点热闹了；昆山的厂房租金，暴跌后最近回升了十多个百分点；工业发展最可靠的指数——纸盒的销量——止跌回升。解释有两方面。其一，次要的，是央行放宽了银根，借贷较为容易。其二，主要的，是地方政府不仅不执行新《劳动合同法》，而且提供避去该法的门径。

经过了一年的发展，避开新《劳动合同法》的门径是简化了。厂家提供的劳动合同只写下最低工资，其他皆以奖金的形式处理。只要雇主言而有信，员工接受。偶尔有守法的厂家——例如超时工资加倍。但这些守法的管得紧，对员工的产出表现苛求。据说在初时，守法的工厂比较容易聘请员工，但过了不久员工怕管得紧，纷纷选取"奖金"制。二者之间显然达到一个均衡点，一起共存，而二者与新《劳动合同法》的意图皆有出入。一般之见，是如果此法全面严厉执行，大部分的工厂会倒闭。

今天，说外资见新《劳动合同法》而生畏，不是全对。港资也算外资，懂得怎样处理。据说台资也学得快。但来自西方的厂家就远为头痛了。新《劳动合同法》是非常复杂的文件，通过律师解释也天旋地转，且费用不菲。选大城市下注是个问题，不善于跟地区干部打交道是个问题，而字号有点分量，招牌有点金漆，也是个问题了。这是说，中国愈需要引进的外资，应付新《劳动合同法》愈困难。

顺便提及，因为新《劳动合同法》的存在，一门搞事的行业出现。听说有些"搞事"之徒是以分账的形式由"专人"指导的。说搞事，因为这些"员工"基本上不打算安分守己地工作。他们受聘一两个月，找到雇主的"非法"行为，要求赔偿和解。要求不多，三几千元一般不难拿到。这样，新《劳动合同法》

是鼓励了不事生产的"劳工"。这方面，或多或少，或轻或重，地球上所有劳工法例都有类同的效果。

地区政府为了挽救自己的工业，纷纷采用有"弹性"的方法来处理新《劳动合同法》，而不同地区有不同的弹性安排。我于是想到，北京为什么不容许甚至鼓励不同地区各自为战，或各出奇谋，设计自己的《劳动合同法》，务求争取自己的工业发展有成效呢？

拙作《中国的经济制度》指出，中国发明的县际竞争制度了不起，是天才之笔，也是九十年代中国在经济困境中出现奇迹的主要原因。虽然近几年这制度的运作是被中央上头削弱了，但性能仍在。让我提出如下的构思，或建议，给北京的朋友考虑。

建议如下。选一个地点及资源属中等的县，让该县的政府设计及策划自己的劳动法例。可以是前所未闻的，或者说明完全不管（让个别机构设计自己的雇用员工的规则），又或者是一字不改地接受北京上头定下来的新《劳动合同法》。重点是要说清楚，要履行，好叫劳资双方没有浑水摸鱼的机会。这样，不管劳方怎样大呼剥削，或资方怎样认为不合理，我们只看效果论成败。这是说，如果这个中庸的县推出的劳动法例使投资者争相下注，劳动人口不断涌至，明显地带起该县的工业发展，人均收入增加，那么事实胜于雄辩，该县的劳动法例是优胜的了。投资者有选择的自由，劳动员工也有选择的自由。弗里德曼说得好：自由选择是民主的真谛。但如果这个县设计的劳动法例找不到投资者问津，或劳工避之唯恐不及，那么怎样夸夸其谈也没有用。当然，上述只是一个例子，北京要让所有的县设计及履行自己的选择，衡量成败不会困难。

我曾经指出，中国的县其实是一家商业机构，或是一间公司。我们知道，在竞争下，只要政府容许，不同机构会有自己的公司法（bylaw），而类同机构的公司法设计，在竞争下会偏于类同。在中国，县际竞争激烈，但因为地理环境与资源分配往往有大差别，不同劳动法例的设计可能出现，但大致上类别不会多。我的估计，是县际竞争最后达到的均衡点，是个别的县设计的劳动法不会超过三类，而且会是清楚明确的。历史的经验说，在竞争下，模糊的法例，或过于复杂的，一定是输家。这些不可取的法例通常只在利益团体的压力下出现，而中国付不起应酬个别团体的代价。

如果不同的县真的有个别设计自己的劳动法例的自由，而他们一般还是选择现有的新《劳动合同法》，我这个老人家是无话可说的。北京能否容许这样的自由——没有幕后左右的自由——有关键性。四十年前我研读过西方的合同法律的演变，很欣赏英国传统的智慧。今天我很欣赏中国的县际竞争制度。那是非常聪明的中国人在经济压力下想出来的一套承包合约的安排的组合。如果北京能真的放手，让县政府在竞争下设计自己的劳动法例（包括不管，只让个别商业机构

设计自己的），中国的经济会再急升可以断言。外资必
将蜂拥而至也。

让我再解释一次。在地区或县际竞争的运作下，
让每个县设计自己的劳动法例，或让他们选择处理劳
工的安排，如果某县能搞起工业发展，比有同样资源
局限的县跑出一个马位，这个县对劳动员工的贡献一
定是较大的。七十多年前英国的鲁宾逊夫人（Mrs.
Joan Robinson）推出雇主剥削劳工的可能性，但只可
以在缺乏雇主竞争的情况下出现。机构之间的竞争会
保障劳工的收入，而我曾经指出，中国的县际竞争是
多了一层非常重要的竞争，西方求之不得也。今天我
想到，如果劳动法例由县际各自设计，各出奇谋，在
达到经济整体的均衡点下，这法例对劳工的收入增长
一定是最上算的。

经济发展的成败得失的衡量，不要单看人均收入
的转变。更重要是租值的升幅与累积。不要因为劳动
员工持有的物业不多而认为他们没有什么租值可言。
历史的经验说，知识租值比物业租值远为重要。目前
的新《劳动合同法》对工人的知识租值的增长，乏善
可陈，是负值。我深信，让县际竞争决定劳动法例的
取舍，工人的知识租值会急速上升。

在县际竞争下，不管他们推出怎么样的劳动法例，
甚或选择完全不管为最佳的均衡方案，北京也应该接
受。重点是每个县要说清楚，要让工人明白他们可以

选择的是些什么。我不担心工人受到剥削，但担心他们可能被骗，也担心他们因为无知而作错误的选择。

立下法例而不执行，长远来说不是办法。撤销新《劳动合同法》看来不易，但让县作选择，包括可选现有的，然后带动着不仅是资方的选择，劳方的选择有更重要的决定性。除了压力团体，有谁可以反对呢？正如上文提到的一个例子，有执行与不执行新《劳动合同法》的类同工厂，工人选不执行的，不可能是因为他们生得蠢。但我认为要让工人知道他们选择的是些什么。我也不能排除，在县际竞争下，一种前所未见的有经济效率的劳动法例可能出现。我不是个无政府主义者，斗经济智商有胆摆擂台，可惜在局限下竞争而衍生出来的合约安排，我很少事前猜中！

十、苏东坡（四篇）

苏学士

九月十八日（九六年）晚上准备孤注一掷，打长途电话到纽约的佳士得去，竞投一帧苏东坡的书法。我打算以估价的三倍为限，志在必得，殊不知败走麦城，给一个台湾人买去了。（说来也巧，苏公有一首赠友之词，结句是："要赌休痴，六只骰儿六点儿"。好像是劝我不要投此一"注"似的。）

那帧书法很小，只有一平方英尺。字写得平平，严格来说不算是书法。是苏学士写的一封简短的信。有些书法家——像二王、米芾、王铎等人——写信时分明是以书法下笔，但像苏东坡那样不滞于物的人，写信就是写信，字写得怎样是没有关系的。那是说，他书写时没有刻意地以书法为之。

我希望能买到那小帧书法，是因为我是苏东坡迷，而那作品开门见山，绝对是苏前贤的真迹。开门见山的苏氏墨宝，在博物馆可以见到，但个人所见过的、流传于民间的三几张，只有佳士得拍卖的这一张不用专家细说端详。

361

我不是个崇拜偶像的人。但在中国历史上，没有谁可以像苏东坡那样令我五体投地。论诗，世称苏、黄；论词，世称苏、辛；论书法，世称苏、黄、米、蔡；论文，他是唐宋八大家之首；论赋，他前无古人，后无来者。据说苏轼的画也甚了得，但今天的人似乎没有机会看过。欧美的观点，指苏东坡是中国历史上最杰出的艺术评论家。

这个几乎样样是中国历史上之"最"的人，胸襟广阔，风趣幽默，既可爱而又可敬可畏也。真的不可思议！

中国历代人才辈出，但论才华没有半点可以争议的，就只有苏东坡一人。他是个重要的哲学家，而我又认为，假若他从事科学研究，他也会有很大的成就。

试举一些"科学"例子吧。"逝者如斯，而未尝往也"——说水，知道物质不灭之理；"盈虚者如彼，而卒莫消长也"——说月，知道缺月还是整个没有变；"且夫天地之间，物各有主，苟非吾之所有，虽一毫而莫取"——知道"经济物品"与产权的重要关系；"惟江上之青风，与山间之明月，耳得之而为声，目遇之而成色，取之无禁，用之不竭"——知道"免费物品"的正确经济学概念。"人有悲欢离合，月有阴晴圆缺，此事古难全"——好一个"古难全"！这永恒的"缺憾"，也是自然的规律。

诸如此类的例子，还有的是。令人惊叹的，是苏学士在诗、词、歌、赋上随意挥洒，好像是闲话家常，把科学上的创见写得那样优美，文采斐然的，不由得使我意识到，就算我自己的才华再高十倍，也不可能办到。

苏东坡生长在一个君主专政的时代，人在江湖，他吃的是官饭。政治上的事，他不想管但也身不由己地身陷其中。他在文艺创作中若写了一两句皇帝不喜欢听到的话，就可能大难临头，不知要被贬到哪里去（乌台诗案的坐牢与被贬，是其中的例子）。

是的，在苏东坡时代的创作自由与我们今天的自由相比，差得远了。

试举一个重要的实例吧。苏学士的前《赤壁赋》，是一百分的文章，我们怎样读也不容易找出哪里会有开罪皇帝的地方。但苏学士写了之后，收藏起来，不敢轻易让外人读之。后来过了一段日子，朋友派人向他求文章，他就手书该赋送去（墨迹现藏于台北故宫博物院），并加上如下数语：

"轼去岁作此赋，未尝轻出以示人，见者盖一二人而已。钦之有使至求近文，遂亲书以寄。多难畏事。钦之爱我，必深藏之不出也。"

为人旷达的苏轼，而说"多难畏事"，实沉痛之言也。他写了一篇自己明知是千载难得一见的绝妙文章——动人之赋——却只能留给自己欣赏！这样的创作环境，竟然出了一个百代为之喝采的苏东坡，真的是异数了。

这样的一个人，九百年前的学士，在下愿意出价三万港元买他一个字——这样"出价"，一偿自己的一个心愿，一诉仰慕之情，非为甚也。但（那墨宝）却买不到。我唯有"书空咄咄"地背诵苏前贤的文字，背了个多小时，倦极而眠。

我是因为懂得背诵苏学士的文字，而感到不枉此生。至于什么、什么英雄豪杰，我是连想也懒得去想的。"大江东去，浪淘尽，千古风流人物！"是苏东坡说的。

苏东坡自己呢？逝者如斯，而未尝往也！

赤壁行

二〇〇〇年十一月二日

自我来黄州，已过三寒食。

年年欲惜春，春去不容惜。

今年又苦雨，两月秋萧瑟。

卧闻海棠花，泥污燕支雪。

暗中偷负去，夜半真有力。

何殊病少年，病起头已白。

看官，以上是苏东坡的《黄州寒食诗》，来头不小也。这首诗的墨宝真迹现藏台北故宫博物院，是宋四家之一的苏学士的书法代表作，同期另一家的黄山谷说东坡若再写也写不到那个水平。我想到这首诗，是因为要了解一个疑问。

话说不久前武汉的华中科技大学邀请我到那里讲学，希望我和太太能到三峡一游。我见时间紧迫，推却了三峡之行。他们建议古城荆州。我回应说赤壁比较好。他们问：是"文"的还是"武"的？文赤壁是苏东坡赤壁，在黄州，离武汉个半小时车程；武赤壁是三国周郎赤壁，在蒲圻，离武汉三个小时车程。我

365

选去苏子赤壁，不是因为比较近，而是因为苏子胜周郎。

近代相传，苏学士当年摆了乌龙，误把黄州赤壁作为周郎赤壁，写成了万世流芳的前、后《赤壁赋》及家喻户晓的题为《赤壁怀古》的《念奴娇》。我的疑问，是苏学士怎可以摆那样大的乌龙？他不是黄州游客，顺便到那里的赤壁一游。如上文诗中所述，他到了黄州"已过三寒食"。寒食是清明的前一天，苏子是说已在黄州三年了。

北宋元丰三年（一〇八〇年），苏子被贬谪居黄州，在那里居住了四年多。前《赤壁赋》起笔写道："壬戌之秋，七月既望，苏子与客泛舟游于赤壁之下。"壬戌是元丰五年（一〇八二年），"既望"是月圆后一天，农历七月十六（阳历八月十二）也。那是说，苏东坡写前、后《赤壁赋》及《赤壁怀古》时，已在黄州居住了两年，怎可能不知道黄州的赤壁不是三国周郎的赤壁？要是他不知道，我们今天又怎会知得更清楚？

苏东坡当年所游的赤壁，是黄州赤壁无疑。在后《赤壁赋》中他写得清楚。朋友拿得一尾鱼，但没有酒，他回家求酒，"于是携酒与鱼，复游于赤壁之下。"那时没有汽车，赤壁显然是在他的黄州之家邻近的。

今天，不少学者专家认为，苏东坡当年是知道他游的赤壁不是三国周郎赤壁，但明知是"假"而借题发挥，写成了传世的一词二赋。我认为这些专家不懂为文之道。一词二赋写得那样真情实感，令人读后驱之不去，对着一个明知是"假"的赤壁怎样也写不出来！还有一点是，苏东坡这个人，要是知道还有另一个真的周郎赤壁，千山万水也会去走一趟。无可置疑，学士当年是肯定黄州赤壁就是三国周郎的那一个。他当年肯定是，为什么我们今天肯定不是？

游赤壁，十月十八日从武汉乘车抵鄂州，北渡长江，抵黄州。款待我们的黄州副市长王顺华是张培刚教授的博士生，修经济学，大家一见如故。提到我对苏学士的"乌龙"质疑，他立刻回应，说他们今天之见，是苏子赤壁就是周郎赤壁，因为据考察所得，三国的赤壁之战是在长江北岸，而蒲圻的"武"赤壁却是在南岸的。

心境平和，赤壁之行就来得畅快了。赤壁原本在长江之滨，但自一九五三年的水患后，江向外移，今天的赤壁离江边大约半公里之遥。有些房子建筑在江滨与赤壁之间，并不古雅，在视觉上对赤壁有不良影响。现在的赤壁是一个大公园，后面的小丘就是赤壁。拾级而上，十多间零散的房子是半古迹，大部分是清代及以后重修的。建完又建，修后再修，是中国的古建筑传统了。只有在一间小屋中的石床，据说老达北宋，苏学士醉后曾经睡过的。要不是市长在场，我会去大睡一觉。

在小丘上的建筑物中所见，都是与苏学士有关的对联或文字的刻品或拓品。众多对联中，只有一首是苏子之前的唐人之作。是杜牧写的：

平生睡足处
云梦泽南州

为什么在苏子的前人中他们只选杜牧？我知道苏东坡最喜欢杜牧，难道黄州的众君子也知道这个"秘密"？

今天黄州赤壁公园的重点，是在一间比较大的房子内收藏着十分齐全的苏子书法石刻。我认为不是原刻，但那样齐全地集中在一起是极为难得的了。原刻本已失真，翻刻一减再减。在台北故宫博物院及上海博物馆我见过好几件苏子的书法真迹，其神韵远超黄州赤壁的石刻。

石刻的苏子文字，我大部分都读过，不少今天还可以背出来。似曾相识的感受，不容易对外人说清楚。介绍我们观光的小姐，叫舒玲，可能是那里的导游吧。她不知道我是个苏东坡迷，向我解说学士的诗文，滔滔不绝。我问："什么是'寒食'呀？"答道："清明的前一天。"我指着一联，问："'篴'是什么字呀？"答道："是'笛'字。"都答对了。这些不是一般导游应该知道的。她在说，但我在想：像我一样，这位小姐爱上了苏东坡。

要离开了，带着无限的思怀，无限的感慨，拾级而下，回头仰望，见到一副对联，就对太太说："还是这联写得最好。"是清康熙的一位知府叫郭朝祚写的。联云：

客到黄州或从夏口西来武昌东去

天生赤壁不过周郎一炬苏子两游

真想开口叫市长请我为赤壁题字（一笑）！要是他糊里糊涂地邀请，我会以狂草大书：逝者如斯！

"大江东去，浪淘尽，千古风流人物！"是苏东坡说的，九百多年来没有谁反对过。但我想：逝者如斯，却淘不掉苏东坡。我又想：苏学士的文采，似乎比大江有更顽固的存在性。

赤壁之游乐乎？

学士九百年（二之一）

二〇〇一年二月十五日

朋友，我要发一点牢骚。我们这个高举先人的民族，是阿 Q 也好，是一般的炎黄子孙也好，永远都在谈什么孝义，什么光宗耀祖，但拆穿了西洋镜，我们得个"讲"字，对先人没有感激之情。

先说我们认为是无情无义的西洋鬼子吧。一九九一是莫扎特谢世二百周年。西洋鬼子做了些什么？什么莫扎特的音乐全集，什么纪念音乐、歌剧大会，什么追悼鸿文与书籍，应有尽有，目不暇给，你不可能全部欣赏或买下来。是的，一九九一年时，你不可能在欧美任何地区某一天的某一个小时内，在收音机上听不到莫扎特的音乐。

今年是二〇〇一，是苏东坡（一〇三六—— 一一〇一）谢世九百周年。我们做了些什么？个多月前，我就知道二〇〇一是苏学士的大日子。我持笔不发，看看炎黄子孙的感激之情。等呀等，等得不耐烦，就忍无可忍地自己动笔了。中国的文化起于苏学士之前，继于苏学士之后，但立竿见影，主要是苏东坡。

我们是因为曾经有苏学士的存在而可以在西洋鬼子面前高视阔步的。

苏学士是一个怎样的人？让我告诉你吧。论文，他是唐宋八大家之首。论赋，他前无古人，后无来者。论词，世称"苏、辛"。论诗，世称"苏、黄"。论书法，他是宋四家之一。论画，视旁人如无物的米芾说他画的竹石"运思清拔"。这样的天才数千年一见，只有上帝才能解释了。

且让我从一首苏学士的六言诗说起吧。北宋画罗汉渡江的大画师李龙眠，精于绘人物。他是苏东坡的好朋友，替苏子画了一幅画像，留在镇江的金山寺内。苏子谪居海南岛后北归，途经镇江，见到李龙眠替自己画的造像，即席题诗云：

心似已灰之木，身如不系之舟。

问汝平生功业，黄州惠州儋州。

两个月后，苏子在常州病逝了，年六十六。

我要说的，是古往今来没有谁可以写得出这样的诗，更何况是即兴之作。

好一句"黄州惠州儋州"！儋州指儋耳，属海南岛。苏子因为不畏权势，但求生命过瘾精彩，被贬三次，谪居于黄州、惠州、儋州。后者是因为朝廷见他的名字是苏子瞻，就把他贬到儋州去。有那样混账的朝廷，我们竟然还有一个苏东坡，可算是天意了。

回头说苏学士的那首六言诗，以被贬三次来做自己平生功业的总结，本来是悲不堪言的，但那六个字那样潇洒，那样淡然处之，而又不渲不染，好像是自嘲，但却盖不着旷达、幽默。我第一次读时在大笑中流下泪来。

中国历史上，没有一个学者或诗人在生时能有苏子那样大声望的。那是九百年前，是"雁来音讯无凭"的时代，一个还在生的文人，怎可以变得那样大名呢？事实上，因为妒忌他的才华而说他坏话的人甚多："吾生平遭口语无数……今谤我者或云死，或云仙。"另一方面，因为怕朝廷留难，他好些文章是偷偷地写的。今天藏于台北故宫博物院的苏子手书的前《赤壁赋》真迹，可见如下后语："轼去岁作此赋，未尝轻出以示人，见者盖一二人而已。钦之有使至，求近文，遂亲书以寄。多难畏事，钦之爱我，必深藏之不出也。又有后《赤壁赋》，笔倦未能写，当俟后信。轼白。"

这样偷偷摸摸，妒忌小人当道，被贬三次，最后一次儋州三年，算是被放逐于荒岛上，但还能在生时名满天下，是一个不容易相信的现象了。我唯一解释，是苏东坡这个人非常可爱。他豪放、旷达、潇洒、幽默、过瘾、仁慈、正直、极富感情。那是说，所有我们欣赏、喜爱的人的品性，都集中在苏东坡一个人的身上。

一个豪放地写"大江东去"的人，潇洒地"把酒问青天"，旷达地"一蓑烟雨任平生"，其感情深于大家所知的"十年生死两茫茫，不思量，自难忘"。因为爱妾朝云曾在唱他作的《蝶恋花》时下泪，朝云死后，学士终生不复唱此词。在海南岛行歌田野，他"负一药囊，遇有疾者，辄为发药，便疏方示之"。也是在海南，学士曾尽倾所有金资，购一新居所。刚搬进去，晚上在路旁听某户有妇人哭声甚哀，问其故，知妇人的儿子将房子卖掉，而这房子正是学士刚刚购买的新居！他于是立刻把屋契烧掉，"不责一钱，复返旧寓。"

在苏东坡平生数之不尽的轶事中，我最欣赏的是《南歌子》的故事。在杭州时，东坡的朋友大通禅师是一位以圣洁知名的和尚。据说要单独见他须先行沐浴，而女人更不能进他的房间。东坡要跟这老和尚搞笑一下，竟然带了一个歌女进寺拜访。大通一见就愠然于色！东坡于是说，若老和尚能借木鱼给歌女一用，他可以写一首《南歌子》词让歌女唱给老和尚听。一挥而就，歌女敲着木鱼唱出来：

师唱谁家曲？宗风嗣阿谁？借君拍板与门槌，我也逢场作戏莫相疑。

溪女方偷眼，山僧莫皱眉。却愁弥勒下生迟，不见老婆三五少年时。

大通禅师听得笑逐颜开，后世传为佳话。

　　我的已故知交舒巷城，生时像我一样，是个苏东坡迷。大家谈起苏东坡，总要说到他那过瘾可爱的品性。舒巷城是个才子，虽然远不及苏子，但却远胜于我。读到《南歌子》的故事，舒巷城说他曾经想象苏子黄昏时在山间迷失了路，向寺门投宿，遇到另一个正经和尚。巷城于是忍不住也写了一首《南歌子》来和苏子的，同样过瘾：

　　谁及苏公放，食斋讲异经。大师无奈忍吞声：为甚此人风貌远驰名？

　　借宿还幽默，哈哈唱不停。山僧无计暗心惊：但愿霎时天亮客登程！

　　这是要真的明白苏子，衷心的爱，才能写出来的。

学士九百年（二之二）

二〇〇一年二月二十二日

　　九百多年来，评论苏东坡的人不计其数，而绝大部分都用上无以复加的赞美形容词。事实上，苏子二十二岁时，比他年长三十岁的欧阳修接见了他之后，说："此人他日文章必独步天下！"欧阳修当然是个"识货"之人，但见到一个只有二十二岁的青年，倾谈一下，怎可以就说这青年将来一定"独步天下"？我想，欧阳大师必定有一种很特别的感受，不是他说的苏小子"善读书，善用书"那样简单。这感受是些什么呢？

　　说苏学士的文字豪放，那是当然的，但文字豪放的人多的是。说学士的文字有创意，有文采，也是当然，但有哪一位在文字上可见经传的没有这些质量呢？幽默吗？不容易成名。

　　我认为苏学士的文字能独步天下，主要是一个原因：可爱。这是一个化境，是很难达到的。豪放、创意、文采、幽默，都不一定可爱。可爱的文字要有其他三个因素：流、旷、真。这三个因素可不是一般人

377

所想的那样简单，而古往今来，能够达到三者合并的境界似乎只有苏东坡一个人。

"流"不是指流畅或通顺，而是文字使人有自然地"流"出来的感受。学士的名言："作文如行云流水，初无定质，但常行于所当行，止于所不可不止，虽嬉笑怒骂之辞，皆可书而诵之。"不多写文章的人不容易体会这种"流"的困难。我自己久不久有几句文字是不经意地"流"出来的，其感受很特别，但我不能整篇文章这样写出来。

苏子在黄州时为赤壁所写的一词二赋，说是家喻户晓、有口皆碑是低贬了。除苏子外，没有谁可以写得出那样的文字。"行云流水"不是说很容易地写出来。我知道苏子是花了很大的心血才写成一词二赋的，但我们读来就有是"流"出来的感受。这是很特别的天赋了。

"旷"是指旷达。这是天生的个性了。你说中国历史上有哪一个文人真的算得上是旷达的？以隐逸知名的陶渊明来说吧。他说"云无心以出岫，鸟倦飞而知还"，我就觉得他有点心有不甘。范仲淹说"不以物喜，不以己悲"，算是旷达了吧。但过不了几句他又说"先天下之忧而忧，后天下之乐而乐"。何旷达之有？简直是前言不对后语。

还是看苏学士的《定风波·莫听穿林打叶声》吧：

莫听穿林打叶声，何妨吟啸且徐行。竹杖芒鞋轻胜马，谁怕？一蓑烟雨任平生。

料峭春风吹酒醒，微冷。山头斜照却相迎。回首向来萧瑟处，归去，也无风雨也无晴。

这才是毫无污染的旷达。这首《定风波》令人读来海阔天空，其舒畅的感受难以形容。

"真"是说纯真，这是感情流露的重点了。也是十分困难的事，可能也是天生使然。纯真的感情表达要完全不做作，没有俗气，也要扣人心弦。我很同意元好问对苏学士的词评："唐歌词多宫体，又皆极力为之。自东坡一出，情性之外，不知有文字！"情之所至，应该是不知有文字的。

世人皆爱举学士的悼亡妻词《江城子》为感情表达的代表作，但这里我还是选《永遇乐·彭城夜宿燕子楼》其中几句：

纨如三鼓，铿然一叶，黯黯梦云惊断。夜茫茫，重寻无处，觉来小园行遍。

朋友，多读几遍，你就不知有文字。纯真的感情表达，是应该达到这个境界的。

我不是搞文学的，以学院的规范来说，是个门外汉。只是数十年来，睡前我喜欢躺在床上拿着古书欣赏一下，自我陶醉一番。学士谢世九百周年，专家们应该群起而出，尽诉他们的心中话。我自己是忍不住而班门弄斧，不自量力也要写几千字。不是因为我懂文学，而是这么多年来为了欣赏享受，我对苏子深深地有感激之情。追思既不用专家，也不要有见地。

这些年来，在内地旅游凡遇上苏子的遗迹，我必定拜访，流连一下，发点遐思。离香港两个小时车程的惠州，有一个重要的苏子遗迹。苏子被贬惠州谪居大约三年，今天在他曾经亲自修葺的西湖旁的小丘上，有苏东坡纪念馆。重要的是那里有王朝云的墓。

朝云是苏子的爱妾，年纪相差二十六岁，白发红颜，苏子正室谢世后，朝云就日夕陪伴他。这段中国文化历史上有名的恋情，终于朝云的早逝。她死时三十二岁。

秦少游形容朝云"美如春园，眼如晨曦"。所有其他说到朝云的文字——包括苏子自己的——都说得她是仙女下凡：聪明活泼，灵气涌现，是苏东坡的知心人。朝云死后，苏子以梅花为喻写了这样的悼词（调寄《西江月·梅花》）：

玉骨那愁瘴雾，冰肌自有仙风。海仙时遣探芳丛，倒挂绿毛幺凤。

素面常嫌粉涴，洗妆不褪唇红。高情已逐晓云空，不与梨花同梦。

十多年来我到过惠州四次，每次都到那里的苏东坡纪念馆及朝云的墓流连一下。该馆太不成话，内里没有什么值得一读的关于苏子的文字，也没有什么东坡全集之类出售。有的只是一两个写挥春水平的人在卖书法。最后一次到那里时，我就大发脾气。他们竟然在朝云墓及六如亭之前，建一泳池，有高台跳水板，其混账思维可与北宋的朝廷相提并论。

苏子已矣，是九百周年啊！要是西洋鬼子今天能找到不知所终的莫扎特墓地，你认为他们会怎样做？我衷心希望惠州的主事人，或某富有人家，能明白要是我们没有苏学士，生命总要失去了一些光彩，于是慷慨地、有意思地把苏子在惠州的遗迹，以学士当年的品味大事修葺一番。

十一、考古说（八篇）

经济大师考古记

二〇〇五年十一月八日

（一）

第一次怀疑内地地摊小贩出售的、众人皆说是假的古董，有真古物混在其中，起于价格太相宜，就是内地的低工资也造不出来。在地下掘出来是另一回事。

九十年代初期，为了学书法常到上海，在那里清早的地摊市场见到"古"玉件，不大的挂件，设计古雅精妙，工艺一流，开价人民币二三百，议价后八十至一百可成交。明显是仿制的更多，工艺奇劣，容易鉴别，价格减半。问题是，那些看来是古时珍品，人民币八十，比香港商店叫价数千港元的好得多，是不是真古物呢？朋友一般说是假，连自称专家的也这样说。问他们为什么？回应一律是价太低，不可能是真的。这就是了，他们认为价太低是假，我认为价太低是真。于是盘算，这些玉件设计件件不同、艺术品味高妙，转了几手才卖给我，第一个出售的人所得甚微。应该是真，但怎样证实呢？

我对太太说:"这样吧。如果这些玉件是仿制的,买之不尽,但如果是真古物,可以买尽,之后要等一段日子才有供应。价钱那么低,我们或可买尽,看看供应后果。"于是在两个早上,我们花了三四万元,在地摊选出认为是古的,买尽。此尽也,尽到今天!(其后有少量出现过,今天于高档商店偶见之。)

也是在那时,太太在地摊上看到一件她喜爱的大约十英寸高的人物造像。我一看就说:"是晋瓷,有名的'药师',内地的博物馆有两件,晋瓷假不了,但为什么是那样新的呢?"讨价还价后一百五十元人民币购得,一位专家朋友肯定是假:太新,价太低,如果是真的会在博物馆内。于是打赌三千元,作当时不少人相信的热释光验证,果然是晋代。这件药师造像有一天要交到中国的博物馆去——不是因为热释光,而是晋瓷若干世纪前失传,"药师"是最珍贵的代表作。

我为中国的古陶瓷可以改作"新"观调查了一段日子。知道碱酸不侵,但土藏痕迹那样重,怎可以新如昨天造的?考察所得,知道内地有翻新绝技,托有联系的朋友寄难看的去尝试,果然了得。后来知道方法分两部分,获知第一部分,在家中尝试过,第二部分是商业秘密。

宋代的汝窑曾经是稀世奇珍,但市场竟然出现,有精美绝伦的,也有远为粗劣的。此天下名窑只存在了二十多年,曾经估计只三十七件存世,台北故宫那件比较完整，估价天文，而就是碎片一块也被视为国宝。发生了什么事？

九年前听到河南原产地仿制汝窑，立刻派人到那里采购仿制样品，与我在市场找得的貌合神离，是两回事。再派人拿着我认为可能是"古"的汝窑走一趟，回报是仿制品不少，但一看而知有别。重要是市场找到的精品，比有证书的顶级仿制高很多，但价格远为相宜！再深入考察，结论是前者不可能是今天仿制，而是出土翻新。反复推敲，我无从判断这些不是今天造的汝窑到不到宋。

北京某文物权威机构姗姗来迟，去年出版影碟，介绍宋徽宗时期的汝窑，说今天有真有假，真的其实相当多。我认为出土的有机会到宋，但不同意该权威说精致的是真，粗劣的是假——古代的名窑一般有几个质量层面。

个人之见，是出土汝窑翻新后优雅迷人，一看就知道是徽宗品味，既然不是今天仿制，价格相宜，哪管到不到宋，不收藏是大傻瓜！

（二）

从经济学的角度考古很世俗，凡事论价。比方说，要知一件自己有兴趣但不熟悉的看来是"古"之物，是否今天仿制，我喜欢对供应者说希望多买几件，要一模一样的。他容易地找到我怀疑是仿制，找不到我把出价提升，鼓励加工找寻。

又例如，凡有朋友说我收藏的是今天仿制，我会回应："给你五万元，带我到仿制的工厂去看看。"这样说，因为我曾经出高价去找多人说的数之不尽仿制得可以乱真的天才，到今天还找不到。

仿制仿制，以假乱真，谈何容易！经济学的价格理论大显神威，说成本高的部分会仿得马虎，市价够高会仿得逼真。

宋代产于河北的定窑（称北定），市场也有，价也不高。是"真"的吗？四年前在河北与那里仿制定窑的老板进午餐，他说河北只他一家，送给我的一套定窑，仿得不错，但一看而知有别。北宋的定窑细看似有轻纱盖面，仿佛雾里看花，这一小点成本高，不难露出马脚。明清的瓷器有精彩的仿制品，因为这个时期的瓷器价格往往天文数字。上古的泥公仔，仿制成本近于零，有价，不懂的不容易分辨今古。除了这些，仿制得可以乱真非常困难——价不够高，技术失传，有些黏土用尽，是以为难也。我只见过一件说明是今天仿制的建窑（日本称天目，属南宋），不看碗底分不开来，价格比我收藏的高几倍。

后人仿制自古有之，这使我们难以判断——除了不是今天——一件古物究竟是哪个时代的产品。我说是唐，意思是最高的可能性是唐，但五代、南北朝，甚至宋、元等的机会存在。中国的陶瓷文化转变缓慢，不是一旦换了朝代就改变了技术与风格的。不同意这些观点的不可能是专家，或者是蠢专家。上古的玉器，判断只差一千年了不起。识者相传，元代的龙有三爪，明代有四，清代有五。大致上对，但例外多得很。墨守成规非专家也。年多前某拍卖行推出一件书法卷轴，国宝无疑，说是唐。但有两位专家跑出来，说不是唐，而是宋或以后，拍出之价因而低了不少。求教于我，我一看就说是唐，因为宣纸上印上的龙是头细有五爪，是唐龙，非常少见。我曾经研究过一件所有特征皆唐朝的铜镜，有此龙，一模一样。不能说我一定对。

鉴别今古，"文革"与战乱帮大忙。不是今天造的不难肯定，"文革"不可能，因为当时仿古有杀身之祸，再推上去是人民公社，国共之争，抗日战争，乱世也。饭也没有得吃，仿什么的？明清之物，今天不少商人跑到农村找，但较古的多是从地下掘出来。困难依旧：我们无从判断是何时埋下去的。

曾经说过，鉴证中国文物的专家有三个级别。初哥什么都说假、假、假，因为不这样显不出自己是专家。中级的什么都说真、真、真，因为看得多了，知道今天的出土文物多而精彩，价格相宜，何必假呢？最高一级，如区区在下，会说不知不知。这是因为中国的古文化如无底深潭，愈学愈复杂，愈想愈糊涂。

严格地说，研究中国文物，对中国文化的认识要近于学究天人。我是因为研究宋代的五大名窑而逼着去理解宋徽宗这个糊涂天才的。古董奇案,美国的专家自认不识中文,什么名窑一概不知,是初哥之下的级别、堪称零哥。他们小看了张五常是有眼不识泰山;小看了中国文化则罪不可赦矣!

是打开始皇陵墓的时候了

二〇〇六年十月六日

　　秦始皇帝这个人不容易明白：一方面有丰功伟绩，另一方面发神经，很大的神经。不知是真是假，记载说，十三岁即位就开始建造自己的陵墓，建了三十九年，动员七十多万人，为了守秘，最后不少建墓者被杀掉，或被迫陪葬。焚书坑儒何足道哉？

　　发神经，墓地面积达五十平方公里，今天被誉为天下第八奇迹的兵马俑，只是其中一小角而已。我到过西安，兵马俑变化不多，一目了然，奇就奇在中国曾经出现过这样的傻皇帝。但当我见到墓地主场的外观，是大山丘，很想知道内里的设计如何，放着些什么？是二千二百多年前的天下无敌的大玩意，墓中文物可以教我们很多的，为什么不打开来看看呢？我愿意花起码二千元进去勾留半天，细看一下炎黄子孙二千多年前的真实文化，而愿意花钱更多的君子数之不尽吧。赚这种钱对社会有利，对世界有利，说不定西方的君子会多一点敬重我们的以往。起码在感受上，始皇之陵，对人类文化的启示，应该超于埃及的所有

391

金字塔。

众人皆说，不打开始皇之陵，因为打开会受到氧气的侵蚀，部分文物会受损。问题是如果永远不打开，等于没有，或有等于无。这是愚蠢的浪费。早晚要打开才有价值，才能对社会做出贡献，问题是何时打开才对。

我认为今天打开秦始皇之墓是大好时机，二千多年来最适当是今天，不要再等了。想想吧，两个世纪前科技不足，打开与保护皆有困难，而跟着兵荒马乱，打开了惨过败家。毋庸讳言，最忌打开是"文革"时期，不知死活的红卫兵跑进墓内捣乱，可能把始皇气得从棺中跳起来。

俱往矣！今天科技没有问题了，可以做到应有的保护。更重要是向前看，虽然没有保证书，我们看不到兵荒马乱的将至。是的，打开始皇的墓，不仅可在地球上炫耀一下，也间接地公布，中国是个有恃无恐的国家。只两年北京办奥运，再两年上海搞博览，不知可否赶得上把始皇的墓一视天下，热闹一下呢？

写到这里，我想到做研究生时老师阿尔钦给我为难的一小段往事。读利息理论，我向他求教财富定义的一些小节。他打趣说："他们说你是天才，要让我考你一题吗？"我说："问吧。"他问："如果你有中国人说的万两黄金，收藏好了，是你的。有人把你的黄金全部偷了，你自己不知道，永远不知道，有什么分别呢？"我答："我会认为自己还是那样富有，消费继续以富豪姿态从事。问题是这样的消费不能持久，早晚要把黄金拿出来。如果借钱消费，银行老兄会要求我以黄金抵押，或起码要给他看一眼。如果他相信我，不用看，早晚中计。讯息不足的自我安慰的消费行为，不能持久。我的母亲久不久要到保险箱去看一下。自己相信但其实没有的财富，不能真的算是财富。如果可以算，假设自己有钱的人多得很。有这样的人，喜欢自我安慰的，但不是那么多吧。如果我有万两黄金，我会放在床下，自己睡在床上。"

秦始皇的陵墓，猜想猜想，打开何止值万两黄金，值百亿两也不止吧。墓陵不打开，等于没有，或等于阿师提出的例子，有万两黄金，给人全部偷清光也不知道，只是幻想自己有黄金万两，看不到，用不得，自我安慰地夸夸其谈。究竟是否那样富有？打起官司法官会说是没有的。

始皇陵内之物是炎黄子孙的公共财富，没有谁可以占有，但看一下不是很过瘾吗？

始皇陵墓的经济分析

二〇〇六年十月十三日

执笔写此文时，拙作《是打开始皇陵墓的时候了》只一个网站的点击逾二十二万，跟着的《如果我是秦始皇》点击逾五万。以为热闹过了，写了两篇之一的《何谓自由经济？》，要与圣诞权过瘾一下，正要动笔写"之二"，却想到自己既然是经济大师（一笑），竟然没有提及打开始皇陵墓对西安的经济有什么影响，对中国整体又有什么影响。于是急急脚地挂个电话到佛山给李俊慧，要她在网上找些西安旅游数字，一些兵马俑的观者数字，跟着漏夜赶科场，写此文，以飨读者也。

西安无疑是旅游重点，游客天文数字。去年二千四百多万，其中只七十七万六千是外宾，也了不起。游客给西安的总收入，去年一百七十八亿多，其中神州客每人平均消费人民币六百二十，外宾人均消费则四千二百。奇怪，兵马俑的参观者只有总游客的百分之八，可能因为变化不多，见面不似闻名也。想来那七十七万多的外宾，大多数会参观兵马俑。这样算，炎黄子孙对此俑的兴趣更少了。

打开始皇陵墓是另一回事。有什么奇形怪状的东西在那里不得而知，但墓地广大五十平方公里，就算空空如也，在墓内行一遍也值钱。我于是想，进入陵墓，每人收费人民币五百，偏低的，每年会有多少游客进去呢？跟着想，人太多，应接不暇，每年可以让多少人进去呢？我于是想到如果安排得好，每年大约可以秩序井然地接待五百万参观人次。那大概倍于黄山或周庄。容易达到每年五百万参观者，要排队，而如果我是西安的主事人，会给外宾优先参观权，再应付不了就加价。

每位入场费五百元，五百万观者的每年收入是二十五亿，以长线利息率五厘算，陵墓打开了，门票收入的现值是五百亿。可观，但不惊人，比不上半个李嘉诚，何况开发陵墓要费用，保护文物与招待访客也要费用。但如果我们算进游客增加对西安带来的经济利益，倍为可观容易。不管怎样说，打开始皇陵墓给西安带来的经济利益，远超打开陵墓及维修保养的所有费用。

从西安本身的利益看，打开陵墓是一盘了不起的生意。但中国整体又怎样看呢？游客到西安的会增加，每位游客的消费也会增加。然而，大部分是中国本土的游客，这里加那里减，总游客消费会增加，但没有只算加不算减那么高。外籍游客则加多减少，甚或加了西安再加到中国其他地方，所以应该优先接待，不用他们排队了。

从国家整体看，打开始皇陵墓的最大利益，可不是上述的加加减减，而是在相对的形势上，打开陵墓，有不少机会让西安回复到杨贵妃时代的繁华。唐玄宗地下有知，怎样想无从猜测，但北京要开发西部，要把西部的经济搞起来，打开始皇之墓有助，对西部的发展有贡献。

秦始皇当年做梦也不可能想到——我们今天只略加一点想象力就可以想到的——打开他的陵墓，搞起西安，使之成为一个经济重镇，间接地促长了洛阳、郑州、开封等的活力，因而协助了中国西部的发展。逻辑是没有问题的，但要达到这牵一发而动全身的效果，我们的想象力可能有点夸张。

秦始皇真的那么厉害吗？有可能，但要打开陵墓，将来的历史才可以作出判断。不赌这一手愚不可及！

学问无界说：
我可没有带着锄头跑到西安去！

二○○六年十月二十四日

　　不久前发表一连三篇关于秦始皇陵墓的文章——建议打开该陵墓——传到不少网站，其中一个点击四十八万，吵、吵、吵，骂、骂、骂。一些媒体要访问，皆谢绝。不知受了什么诅咒，我老是无端端地惹来争议。不始于今天，三岁起有什么风吹草动，家中人都指着我，骂个半死："阿常？一定是阿常那个衰仔！"进入了大学本科，同学说，整个女生宿舍天天在谈史提芬——可惜没有一个曾经看我一眼。进入了研究院，一次考试弄错了题目，答非所问，是大试，考生用号数，不落姓名。一位教授读卷后，说："这个考生从腰间开枪，一定是史提芬，给他个'A'吧！"

　　这次"墓"中闯"祸"，虽然风水先生说是大吉大利（一笑），但无妄之"灾"来得那样神奇，恐怕上帝也解释不了。建议打开始皇陵墓是个人之见，逻辑井然，但有个人的祖先价值观存在，看法各各不同，我看我的，你看你的，我可没有带着锄头跑到西安去！

然而，同学说，某市（可能是洛阳）某报写道，我的"开陵"建议引起考古界发生地震，有考古先生批评我捞过界云云。我当然不是考古专家，严格来说没有一门专业。搞艺术，知道其中有法门，有哲理；搞科学，知道其中也有法门，也有哲理。二者是提供两个角度看人类的智慧。搞了二三十年后，五十多岁时，知道二者其实没有什么大分别，法门与哲理可以一般化。分门别类的学问各有各的细节，掌握了一门的细节就成为专家，但这不是学问的大道。

考虑打开始皇陵墓，是重要话题，技术的细节我不懂。我只是假设技术上在可见的将来不会有大突破，再假设该陵墓早晚要打开。在这两个假设下，回顾历史，今天打开是最佳时机。再从经济利益那方面衡量，扣除所有成本纯利益肯定是正数，而推广到"界外效应"，对国家整体的利益有机会极为可观，但不打开陵墓，估计整体利益只是纸上谈兵。

关心中国的发展多年，不敢胡乱建议什么。我认为考古专家要站出来，考虑上述提出的第一个假设：技术上，在可见的将来会否有大突破？如果没有，今天的技术有什么不可以解决的？这些问题专家们应该知道答案，可惜到目前为止，我偶尔读到的专家言论，一般没有说服力。

说学问无界，是衷心话。身在其中，胡乱摸索，人类的知识无疑是汪洋大海。但如果我们能置身其外，把学问的整体浓缩起来看，不论细节，人类积累下来的智慧其实不多。求学问，我们有时要跑进去，有时要走出来。进进出出了若干年，最终的体会是学问无界。

细节是有界的，大道没有。十多年前在一个小拍卖的预展中，场地简陋，有三个老头子在细看一幅据说是明人徐渭的书法。这类小拍卖赝品甚多。老头子们认得我的白发，问："大教授呀，这幅徐渭是不是真的？"我细看了一阵，说："是真的，假不了。"原来他们早就知道是真货，要考我一下，很有点不相信一个经济学教授可以一眼看出来。他们跟着解释如何鉴定，细节学问的深入令我拜服。他们是专家，我不是。我是跑了出去再回头看：那幅书法有明人味道，而乱写一通的书法，写得那样自然的，整个明代只有一个徐渭。

非常佩服那些在学问上深知细节的人。最近知道一位对某种古物的细节知得多而深入的老头子，天下可能只此一人。很想请他到我家小住数天，求教求教。回应是太老了，行动不便。他住在遥远的地方，不知有没有机会让我找上门去。

求学问，论细节要分门别类，说大道则没有派别之分。

龙的故事

二〇〇六年十二月八日

　　不久前上海外国语大学教授吴友富，建议重新建立国家形象，说"龙"被西方认为是一种充满霸气和攻击性的庞然大物，对中国的形象不利，要考虑修改。一时间网上大吵起来。绝大部分网友反对改变以"龙"作为中国的标志，但如果一定要改，网友首选凤凰，次选熊猫，三选雄鸡。

　　朋友，一个国家可以选国歌，或改国歌；可以选国旗，或改国旗；可以选国花，或改国花。如果需要我们可以选国兽，或改国兽。龙老兄可不是国兽，绝对不是，从来没有人选过。它是从炎黄子孙的文化发展中自己跑出来的，不请自来也。既非选出，无从取缔。昔日"文革"革之不掉，他朝核弹炸之不死也。只要炎黄子孙没有死尽，龙会活在他们的脑子中。

　　吴友富教授应该比我年轻，没有在西方勾留过很久吧。我曾经在北美生活过二十五年，知道那里的教育没有说中国的龙是霸气十足的。正相反，在无数的卡通电影或手绘漫画中，中国的龙是可怜虫：有时摇尾乞怜，有时像小丑，有时被小老鼠追得叫救命，有时是只腹大头小的蠢东西，在肚子上用正楷大写CHINA，被红须绿眼的小个子侮辱得欲哭无泪——有时被戏弄得泪如雨下也。永远是那副可怜相，但西方的孩子们还是喜欢它，因为它没有吃过任何人。

我不想在这里说不堪回首的往事。炎黄子孙自己不争气，龙于是受到无妄之灾，被羞辱一番无可奈何，很有点活该。今天，炎黄子孙站起来了，老外于是思龙而生畏乎？若如是，也很有点活该。

龙无疑是中国文化的一个重要象征，代表着一种尊严，一种智慧，一种活力。上古的龙是一条四脚蛇，在古玉件与古陶器中出现过不知多个千万次。究竟那四脚蛇的形象从何而来，众说纷纭，莫衷一是。我自己"考古"所得，不会被接受的，是恐龙在神州存在到人类文化开始之后，而龙可能从恐龙变化出来。这样说，与西方恐龙专家之见相差二十万年。但我曾经见到一件中国的小玉件，很古的，起码数千年，形象是恐龙，错不了。

数千年来，龙当然不是真有其物，其形象转变过无数次。从四脚蛇转为近于今天的龙，应该起于唐。大约十年前有人要求我鉴证一面铜镜，图案是唐，鎏金是唐，所以应该是唐。铜镜上有条龙，十分精美，长的，潇洒灵活，头很小，足有五爪。只一次见到这样的龙，所以当时我认为很可能是宫中专用的。几年前有一幅据说是唐宫的书法拍卖，专家说不是唐，因为唐代还没有那种纸。当我见到纸上淡淡地印着的龙，与那面唐镜上的一模一样，叫出声来。

宋代的宫龙有大头，还是足有五爪——写此文时我正拿着一件宋定窑，细看上面的龙。眼睛、口、面皆难看，且模糊不清，想来是龙头从小转大的过程中的思维挣扎吧。我们今天常见的龙，大约是元代定形的。元代的龙足有三爪，明代加一爪，清代再加一爪，而后者是我们今天说的"五爪金龙"了。

是奇怪的文化。从上古的四脚蛇到今天的大头五爪，不管经济发展如何，中国的龙的形象变化，大变小变无数次，永远是向威猛与潇洒这两个方向走。为什么这样，每一变代表着什么，是湛深的学问，我不懂。

不是真有其物，所以龙的形象容易改。重要的问题，是中国的文化历来均质（homogeneous），保守，可以不改不会改。犀牛是个重要例子。此牛在神州大地绝迹了五千年，但我有一件龙山文化的黑陶犀牛，其形象与清代的瓷犀牛完全一样，一丝不改。事实上，无论是青铜或陶瓷的犀牛形象，在中国从来没有改变过。早就绝迹，但保存下来的形象一丝不改。

深入地解释龙的形象变化，会使我们多些了解自己的文化吧。

《千字文》想象考

二〇〇九年十二月二十二日

　　故老相传的《千字文》是一篇文学杰作。很有点发神经，因为要用一千个不重复的字。年幼时我背诵过，比我年长的读书识字的炎黄子孙没有一个不背诵过吧。历代书法家试书《千字文》是惯例。故事说南朝的梁武帝命才子周兴嗣作《千字文》，一夕写好，鬓发皆白，当然不可信。找到的记载说：

　　相传，梁武帝萧衍命周兴嗣从拓取王羲之一千字不重者编为四言韵语而成。《尚书故实》称："兴嗣一夕编缀进上，鬓发皆白……右军孙智永禅师自临八百本，散与人间。"既要不用相同的字，又要从王羲之遗书中拓出的千字组成，还要使之成韵，一夕而就，恐难尽信。许是赞扬周兴嗣过人智慧与出众的才华，才有此说。

　　周兴嗣（？—521），南朝梁陈郡项（今河南沈丘）人，字思篆。

　　我赌读者猜不中为什么一时间我对《千字文》有

407

兴趣，要考察该文的来历。据说《千字文》历来有多篇，我的兴趣是周兴嗣那篇脍炙人口的名著。事情是这样的，不久前我见到一个玉壶，很大的，自己认为不可能错的判断，该玉壶属汉朝文物。绝对是：开门见山是汉白玉之作，旧了色暗，雕工精美，风格无疑问是汉，也篆刻说是汉。奇怪，壶上有非常到家的篆书刻上一副对联，右刻"剑号巨阙"，左刻"珠称夜光"。这是周兴嗣的《千字文》的其中两句，但汉朝的末日要比周才子早上五百年，是搞什么鬼的？

当然，周氏大可套用五百年前的古人之句，谱入他的杰作，但我想到一件事，可能重要，就把这发现对一位也称得上是小才子的江小鱼说了，请他追查《千字文》来历的典故。过了半天，小才子传来他找到的资料，如下：

有个流传下来说是王羲之的书法，《王羲之临钟繇千字文》，真伪一直有争议，八十年代中国还组织过鉴定，基本判断为后人伪造。

钟繇是东汉三国时代的人物，汉朝灭亡十年后，他也死了。如果刻有"剑号巨阙，珠称夜光"的物件是汉朝的，应该是东汉末期造的。

那个书法上的千字文，有这样的句子"宇宙玄黄。岁盈余戾。列宿调阳。昆岗珠剑。垂蒙瞻眺。"我认为也是后人伪的。"宇宙玄黄"就是"天地玄黄，宇宙洪荒"，"昆岗珠剑"是合"金生丽水，玉出昆冈。剑号巨阙，珠称夜光"几句的。

　　但很可能钟繇是写过千字文的。而他的千字文，就包含"剑号巨阙，珠称夜光"两句。后来的周兴嗣编写千字文，就用到了前人一部分语句，包括钟繇的。所以，这个物件说不定和钟繇有关系。

　　说到钟繇，又是一个才子，了不起。这判断是基于唐初高傲不群的孙过庭，在他的名著《书谱》中几次提到钟繇。令我印象深刻的有："夫自古之善书者，汉魏有钟张之绝，晋末称二王之妙……"又有："伯英不真，而点画狼藉；元常不草，使转纵横。"是顶级的颂赞。伯英是张伯英，即张芝；元常是钟元常，即钟繇。我们今天没有机会见到钟繇的书法——拓本不怎么样，不可靠。但钟是汉朝末期的大家，名重一时，写得出《千字文》不难相信。

　　问题是，小才子提出的可能是钟繇的《千字文》，跟周兴嗣的在风格与理念上格格不入，这里变不出来，那里挤不进去。我认为周才子的大名版本起笔绝妙，但愈写愈差劲，到最后来得牵强，才子不才也。

　　这里我要读者品尝周氏千文的第一段：

　　天地玄黄，宇宙洪荒。日月盈昃，辰宿列张。寒来暑往，秋收冬藏。闰余成岁，律吕调阳。云腾致雨，露结为霜。金生丽水，玉出昆冈。剑号巨阙，珠称夜光。果珍李柰，菜重芥姜。海咸河淡，鳞潜羽翔。

你道写的是什么？是写大自然的规律。从二十世纪西方的科学方法看，写的是经验的规律，empirical regularity 是也。反复重读这段，你会觉得作者观察力强，品味高逸，风格一致，而不论平仄只论韵脚的文体，是近于汉而不近于右军之后的南朝，与周氏千文的后部的文风相去甚远。所以我认为周氏千文的头一段，可能大部分甚至全部是从汉人之作抄过去的。

这样说当然是猜测，是想象，但如果猜中，其含义重要。早五百年是早很远：意大利文艺复兴的达·芬奇是五百年前的人，你说远不远？这显示着炎黄子孙的科学天分老早就了不起。我说过，中国因为"学而优则仕"，缺少了一个科学传统，但没有说过中国人缺乏科学的天赋。胡锦涛先生推出科学发展观，从炎黄子孙的天赋看，有得搞，只是目前的教育制度不成气候罢了。今天西安兵马俑展出一把镀上铬的剑，那是比汉还要早的秦，而《千字文》的第一段，教的是科学方法的第一课。

为什么我见到的汉玉壶会篆刻着"剑号巨阙，珠称夜光"这八个字呢？巨阙是最好的剑，夜光是最好的珠，那么汉代的玉雕当然是天下无敌的了。又是当时的经验的规律！

（五常按：此文发表后，我有机会再看那大玉壶，发觉另一面篆刻着"金生丽水，玉出昆冈"八个字，增加了"想象考"的支持。该玉壶是汉朝文物是没有疑问的。）

求石奇遇记

《清宫田黄方印录》序言
二〇一六年十月三十日

讯息费用是交易费用其中一种，引进这局限对解释行为或经济现象重要。在经济学者中，虽然科斯（一九三七）与哈耶克（一九四五）早就关心讯息费用对市场的影响，但要到一九六一年施蒂格勒发表他的《讯息经济学》才热闹起来。跟着一九六三年阿罗提出道德风险；一九七〇年阿克洛夫发表《柠檬市场》，提出人与人之间讯息不对称这个大话题；一九七三年斯宾塞提出讯号；一九七五年施蒂格利茨提出过滤。这些理论或观点后来一律拿得诺贝尔经济学奖，但我一律不同意。我反对的理由曾经颇为详尽地发表在《经济解释》卷三第八章：《讯息费用与市场应对》。

以物为本求得玉石定律

一九七五年的春天，在西雅图华大，我对同事巴泽尔说研究讯息费用应该从以物为本入手，即是要从物品或产品本身的性质或特征为出发点做考察，然后推出为什么这些性质或特征会导致讯息费用的转变。当时我对巴兄说自己长假在即，我会到香港的玉石市场考察产自缅甸的翡翠玉石。翡翠是明显的选择，因为众所周知，翡翠的原石出售时，卖家往往刻意地不把石件切开，只磨出一些很小的水口，让考虑购买的人从这些水口猜测石内的玉质与色泽究竟值多少钱。猜错的机会非常高，把翡翠原石一刀切开会真相大白，为什么不先切开才出售呢？为什么玉石主人一般要隐瞒讯息，害得无数的玉石专家要花数十年时间去研究怎样能细察其外而增加猜中其内的机会？

一九七五年的夏天，我到香港九龙广东道那个当时是举世最大的翡翠市场考察了两个月，不少朋友协助。可惜到今天，我自己还是不懂得翡翠玉石应该怎样看：原石不懂，制成的产品也不懂！不懂，但在学问上我还是推出了重要的玉石定律。这定律说，在市场值钱的讯息会导致隐瞒讯息的行为，增加了作为玉石专家的研究成本，但如果没有这些专家的存在，翡翠玉石不值钱；换言之，翡翠值钱是因为有懂得鉴别优劣的专家存在。其中的经济含意是有趣的：翡翠玉石的市场价值，大部分是源于专家们付出了研究的投资，而如果讯息费用微不足道，翡翠玉石不会那么值钱！

翡翠与田黄各走一端

一九八二年从西雅图华大到香港大学任职，八三年到福建一行，我的注意力立刻转到一种名为田黄的石头去。我那个以物为本来考察讯息费用的思维，遇到田黄石是走进另一片新天地。事情是这样的。翡翠玉石，要知道什么是翡翠难度不高，用不着花很多时间，但翡翠玉石之间的质量或价值差别的判断则是难度极高的学问，有不同层面的判断要求，不是专业不容易学得懂。田黄呢？刚好倒转过来。肯定知道是田黄石，不同石件的质量优劣判断，如果有足够的件数放在面前，孰优孰劣一个初学的花几个小时就可以有足够的掌握。鉴证田黄石的主要困难，是不容易判断说是田黄的是不是田黄。

天下怎会有那么过瘾的学问呢？翡翠难知优劣；田黄难知真假。要明白讯息费用或高或低的理由，我们不凭着以物为本的认识作体会，还有什么其他办法呢？这是数十年来我考察了多项收藏品的理由，而任何有鉴证困难的收藏品，原则上，都是环绕着翡翠与田黄的鉴证难度各走一端的变化。这也解释了为什么数十年来我喜欢在街头巷尾跑，被经济学的一些行家说我放弃了学术。数十年下来，我去年完工的厚达千多页的《经济解释》被从事工商业的众君子认为有实际用场，而我则认为那些把自己关进办公室内，靠回归统计与数学方程式打进大名学报的众君子的学问，半点实际用场也没有。

鉴别田黄困难有二

当年考察以田黄为核心的寿山石，一九八五年教我的主要是一位姓郭的老人家。学习的过程主要是跟他买石，买了好几年，从中环绕着田黄之别去求教。我要到年多前才知道郭老是寿山一带的一位名人，因为见到一本杂志报道他谢世的消息，专文细说他的平生，写出好几千字。

今天回顾，当年学习鉴别田黄的困难有二。其一是田黄的数量实在少。想想吧。主要是产于一块面积不大的田地，而重视田黄却起自清代的康熙。三百多年来，该幅田地被反复挖掘过无数次，轮到我们这一代基本上早就没有。学鉴证收藏品的首要条件是有机会见得多。把实物拿上手，第一时间的感受如何是最重要的一个环节，而不多见是难以培养出这感受的。理论滔滔的鉴证专家多得很，可惜基本上靠不住。

第二个鉴别田黄的困难，是何谓田黄的定义有变。可能是市场的要求使然：昔日只限于一幅田地的产出，今天被伸延到几公里的溪流。田黄不再限于田地，而类似田黄的石料纷纷把"田"字押上去。我不怀疑好些石料的质量与田黄相同，但数亿年下来埋在田下与不埋在田下应该有别，要真的分开总要有点武断的成分。

话虽如此，像我这种算是学满了师的人，一件上佳的田黄石，拿在手上会立刻知道，只是档次低下的往往有争议。我认为鉴别田黄的要点不是众说纷纭的几项特征，而是在柔软、易下刀的感受中，其石质组织非常紧密，而且有温暖感，仿佛像糖果那样要咬它一口。可以冒充田黄的石料有好几种，但在那所谓灵气的感受上，没有一种可与上佳的田黄相比。

不速之客带来奇遇

十多年前，一位不速之客拿着数十方石章向我求售，我一看就知道是重要文物。我肯定地知道，有三个原因。其一是石章的刻钮者大部分是杨玉璇与周尚均，我对此二君的作品有认识。其二是那些石章一律是芙蓉石，属将军洞的旧芙蓉，而将军洞失踪近百年了。那些石章不可能是今天的复制。其三是那些石章的篆刻风格是清朝宫廷的，刻手来来去去都是那组人。

救我一救是将军洞的芙蓉石再不值多少钱，所以我能动用一个基金的钱把整批芙蓉石章买了下来，分多次成交，共二百多方。大约三十年前，一位香港朋友收藏将军洞的芙蓉石章，动不动逾十万港元一方。然而，约二十年前一些新芙蓉石出现，比将军洞的多色彩，售价只约二百港元一方。这使将军洞之价跌得面目无光。

文物的价值呢？我懂你不懂，租值理应由我收取——可惜这方面这批旧芙蓉石的物主比我懂得还要多。是一个奇怪的现象：大部分的芙蓉印章的盒子内都有一小张字条，解释章上刻着的篆文是什么意思，是什么年代什么皇帝什么宫殿等专用的，学问显然在我之上。后来我跟踪这些字条，终于跟出这本书！这不是奇遇是什么？

意图捐出被指为假

回头说那二百多方旧芙蓉石章，九年多前在内地某市举办个人摄影展览，顺便把那些石章在玻璃柜内展出。因为是国庆大假，参观者达二十万。可惜展馆的主事人说，看石章的人比看我的摄影作品的为多！

在该展馆邻近有一家很懂石章的机构，内里有一间小展馆。该机构要求在我的摄影展览结束后，把那二百多方印章借给他们继续展出。我当然乐意，跟着对自己太太说："那批印章是相当重要的文物，基金的本意是要捐出去给懂得保护的人。我们不要先说，等到他们借去展出后，要归还时，才说我们要赠送给他们。"太太与有关的基金皆认为是好主意。

殊不知该机构请了三位专家到我摄影展览的地方，隔着玻璃细看那二百多方石章，看了几天，结论是全部是假！人家连借也不借，我们怎还可以捐出去呢？

见到字条心跳加速

问题是我坚信那批芙蓉印章是千真万确的清朝的宫廷文物，怎样去证实呢？道听途说，原物主是民国时期的一个重要人物，谢世多年了。唯一的办法，是要找到那个写字条的人。追查之下，知道那是出于一个老人家，或是一个老人家的学问请人执笔。我好不容易才联络上这位老人家。他可能知道我这个人，答应跟我会面。我刚好要到他居住的城市讲课，跟他约好了大约的会面时间。殊不知那些课要讲几天，太累，要再另约时间。只这推迟，该老人谢世了。为此我耿耿于怀久之。

大约过了五年，此前的不速之客再来找我，带来六方石章。我打开盒子，见到那些钢笔字条就心跳加速了。"是老人家的后人吗？"我问。"是。"他回应。这次我眼前一亮，因为那六方石章一律是田黄！

清宫的石章类别

田黄方章稀有不难明白。田黄是独石，必有石皮，形状没有规律，要切成方章会有很大的石料浪费。田黄受到重视起于清代的康熙，轮到乾隆就把该石捧到天上去。玉石不论，我们知道清代宫廷刻制出来的石章数以千计，绝大部分是芙蓉，其中的黄芙蓉与芙蓉青是极品，胜于今天多产的色彩缤纷的新芙蓉石。偶尔见到的是没有多少人见过的艾叶绿。后者跟芙蓉一样，属矿石，切成方章是比较大的。艾叶绿是很深的绿，近于黑，偶有白纹，高贵，名不虚传也。可惜产量甚少，有机会见过的人不多。

有两种很像田黄的石料清代的宫廷常用，是否产自寿山我没有考究。皆属矿石，没有石皮也没有格纹。第一种我戏称之为"康熙黄"，因为首见于康熙年间，到清末就不再有。金黄色，通透，稳定不变，只是石质不够结实，刻成的钮或薄意比较粗糙。第二种近于红，通透，极像田黄，几可乱真，从乾隆年代起宫廷常用，今天台北故宫拥有的九读印章，有专家认为不是田黄，看来就是这种石。

是的，如果我们相信网上的资料，台北故宫一方田黄印章也没有。北京故宫有六件，但其中那神乎其技的三连章有专家说不是田黄。两间博物院加起来只有五件田黄方章，应该是不尽不实的报道，只是田黄方章罕有却是众所周知。现在一位不速客若无其事地一手拿出六方清宫田黄印章，你说我要怎么办？

跟踪字条与章印

我叫该客把印章留下，让我考虑一下。其实我是立刻挂个电话到福州给一位田黄专家朋友，要他飞到我家看看。这专家一看就说全部是田黄，没有疑问。我问不速客这种方章还有多少，他说不知道。大家一路跟踪下去，到最后加起来是九十三方。这只是一个句号，或一个段落，促成这本书的出版。过了两年，同一来源还有其他的。我打算把这些其他的与清宫的艾叶绿及黄芙蓉印章组合，另出一本。艾叶绿与将军洞的黄芙蓉今天很少人有机会看到。

回头说我跟踪上述的老人家的收藏，方法有二。首要的是跟踪手写的字条，初时是用钢笔写的，到后来轮到黄金黄的田黄冻的出现，字条则转用毛笔了。有些字条是遗失了的，那我就转看前藏者把章盖在小纸上的颜色做判断。只有一方找不到有小纸盖印（我给补盖了）。不难鉴别是出自同一收藏者之手，因为很多章印是用上今天少人用的水印，而用印泥的其质料不高明，属下品。

天下印章之冠也

九十三方，其中约六十方的质量之高是我平生仅见！大，很少田黄方章会是那么大：九十三方每方的平均重量达三百五十克强。其中最大的一方重九百八十一克，篆刻"五福四德十全之宝"八个字，是乾隆最引以为傲的、自己赞自己的成就，赞到尽的意思了。在中国历史上的所有皇帝中，只有乾隆一个会这样做。刻钮者周尚均，而石质之高几成绝响！尚均当时以刻兽钮名动天下。那么大的田黄冻方章，我们看得出周大师是尽量保留，凭自己的想象力把蹲龙抽象化。运刀流畅，潇洒自然，留着一小片乌鸦皮作为巧色——鬼斧神工也！论文化的厚度，皇帝的大名，篆文的幽默，石料的神奇，雕工的精绝，此玺全部拿一百分！

细心察看，这批印章中，差不多所有兽钮的田黄章都留着一点石皮。我们知道和田白玉的籽料挂件往往刻意留皮。这里分析的田黄方章呢？我认为有些兽钮是刻意留皮，作为巧色处理，但其他有少许石皮留下来的则是因为刻钮者要把石料用到尽，石皮于是避不开。

玉璇与尚均应该互不相识

刻钮及偶尔刻薄意的人主要是两个：杨玉璇与周尚均。我曾经为文介绍过这两位多产天才。这里补充一下。生卒年日不详的杨玉璇有康熙初期的作品留传到今天；康熙期间的宫中寿山石雕很多出自玉璇之手，而我们很少见到有宫廷之外的玉璇石作。看来玉璇是专于御用的了。传说生卒年日也不详的周尚均认识杨玉璇，甚至说他们有师徒关系。应该不对。我见过玉璇有一件作品注明康熙元年。康熙在位六十年，玉璇应该活不到雍正。另一方面，周尚均的作品初见于雍正，全盛时期是乾隆。玉璇与尚均的天赋皆高不可攀，仿效不容易，何况不会有人那样傻，用上珍贵的田黄石刻假冒之作。但尚均显然不是专为宫廷服务：他有不少非宫廷的作品传世。玉璇与尚均皆多产，而我的估计两位皆长寿。

大师生活改进了

寿山的石雕艺术绝对伟大，可惜除了现代的大师，传统上那里的石雕艺术家的生活一般不好过。中国的文化传统不重视寿山石雕艺术。刻手的生卒年日没有谁管，而大师如林文宝要饿死街头。杨玉璇有康熙养着他，生活应该不错；周尚均在当红之际很大名，作品卖得起价史书有载，而三希堂收藏着好几件他的作品。我认为古往今来最伟大的寿山石雕艺术家是林清卿，其生活主要是由一小撮富有人家包起来。今天我们在拍卖行或书籍见到介绍林氏的艺术，是另一回事。清卿的旷世杰作没有多少人看过！

国家改革开放以还，令我开心的是寿山石雕艺术家的生活改进了无数倍，这是应该的。可惜今天的寿山再没有什么田黄石能让他们把石皮与格纹玩弄于指掌之间，用他们的想象把国画刻在石头上。可以替代的其他品种不少，但不是田黄，其档次不同。

完整组合有利捐出

通过一个基金搞收藏是常有的行为，而打算把收藏品捐出去，往往可以说服出售的人大幅割价。这里的关键是收藏品要有一个完整的组合。我的观察是，凡是牵涉到一组相当完整的收藏品，藏家不容易零散地割爱。好些年前有一位住在河北省的老人家，托人带了十六件周尚均的人物圆雕来找我，用的石料是寿山的善伯洞与芙蓉青。名家名石，价值当然不菲。但那位我没有机会见过的老人家，只求该组作品交到我的手上，希望我能给他一点钱过最后的日子。我当然会把他送来的整套尚均之作捐到一间博物馆去。我可以不捐，可以独享其利，但有什么意思呢？问题是捐钱不易，捐艺术品更难。有些朋友把艺术品捐到博物馆去，不多久就失了影踪。

论收藏先说田黄

回头说本书介绍的九十三方加起来重逾六十五斤的田黄石章，是国家的重要文物，朋友的意见是要先找到一个理想的归宿，再做打算。但我要先出版这本书。考察讯息费用高的物品数十年，我意图出版一系列关于收藏的书，作为老人家晚年的消闲玩意了。我选以田黄宫章为这系列之首，理由有三。其一是寿山石"上镜"，即是说拍摄比原石好看，何况摄影灯光的处理我是专家。其二是我说的字条等故事很传奇，有点不可信但我拿得出证据。其三是对我来说，这组田黄宫章的确有点震撼！

本书的安排分三组。第一组称"毛笔篇"，即是前藏者的字条用毛笔写；第二组称"钢笔篇"，前藏者的字条是用钢笔写的；最后一组称"二十四孝篇"，字条又是用毛笔的。有些字条遗失，但存在的一定准确地扫描展示。我又请了一位助手在网上搜查资料，每方印章的篆文必查，但事前不让该助手先读前藏者的字条说什么。前藏者说的与网上说的有什么分别，是科技发达之前与发达之后的资料讯息比较，相映成趣，读者可以比较一下科技发达对知识增长的贡献是正数还是负值。有几个地方我加进简短的"五常按"，让读者参考。

每方石章占两页。右边那页是石章独立一个，其体积大小刻意地安排为与真石大致一样。左边那页是资料的补充，有两三帧局部照片，前藏者的纸条原貌与助手找到的资料并列，而章印的大小是刻意地安排与原物一样。知之为知之，不知为不知，整本书都是拿着证据直说，有怀疑的地方也直说了。

从童年起我是个天天做白日梦或在遐思幻想的人。今天幻想着那间理想的博物馆，寿山石雕艺术的展出要有五个房间。一是杨玉璇，二是周尚均，三是林清卿，四是东门西门的两派高人，最后第五个房间则是清代皇宫的印章了。

为"独裁"文化说几句话

清代的皇帝采用的珍贵印章刻着的篆文使我有很大感慨。"惟尧则之"、"自强不息"、"归政仍训政"、"戒之在得"、"所宝惟贤"、"兢兢业业"、"政贵有恒"、"俯寻周孔"等格言，都是要勉励自己，或为自己打气，希望在自己的统治下人民的生活可以过得好一点，或前途看得光亮一点。这样的传统可不起自清代。我跟进了中国两千多年的印章发展，知道历来都是这样。

我不认为中国的皇帝只是这样说说，自欺欺人，或讨好民意。我认为他们是认真的。他们其中的失败者，可不是不要做个好皇帝，而是能力有所不逮，或误用不良，或受到外来侵犯。我也曾经提及，以伦理治国，遇到工业的发展子女需要离乡别井，传统的礼教不管用，而跟着引进西方的法治是一项非常艰巨的工程。

中国昔日的失败不是因为没有民主。我们见到西方的民主经验，人民的生活不见得比中国清三代的优越。事实上，一路推上去几千年，中国的政制更显得比欧洲的高明了。

我不要在这里反对民主，因为西方的民主政制也曾经有过可取的片段。我要说的是在人类语言文化发展的几千年中，除了最近的两百年，中国的经济实力一直雄视地球。我认为中国在历史上有着那么悠久的辉煌，跟我们在这本书频频见到的格言含意着的哲理教育不可能没有关系。

结语

像钻石那类晶体石料不论，田黄是我见过的地球上最贵重最可爱的石料，尤其是本书内那两组前藏者用毛笔写下注释的田黄冻石，可遇不可求，应该是故老相传的位于寿山那一片面积不大的田地的中板宝藏了。自康熙以还，该小幅田地被挖掘过无数次，轮到我们这一代早就没有产出。人类就是爱石，尤其是有数千年印章文化的中国人。这些年，在不断的找寻下，出土的昌化田与老挝石，择其佳者，与田黄石有雷同之处，只是从灵气与温暖这两项重要的感受衡量，皆不可与本书示范着的相提并论。

印章文化与寿山田黄皆中国独有，我希望把本卷的印章放进一间博物馆去。但也希望留下两方自己写书法时用作闲章。皆乾隆之物，其一上刻"半榻琴书"，其二上刻"自强不息"。只这两方任何人皆可用作闲章。想是这样想，但多半还是会送进博物馆的。

五常谈艺术、文化与收藏

（二〇一六年四月八日在厦门大学的讲话）

各位同学：

　　不久前读到，下围棋，人脑斗不过电脑。不奇怪，因为下棋可以算进复杂的方程式。我不鼓励青年沉迷下棋。玩玩可以，沉迷不好。有两个原因。其一是下棋过于用心对脑子的培养可以有害。其二是下棋要真的下得好需要一种很特别的天赋。有这种天赋的不一定是聪明人，要是没有不管你多聪明不可能成为国手。

科学成就主要靠想象力

　　科学呢？有些技术需要训练。然而，回顾人类的科学发展历史，技术不是那么重要。伟大如生物学家达尔文，他在实验室的操作不到家！以我熟知的经济学为例，这门学问近四十年来走下坡，一个重要原因是偏于数学技术那方面发展，入了歧途。科学主要是论思想，即是讲内容。这样衡量，科学的成就主要是靠想象力了。自然科学与我熟知的经济学，足以传世的思想，不管是对还是错，一律靠想象力。科学思想要传世说难甚难，说易也易，但想象力欠奉传世机会是零。

想象力这回事，天生因素虽然重要，后天的学习也明显地有很大的决定性。以中国为例，我们的诗人想象力很了不起，但科学的成就却逊西方。我认为后者的不幸是后天的教育教坏了。这是为什么我对中国的教育制度——尤其是大学的制度——屡发牢骚。

艺术以表达感情为主

转谈艺术。艺术当然要讲技术，不容易，要多下功夫。论技术，我认为艺术比科学重要。一位技术超凡的画家，想象力不足道，其作品可以卖得起钱。有大成的艺术家呢？单凭技术不足够，加上想象力超凡也不足够——不可或缺的是感情的表达。后者是艺术的主要困难所在。科学是不需要表达感情的。

每个人都有感情。应该是天生使然吧。道金斯会说是源于自私的基因。所有动物皆如是。没有感情，我们难以想象人类可以生存。从成功的艺术作品那方面衡量，困难可不是感情的表达——这表达任何人都容易——而是作者要把自己的感情适可而止地传到观者或听者那边去。这是非常困难的：要触及观者或听者内心深处的和弦，艺术作品或大或小要有点震撼，要夸张得自然，也要有一种令人感到舒适的美。稍有俗气，一件艺术作品就完蛋了！

想当年，黄苗子给我上书法的第一课。他叫我拿起毛笔写几个字给他看。我胡乱地在宣纸上写了几个字，他立刻说："你可以学。"我问他为什么。他说："你的字没有俗气，过了最难的一关。"那是二十五年前。今天回头看自己的旧作，总是觉得有点俗不可耐。可见感情有真假之分，米芾说的"振迅天真，出于意外"谈何容易！

绘画艺术中国走下坡

论艺术文化，中国的历史传统了不起。当然，西方也有独到之处。从画作那方面看，从艺术的哲理衡量，西方要到十七世纪中叶才能与中国打个平手。他们的文艺复兴只不过是五百年前。十七世纪中叶他们出了一个伦勃朗，摆脱了旧宗教的约束，推出放开空间的画法，可与我们北宋时期的范宽比一手。约一百年后，比起西方，画作艺术中国开始败退。到了十九世纪中叶，法国的印象派光芒不可方物，我们是给比下去了。然而，法国印象派有几种阐释。我认为最可取的阐释是：感受上的真实比实物本身还要真。以这阐释衡量，所有中国的传统画作都是印象派。

十八世纪中叶起中国的绘画艺术开始走下坡是明显的。为什么呢？我们知道，在君皇时代，皇帝的取舍会重要地影响艺术的发展，中外皆然。在视觉艺术上，十八世纪中国的败退主要是源于乾隆皇帝这个人。乾隆重视艺术，可能是人类历史上最大的艺术收藏家。可惜此君的品味俗不可耐！这可见于他写下的几万首诗。我们不要骂乾隆。同样能干的法王路易十四，同样重视艺术，也同样俗不可耐。洛可可艺术是路易十四的影响。没有感情的华丽作品，是金钱加俗气的结果。乾隆时期的官窑瓷器，不是很有点洛可可吗？

民间艺术有可观

今天回头看，十八世纪中国的视觉艺术发展不是一律败退。民间的艺术发展有可观。这里我要特别提出的是寿山的石雕艺术。这门艺术的鼻祖杨玉璇是康熙时期的人，我找到的证据是他专为宫廷操作。到了乾隆时期的周尚均，宫廷之外他的民间作品多，卖得起价。再跟着的就是东门与西门派别的发展，了不起，而其中西门的林清卿的石雕艺术之高，令人叹为观止。可惜林氏的重要作品被一小撮人珍藏起来，今天的市场不多见。我曾经认为雕塑艺术中国逊于西方，但见到清卿的两件精彩作品后就改变了主意。另一方面，天赋甚高的扬州八怪也是乾隆时期的人，得不到宫廷的赏识，只能在民间卖小品。

中国的艺术哲理

说在传统上，中国的视觉艺术非常了不起，我没有夸张。同学们要找机会细看约一千年前北宋范宽画的《溪山行旅》那幅巨画（今在台北故宫，市场有很好的日本复制）。我为这幅画思考了很久，认为该画达到的境界到今天也不能被超越。该画不可能是碰巧之作，而是反映着一个伟大的艺术文化传统。

在视觉艺术的哲理上，中国古时达到的深度令人向往。各家各法多得很。这里我禁不住要例举唐代孙过庭写于公元六八七年的《书谱》。论上佳的书法，孙前辈教我们如是看："观夫悬针垂露之异，奔雷坠石之奇，鸿飞兽骇之资，鸾舞蛇惊之态，绝岸颓峰之势，临危据槁之形。或重若崩云，或轻如蝉翼。导之则泉注，顿之则山安。纤纤乎似初月之出天涯，落落乎犹众星之列河汉。同自然之妙有，非力运之能成。信可谓智巧兼优，心手双畅；翰不虚动，下必有由。一画之间，变起伏于锋杪；一点之内，殊衄挫于毫芒。"

书法没有画面，文字内容不重要，只凭点点画画来触动观者内心深处的情感，谈何容易？孙前辈是说：如此这般可以做到《书谱》三千多字，书法好，文好，字字珠玑，令人拜服。有人说那是论书法的一个序言，我认为是全文。现存台北故宫的《书谱》真迹缺少了好几百字，可幸也缺字的太清楼《书谱》拓本刚好有那几百字，合并起来我们今天可以读到《书谱》的全文。我建议同学们背诵这篇文章，学不到书法也学得什么是文气什么是文采。

西方的艺术哲理雷同

书法这种抽象艺术中国独有。中国历代对艺术哲理的评论有不少佳作，但也有好些过于抽象，我读不懂。我是个看不到皇帝新衣的人。西方视觉艺术哲理的言论，佳构不少。我欣赏梵高、莫奈、塞尚、毕加索、罗丹等人对艺术的看法——尤其是塞尚。这些言论不难找到，同学们要拜读。跟中国一样，他们说的来来去去也是怎样把作者的感情触及观者的内心深处。

美国诗人爱伦坡曾经写下如下的话："在最鲁莽的人的内心深处也有和弦；但若没有感情，这和弦是不能触动的。即使那些完全陷于迷惘之境的人，觉得生与死同样可笑，但对某些事物他们还是不能嘲笑的。"

爱伦坡早逝。在他的墓碑上有人刻上这句话："没有奇异的层面，不会有精致的美。"这不就是我们的孙过庭说过的吗？可见艺术的真谛，其哲理没有中外之分。人类就是人类，道金斯会说是动物的基因使然。

每个人都应该尝试艺术

在美国读本科时，我修西方的艺术史成绩好，获邀请做艺术史的助理教员一个学期。一九五五年，十九岁，学人家搞艺术摄影，第一天尝试我摄得的两张作品不仅入选沙龙，而且被印在该年的国际沙龙的年鉴上。一九五八年在多伦多我做过几个月的职业人像摄影师，其后为了帮补生计，在美国加州传授自己发明的摄影方法。一九六八年在长滩艺术博物馆举办摄影个展，盛况一时。想来是无聊玩意，但当时专研经济，日夕思考，很苦，凭一种艺术媒介发泄一下是有其需要的。

我认为每个人都应该尝试一下艺术的操作，不是要成为什么艺术家，而是要让自己的感情有个好去处。尤其是像我这种搞思想创作的人，遇到难题需要日夕思考，久不久总要找些什么来让脑子松弛一下。今天我找什么艺术媒介来尝试呢？摄影要跑来跑去，音乐自己的耳朵有点问题，绘画的色彩与工具可以弄得一团糟，雕塑要有一个特别的工作室。我于是想到书法。宣纸与墨汁皆相宜，可以乱写一通，而机缘巧合，让我一手买下"文革"时期制造的几百枝羊毫笔。老师呢？上海的周慧珺免费教了我多年。我是五十五岁才开始研习书法的。

以物为本考察讯息费用

我对中国的艺术文物的研究，是另一个故事。一九七五年春天，在西雅图，我对同事巴泽尔说我不同意当年盛行的关于讯息费用的几种理论。我对他说考察讯息费用要从物品本身的特征入手，即是说我们要找一些讯息费用奇高的物品，细察其特征，从而理解为什么这些特征会导致高的讯息费用，然后推敲市场会怎样应对。当时正准备到香港度长假，我对巴兄说会到那里考察产自缅甸的翡翠玉石。一九七五年我在香港的广东道花了两个月买玉卖玉，教我的专家朋友不少，可惜到今天我还是不懂得翡翠玉石的质量高低应该怎样看。但我后来还是推出了一个重要的玉石定律。这定律的起点，是讯息费用奇高的物品，没有专家做判断不值钱，跟着的有趣含意这里不说了。

解通了财富累积大难题

一九八二年回港任教职，八三年我转向研究产自寿山的田黄石。田黄也是讯息费用高，但跟翡翠不同。翡翠难分优劣，田黄难知真假。翡翠我学不懂，但田黄我算是学懂了。这些及其他收藏品的研究不仅让我写下在《经济解释》中很好的一章，可能更重要是让我推出一个关于财富累积的"仓库理论"。财富累积是近代经济学的一个大难题，曾经有四位大师尝试过，皆失败。

我的"破案"方法简单，从仓库的角度入手。累积财富是要有仓库的。所有金钱以外的资产都是仓库。你买一间房子，是仓库，房子的市值就是你的财富。这市值是由预期的收入折现而得。这里的问题是收入必有上限，所以作为财富累积的仓库，房子的市值也必有上限。如是推论，所有靠预期收入来折现而求得财富的资产，必有上限。这样看，如果一个社会只凭这类资产作为财富累积的仓库，到了上限，花不掉的钱要放到哪里呢？

这是一个无法找到均衡点的大难题。我破案的关键，是指出没有收入或不靠收入的收藏品没有市值的上限。只要加进这些收藏品作为财富累积的一些仓库，整个关于财富累积的仓库理论就浮现出来了。

中国文物出土了

在我一九八一年写好、一九八二年发表的一本小书中，我肯定地推断了中国会转走市场经济的路。凭着日本七十年代的经验，我跟着推断艺术或文物的收藏品，在中国将会出现一个很大的市场。这是为什么在考察寿山的田黄石之后，我转到其他收藏品那方面去。除了珠宝及一些现代的艺术品，其他收藏品的讯息费用甚高。古书画的讯息费用当然高，而在八十年代中期开始，中国的出土文物多，其讯息费用也高。

要判断一件收藏品的市值，有四方面的困难。其一是鉴别真假，其二是鉴别优劣，其三是判断其重要性，其四是衡量市场的接受性。鉴别优劣比较容易学，这里不谈。让我略说其他三项吧。

收藏品的真假鉴别

鉴别真假我采用的方法跟专家们用的有别，比较容易，但能过关而被我接受的机会较高。我的出发点，是艺术或文物收藏品我们一般不可能证明是真的。于是，我集中于找寻假的证据，找不到不能说是真，但可以接受。

以两年前吵得热闹的苏东坡手书的《功甫帖》为例吧。该帖只几个字，没有苏子的署名，拍卖成交价八百多万美元。有专家说是真，也有专家说是假。我怎样看呢？没有假的证据，可以接受。说该作是假的专家主要是两点。其一是字的笔触有点偏侧，不像苏东坡的字。但苏子写字不提笔，即是手腕按在桌上写，《功甫帖》的字较他通常写的大，所以略偏。其二是翁方纲的跋言，专家说字多挤迫，不像翁氏的字。但翁方纲这个人就是啰唆，空位不够他就要这样把字挤进去，何况印章绝对是翁氏本人的。要注意，我可没有说《功甫帖》是苏子的真迹——怎可以知道呢？

不可能知道。我只是认为没有问题，可以接受。奇怪是在这大争议中，我没有读到那几个字是不是写在宋朝的宣纸上。

是的，真不能证，但假可以证明。假冒得真假难分是很困难的事。我们可以从很多方面找到假的证据。市场伪作无数，懂得鉴别通常可辨，有时甚难。有时我明知是假也要弄来研究一下。

从作品重要性说小蛮腰现象

判断一件作品的重要性也不易。懂得判断不难赚钱，可惜往往要过了一段时日才知道。收藏有这么一个市场规律：同类的作品，假以时日，重要作品的价值上升，其增长率一般比普通的为高。同类作品，价格上升时一起升，但下降时重要的不降，或降很少。换言之，同类作品或同一作者，重要与不重要的作品的价格差距会因为时日的蹂躏而愈来愈大。例如我知道某名家的画作，同样大小，二十年前重要的三十万，普通的二十万，今天却变为二千万与二百万。重要的上升了六十多倍，普通的只十倍。理由是重要的精品数量一般甚少，在藏家的手会有顽固的收藏性：不容易买回来的作品不容易放手。

上述的假以时日，同类或同一作者，重要与普通作品的市价的比率会分离这个规律，解释了这些日子拍卖行的朋友告诉我，经济不妙，拍卖的成绩出现了一个小蛮腰。这是说，高档次层面的，总金额不变；中层的大跌；低层的只是略跌。这样，一个小蛮腰就出现了。要投资于收藏品吗？不是简单的学问！

推断市场向哪方走不容易

最后谈市场的接受性，牵涉到的是我曾经写过的财富累积的仓库选择。简化一点看，这是广东人说的成行成市的问题。珠宝、金饰那类讯息费用不高的藏品不论，书画与文物这些大有鉴证困难的物品，哪些会被市场宠爱呢？事后孔明，我们知道在拍卖行书画很吃香，瓷器一般，寿山石雕平平，其他杂项不碰巧卖不起价。不久前听到清代的金器很吃香。

能预先知道某项藏品会有可观的市场接受性当然有利可图，例如几年前你抢先收购清代的金器今天会是很开心的事。为什么你没有猜中？我没有猜，所以不中。让我在这里给同学们出一个试题吧。北宋的瓷器有钧、哥、定、官、汝这五大名窑。皆出土文物，今天不能在中国内地买卖，但总有一天会开放。同学们能猜中哪个窑会跑出吗？经济学可以推断这类问题，相当准，但要花时间考察，也要懂得把讯息费用的处理与我提出的仓库理论合并起来。

讯息费用高惹来的现象

讯息费用高的物品其市价的方差可以大得惊人。同类或差不多的物品，在不同市场其价之差可在百倍以上。懂得鉴证的专家要有相当长时日的考察投入，加上如果专家不亲自收藏不容易学得好。另一方面，有了可靠的知识，这些专家喜欢秘技自珍，不会轻易地传授外人。再一方面，有些基本上算不上是专家的，却大言炎炎，以专家自居来提升自己的身价。总之讯息混乱，不亲自拿着实物鉴察不容易学。

这就带到拍卖行这个有趣行业。原则上，一些拍卖行的存在是为了减低难辨真假的收藏品的讯息费用。我知道他们找鉴证专家比找拍卖物品更困难。他们都有鉴证专家，是否可靠却有不少问号。我绝不怀疑这类拍卖行初办时一律意图卖真货，因为这样才有前途，但发展下去的结果往往是另一回事。可靠的专家难找，没有疑问的物品难求，加上有问号的作品也可以沽出，可以赚钱，拍卖行当然也会卖假货。有大成的拍卖行懂得怎样处理。另一方面，有些物品满是问号的小拍卖行，其中也有专家认为是真货的。我认识两位专家朋友就喜欢到问号多多的小拍卖行去，以懂胜不懂，赚到钱！但这是很花时间而又要用心的工作。

造价的行为

还有另一个有趣的拍卖现象。因为拍卖行的成交价一律公开，而价高可以提升一个艺术家的身价，一些健在的艺术家喜欢造价，即是利用某些方法把自己的作品的成交价推高，是否真正成交是另一回事。一般而言，拍卖行无从约束这些行为，何况卖家造价拍卖行也照样赚钱。是不道德的行为吗？有趣的答案是不一定。

造价不成功的艺术家当然有；造价有中计的购买者也有。但我知道有些艺术家，以造价的方法把自己的身价造起后，此前购买了他的造价作品的终于赚了大钱。想想吧。一个艺术家把一件作品交到拍卖行去，后者估价五万，作者要十万底价。拍卖行说不要，艺术家担保可拍十万以上；拍卖行认为试试无妨，艺术家自己购回，交买卖双方的佣金，不容易说是不道德行为。天可怜见，造价造来造去也失败的艺术家是存在的。造价不成功作者要付大约估价百分之二十五的双方加起来的佣金。

不同意行内之见

上述我简略地说了我在讯息费用那方面的研究与见到的一些有趣现象，从一九七五到今天是四十一年了。有些发现与分析是写进了《经济解释》中，但大部分的细节还没有机会下笔。今天八十岁了，可能不会有机会写出来了。当年我对他家的讯息费用的分析有些什么不满意呢？有三方面，我皆认为不可以接受。其一是我的好友施蒂格勒的市价变差数（即方差）理论。施兄说因市价有方差，购买者要找寻，我却认为方差的存在是购买者找寻的结果。

其二是阿克洛夫在《柠檬市场》一文内提出的讯息不对称理论，例举出售旧车的车主对车的性能比购买者知得多，讯息不对称，劣车金玉其外，害得好的旧车车主不愿意一起卖出去。我认为正是因为这种不对称鉴定与修理旧车的中间人才会在市场出现。更重要是我认为在基础上阿克洛夫的出发点是错了的。说讯息不对称只不过是说讯息费用会影响行为，说了等于没有说。如果天下的人全部是蠢才，什么也不知，又如果天下的人全部是天才，无所不知——讯息费用的存在与不存在皆不会影响行为。说讯息不对称只不过是说讯息费用的存在会影响行为罢了。

其三是斯宾塞提出的讯号理论。这理论说雇主聘请员工，员工花时间成本提供自己的履历，这些履历各各不同，工资会有别，但工资的整体不变，所以提供履历的成本是浪费了。我认为如果一家工厂采用件工，算件数发工资就是可靠的生产力讯息，履历的提供是为了另一些事。时间工资是不会大幅地跟件工工资分离的。

上述三位的讯息分析很大名。说他们聪明当然对，说他们的理论有趣也对。可惜他们的理论没有通过严格假说验证，违反了实证科学必须通过的一关。施蒂格勒重视验证，但在讯息费用上他没有做好。

思想传世应走的路

以事实验证一个理论的一个或多个假说往往是不困难的工作，一般有趣，而最重要是这样写出来的文章传世机会远高于任何其他经济学文章。我恨不得自己当年能多做，选简单有趣的入手。我曾经发表过两篇近于举手之劳的验证文章，今天还有人注意，说不定传世会逾百年。其一是一九七三年发表的《蜜蜂的神话》，前前后后我用了三个月。其二是一九七七年发表的《优座票价为何偏低了？》，前前后后只用了两个星期。

可惜生命就是这样，过去了的日子不会再回头。但我们可以回头看。回头看，要是四十年来我从考察讯息费用所得而一篇一篇地发表像《蜜蜂》或《票价》那个水平的文章，可以容易地获两掌之数。思想要传世真的不是那么困难，问题只是要怎样处理而已。我是要过了从心之年，回头看自己发表了的作品，才意识到思想传世可以不困难。有趣的现象，得到巧妙的简单阐释，就仿佛是莫扎特的音乐了。

这里我还要给同学们一个重要的提点。在验证假说的经济学题材上我可以信手拈来，掷叶飞花，主要是因为自一九六九年起我喜欢在街头巷尾到处跑。我相信自己的眼睛，重视跟一个现象有关的细节。我认为最蠢的经济学者是那些意图解释没有发生过的事或没有出现过的现象。

转向研究出土文物

回头说中国的艺术文化，我们古时用物品陪葬这个风俗帮助了我们今天要知道自己的已往一个大忙。用物品陪葬这回事，其他文化也有——埃及某金字塔内找到的金器确实精彩。但论到物品的变化之多，其工艺的精妙，不同时代的演进，中国有的不可思议，绝对是人类文化的光辉。

大约一九八五年，中国的改革带来大兴土木，出土文物纷纷在香港的地摊出现，再过十年盗墓的消息时有所闻。我对讯息费用的考察当时还在继续，当然不会放过这些文物是真是假这个问题。尤其是，北宋的汝窑瓷器当时据说举世只有三件，价值连城，怎么在香港的地摊几百港元可以买到呢？想当年，汝窑的几种变化难辨真假，我要派人到河南的汝窑产地考察。看到他买回来的说明是仿制的汝窑，我才知道香港的地摊货不可能是现代烧成的。比起仿制，地摊货之价低很多，且远为细致、精美。当时还不能肯定地摊货是真还是假，但我意识到在物品讯息费用高的情况下，同样是真品，其价可以有很大的差距。换言之，讯息费用奇高的物品，我们不能从市价判断真伪或优劣。

集中收藏与集体失踪

我当然不赞同盗墓，但文物既然出了土，我们要悉心地整理、研究，务求对自己的文化演进知得详尽、正确一点。我要在这里提出一个有趣的观察：文物如果被一个或一小撮人集中地收藏起来，可以出现集体失踪的效果，也可能集体地再出现。欧洲的绘画天才梵高是个例子。在生时他的画只卖了一幅出去。谢世葬礼时他的弟妇要送给前来追悼的朋友，只有一两个人要一两幅。于是，弟妇集中地把他的作品收藏起来。后来一起展出，地动山摇！梵高的画作很少有署名，但因为被集中地收藏了，后人学得怎样鉴证。

在中国，艺术作品被一小撮人集中收藏的例子，我知道的有汉代的某类玉石作品，有元代宫廷烧制的青花与青花釉里红的瓷器，有杨玉璇的寿山石雕作品，也有林清卿的深雕石作。那大名鼎鼎的柴窑瓷，被一小撮人近于全部收藏，以致一些书本说没有柴窑这回事！这些曾经集体失踪的文物一律是精品，就我所知已经是那么多，还没有发现的应该无数。

我差不多可以肯定，在还没有打开的武则天的乾陵之内，有无数的中国古书画。据说唐太宗以一字千金举国搜购了三千多幅王羲之的字，为什么今天一幅真迹传世也没有？很可能全部埋在乾陵，慎重地保存着。也应该包括那今天不知值多少钱的《兰亭》。我们知道高宗精于书法，而武则天是个才女。记载说高宗把《兰亭》放进一个玉盒，答应太宗给他陪葬，但太宗谢世，着迷于书法的高宗怎会放手呢？又例如张旭的字。遗存到今天只有《古诗四帖》，没有署名，只是凭董其昌说是张旭的。天晓得是不是。《古诗四帖》的确精彩绝伦，令人向往。武则天谢世时张旭三十岁，已经挥毫落纸如云烟，说不定乾陵有多幅张旭的字。其他的古书画精品应该无数。最近在江西南昌出土的海昏侯墓，内里的有趣、精美的小金件我以前没有见过。可能又是被一小撮人集中收藏起来了。

研究文物要按时期处理

可能是我少见多怪，但在我考察讯息费用的过程中，从古文物见到的证据跟史书上的记载有出入。不再说书画与寿山石作，有几种工艺作品我们要注意几个时期。玉石作品起于六千年前的红山文化，极盛于汉，余不足道。重要的金属器皿起于商的青铜，引进金与锌的大变化见于春秋战国，唐太宗专于黄金与黄铜，余不足道。瓷器艺术的发扬光大起自后周的柴世宗这个天才，跟着的主要贡献者有北宋的徽宗，元代的忽必烈，明代的宪宗，清三代的三个皇帝与乾隆养着的道士郎世宁，余不足道。

我认为要是我们能有系统地研究今天见到的文物，中国的历史有好些细节需要修改。我也认为在中国的大学的本科课程中，要有一科必修的中国文化艺术。是那么精彩的已往，那么有趣的学问，那么值钱的知识，怎可以不多知一点呢？尤其是，当我们见到那些几千年前炮制出来的文物，想破了脑袋也不知道凭当时的科技怎可以造出来，我们会知道自己的先天智慧了不起。

十二、启示录（三篇）

经济学的传统假设在局限下每个人会争取最大的利益。人类自取灭亡的行为不容易在这假设下推出来。然而，从历史的经验看，这个结局是可能的。这组文章的第二及第三篇尝试提出这悲剧的理论架构。

海啸的启示

二〇〇五年一月四日

海啸杀人如麻。动笔写此文时，人死十三万多，但这数字只是失踪数字的一个小比率，最终的死亡数字高达数十万不足为奇矣！是大自然的现象，无从预测。潮来快如喷射客机，潮去速似狂龙缩舌，凡遇正袭，生命不堪一击。

老外的电视说，非洲西部有一个火山岛，如果爆发崩裂，海啸会于八个小时后抵达北美，整个北美的东岸会夷为平地。该报道又说，好消息是十万年才一次，坏消息是今天大约是十万年。更坏的消息是必会重演，问题是时日罢了。这种报道历来夸张，但我不怀疑大自然要怎样就怎样，不是人类可以更改或防止的。起码到今天，人定胜天的说法是梦话。

朋友，不要为这次海啸的遇难者悲伤吧。从大自然的角度看，他们的生命，跟你和我的一样，无足轻重。大自然创造了人类，也可以毁而灭之。人类学的考证记载得清楚。以地球的历史看，差不多所有生物都是昙花一现，人类的命运应该也是这样的吧。以侏

449

罗纪式的时间算，人类的存在可能只是一瞬间，还可以存在多久只有天晓得。

尘归尘，土归土——既然来自尘土，我们总要回到尘土那里去。这样说，很有点宗教味道，而我认为不少宗教是从这哲理演变出来的。人类的时间是侏罗纪式的时间，什么时候终结没有人知道，可能是一百万年后，也可能是明天。我们个人的时间，以地球历史算，短得无法量度。

朋友，大自然说我们的生命微不足道，随时可以像蚂蚁般受到毁灭，而从大自然看，个人的长寿其实短得无法量度，我们要怎样处理自己的生命才对呢？逻辑说，没有知识的生命会选择打家劫舍，或弱肉强食，享受一天算一天。有知识的生命会选择工作产出，谈情说爱，养儿育女，而又因为我们的脑子是万物之灵，争取知识，搞点创作，希望自己的思想或感情的表达可以传世，虽然从地球的时间看怎样传世也是很短暂的。

是二十一世纪了，人类的知识与文化发展了起码五千年。但我们今天怎样选择自己的生命路向呢？打家劫舍的比率下降了，弱肉强食在文明的招牌下，换了一只羊头。是有知识的工作与说爱的生命吗？可能你和我自以为是，但应该不是大多数。

是对人类很大的讽刺。打开报章看，一些人说为了伸张正义要阻止某公司上市，另一些说为了穷人、劳工与教师，要争取福利；一些说为了民生要加速政改，另一些说投票会解决一切；一些说为了宗教信仰要以自杀搞恐怖，另一些说要领导世界……全部是为人不为己。就算我不怀疑他们的意图，但从大自然的角度看，这些言论与行为皆不合乎短暂生命的理智选择。经济学的逻辑可以解释，大自然的逻辑看来解释不了。

难道上苍有知，认为人类不理智，要来一次海啸杀他一个数十万？难道大自然认为什么原子核弹是那样小儿科，略动半个小指头来表演一下？难道高得不可思议的连电脑也可以想得出来的人类的脑子，在更不可思议的宇宙中，其实是愚蠢得不可思议吗？

从全球暖化说人类灭亡

二〇〇七年二月二十二日

　　最近一位同学替我在网上开了一个"五常问答室"，好叫老人家能表演一下。提问的读者多，可惜大多数的问题没有大众趣味，不宜回应。一天选答一题，回应简短，没有大众趣味的选不上。不少问题是同学问功课。这类常见于个人电邮，太多，答之不尽，只能选小部分回应。

　　这"问答室"的处理，要跑出课堂之外。困难是：有大众趣味的题目，一年何来三百六十五条呢？希望有兴趣的读者能参考一下该"室"答过的问题，知道我选的是哪类题目，帮忙一下。

　　问题牵涉广泛的，我会考虑在这里以长文回应。一位在夏威夷的读者，用英语出题，翻成中文如下："你信奉亚当·斯密。他的'无形之手'导致全球暖化。海上的冰块正在融化。水淹地球将至。如果你有权指使联合国，会怎样挽救人类呢？"

　　我敬仰亚当·斯密是衷心的。深知世事的大思想

453

家极为罕有，斯密前辈是其中一个。当师友们说我纯走亚当·斯密的路，我感到高兴，也感到骄傲。但敬仰是一回事，同意是另一回事了。当年写博士论文，我不同意斯密前辈的分析，手起刀落，批评长达三页之多（见《佃农理论》三十二至三十四页）。后来写《经济解释》，我指出亚当·斯密的一个重要失误：他高举自私给社会带来的贡献，却轻视了自私给社会带来的祸害。后者是说，自私可以增加交易费用。从悲观的角度看，这后者可以导致人类灭亡。

先说一下无形之手吧。我是为公司理论画上句号的人，而所谓"公司"者，主要是增加了有形之手。一九八一年，对交易费用有了深入的理解，我指出如果没有交易费用，世界上不会有市场。市场是一种组织，凡是组织，必有交易费用存在，而组织的选择是为了减低交易费用。后来科斯与阿罗都同意这个新观点。今天，香港的中学生也略知大概了。

严格来说，无形之手是假设交易费用不存在，而亚当·斯密把市场看为无形之手，有点互相矛盾。斯密前辈当年没有想到交易费用那方面去。我们今天说无形之手，从新观点看，是指除了政府监管权利界定，市场大可自由，虽然市场也用上非政府的有形之手。好些学者，像哈耶克，不懂个中道理，反对政府干预于是成为一种宗教。这些人可以大名鼎鼎，但没有解释什么。经济宗教与经济科学是两回事。

亚当·斯密主要是搞经济科学的。从自私给社会带来利益的角度出发，斯密前辈熟读历史，知道制度的安排在历史上是有转变的。他于是想出适者生存，不适者淘汰的哲理。这哲理深深地影响了后来的生物学天才达尔文。在达氏的多产论著中，我们往往见到 economy of life 这一词。可想而知，适者生存，不适者淘汰，是为了 economy，那么肤浅地看，生存是好的，淘汰是坏的了。

问题是"适者生存，不适者淘汰"是套套逻辑，说了等于没说——只是提供了一个重要的角度看演变。人类灭绝，定义说是不适者，究竟是好还是坏呢？既然是不适者，灭绝，应该是好，但好在哪里呢？这是价值观的判断，不是科学。达尔文当年是知道某些生物种类遭淘汰了，因为某方面有所"不适"。他当时的资料，可没有告诉他某些繁盛之极的生物，可以一下子惨遭淘汰。是的，我说过，人类的自私可以淘汰人类，把人类灭绝，从达尔文的角度看，是不适者淘汰，遵守着 economy of life 的规律！

转谈全球暖化，冰山融化，水淹地球，若干年后人类可能因而灭绝。我相信吗？相信的科学家愈来愈多，今天近于一致认同，我没有资格不相信。如果全球暖化真的可以毁灭人类，可以挽救吗？原则上可以，但需要交易费用——包括讯息、洽商与监管费用——够低。有商有量，不难找到大家同意的方案。问题是讯息费用是大麻烦，加上人类自私，各持己见，就是找到了同意的方案，要大家按章遵守难于登天。

地球水淹，足以毁灭人类的，恐怕是数百年之后的事了。朋友，如果没有全球暖化这回事，你认为人类可以多活数百年吗？说实话，我自己不乐观。上苍有知，多活一百年我也不敢担保，几百年看来有点苛求了！

想想吧，只不过是六十二年前，第一个核弹爆于日本。跟着核武竞赛，只三十年后，所有报道都说人类有足够的核武毁灭全人类好几次，跟着近于核战的传言屡有所闻。今天，不能肯定有多少个国家拥有核武，而大家不难理解，有些国家显然认为拥有核武会增加他们的安全感。这边厢核武竞赛死灰复燃，那边厢不惜一死的恐怖活动天天有。朋友，如果核武落在不惜一死的人的手上，你认为他们会珍惜人类的存在吗？

只六十二年就发生了那么多的不幸的事，再加六十二年还不会有核战吗？三百年呢？或然率站在哪一边不是专家也知道，思之能不怆然哉？

从悲观的角度看，有时那些高呼地球要减温的政客，给我有点伪君子的感受。灭绝人类的法门，核武之外还有生化、病毒等，可以随时发生，怎还有闲情逸致去管什么暖化的？轮到地球水浸，为时甚久，人类还存在是大幸了。我恐怕还没有真的水浸，地球会因为人类不存在而冷却下来，到处都是冰。

事生于世而备适于事。人类今天面对的首要任务，可不是约束全球暖化，而是要设法杜绝所有战争与恐怖活动。困难吗？当然困难，近于不可能，而这也是因为人的自私，使交易费用过高，洽商与监管皆极难。连不互相残杀那么简单的事也无从处理，人类怎还可以透过洽商来把地球降温呢？那么浅的问题也没有人提出，蠢到死！

是宇宙的悲哀。所有科学证据，都说只有地球机缘巧合，有生物存在。当年教授说，就算有了地球的独特天气，生物出现的或然率，仿佛把无数砖块抛到天上去，掉下来时刚好砌成一间房子。所有科学证据，都说在生物中，只有人类长出一个可以思想推理的脑子。是很大的讽刺。达尔文（Richard Dawkins）的名著说，所有动物皆自私。我今天说，人类的自私，有很大的机会会因为脑子了得而毁灭自己。可不是吗？如果动物的发展止于猩猩，不会有核武，不会有恐怖，也不会有全球暖化这个现象了。这样，从达尔文的角度看，脑子了得是不适者！

朋友，就让我发点牢骚吧。让我在这里猜测一下，先把人类历史写出来。要不然，等到人类灭绝，有谁会动笔呢？

世界末日好文章

二〇〇七年三月八日

拙作《从全球暖化说人类灭亡》于二月二十二日发表后，一个网站的首天点击达二十万。分析性的文字有这样的点击率，全凭地球满布炎黄子孙。两位我认识的美国经济大师，一文只有数百至千多点击，何况区区在下的文章有无数网站转载。

同胞人多，某些玩意容易地把鬼子佬比下去。姚明出场，电视观众五百万。郎朗每年演出近二百场，场场爆满。当然了得，但同胞够多有助焉。李云迪每年只演出数十场，当然爆满。我认为演出较少是明智的。

前些时对朱锡庆说，中国发展快，市场大，往往容许政府犯错！公路、机场、桥梁等，新建成时没有生意，要亏蚀，但几年后就生意滔滔了。私人投资也可以乱来一下。九十年代中期，世界百分之十七的建筑起重机集中于上海，五年内建成香港需要五十年才建好的商业楼宇面积。当时一般空空如也，楼价跌得七零八落，但略为开放金融，几年爆满，听说一位香

459

港投资者购入银主盘，赚了一百倍。人多，发展快，盲目投资也可获甜头。我恐怕有一天到了饱和情况，中计者无数。

回头说分析性文字的点击率，个人的经验，爆棚主要靠两点。其一是提出的要浅而对，其二是没有人提出过。是非常困难的巧合，而奇怪地，愈浅，骂你的人愈多。在同学替我注意点击率之前，有两篇大热。一篇写类聚定律，说欢场女子在同一场所的相貌很平均，因为她们不能把价格挂在胸前，增加了讯息费用，所以相貌类聚。浅而新。一篇写假货，说好些假货替真货卖广告，产出真货的厂商不一定会反对冒牌货的盛行。好比劳力士手表的假货到处都是，真货的销量这些年一定急升了。也是浅而新。

上文提及的较近的三篇大热文章，其论点也是浅而新。建议打开秦陵，说如果永远不打开，等于没有！广州人均年收入逾美元一万，但没有算进流动人口，我说是摆空城计！至于人类灭亡，则源于脑子了得成为不适者！

点击归点击，文章归文章，《从全球暖化说人类灭亡》是几年来我写过的比较称意的作品。难道读者中有那么多识货之人？该文涉及的学问广泛，机缘巧合，我都学过。科学方法的要点拿得准，分析逻辑井然，而理论含意推得够深入。不容易，要碰巧才能写得出这样的文章。从做本科生时说起吧。

近二十四岁才进入洛杉矶加大读本科，超龄五六载，我要在两年内完成四年的课程，而自己坚持要选修大师教授的课。当时在加大读经济本科，校方规定要选修五个学分生物学。起初选一科五个学分的动物学，进入课室，老师派了一份厚厚的讲义，其中数之不尽的字汇我没有一个认识，不对头，知难而退。于是选修一科三个学分的人类学。教授是大名鼎鼎的population专家，不是指人口，而是生物盛衰的演变。教得好，我读得用心。到了第二年的最后学期，要毕业了，但生物学我还要多修两个学分。于是选修一科名为"生命的起源"（The Origin of Life）的，也是仰慕教授的大名了。

教授开头说故事，好听的，殊不知过了几个星期，物理与化学的方程式排山倒海而来，我毫无根底，何况那些是高级的物理，高级的化学。蓦然惊觉，十多位学生中，只有我一个是本科生，其他都是生物研究生。过了转科日期，该学期毕业是无望的了。硬着头皮挨下去，希望拿个"D"，算是及格。

大考五题，懂其一，略知其二，余下两题完全不懂。殊不知放榜成绩是"A"！去问教授何解。他说我不懂的两题其他同学也不懂，我略懂的两题他们也略懂，我懂的一题答得最好是我！那是关于生物population是如何决定的。我只是从选修过的人类学那科搬过去，简单地写下一条方程式，整个答案只几句。

这样的生物进化根底当然微不足道，但毕竟是受到两位高人的教诲，得到启发。从这启发中我想，既然无数的生物不复存在，人类会不会有灭绝的一天？过了几年，美国太空人成功地登陆月球，我想，终于有一种生物可以凭脑子发达而增加自己的生存机会了。这想法不持久。

为了写博士论文，我从头细读亚当·斯密的《国富论》，知道达尔文的进化论是受到此公的影响。然而，斯密前辈所说的农地制度演变的史实是明显地错了。跟着中国的人民公社与"文革"的经验，使我意识到制度的演变不一定是向增加人类生存机会那方面走。

人类会否因为自己的愚蠢而毁灭自己呢？愚蠢？人不是万物之灵吗？就是再蠢也比其他动物的智力高出不知多少倍。亚当·斯密不是说人的自私会给社会带来利益吗？Dawkins 不是说为了生存，所有动物都有自私的基因吗？但中国为什么会有人民公社，会有"文革"，香港怎会有数十年的租务管制？人类怎会不断地互相残杀呢？答案只有一个。自私无疑可以给社会带来利益，但自私也可以增加交易费用或社会费用，只要这些费用因为自私而变得够高，人类可以毁灭自己。在这样的局限下，人类因为脑子了得，发明了可以毁灭自己的武器，有不少机会会因为自私增加了交易费用，导致宇宙没有出现过的生物自取灭亡。只有人类可以做到，因为只有人类才有足以毁灭自己的"智慧"。

六年多前动笔写《经济解释》，刻意地追随斯密前辈，不用任何方程式或曲线。理论架构起自他的，不少地方替他改进；不够精确之处也容易改进；历史的经验与实例的观察，晚辈优胜理所当然。问题是斯密前辈重视自私给社会带来之利而漠视其害，忽略了交易或社会费用这项重要局限，后辈补充要大费思量。

重要的突破是写《经济解释》时，我察觉到"适者生存，不适者淘汰"是套套逻辑（tautology），是定义（definitional）上的事，不可能错，但说了等于没说，本身是没有解释力的。然而，科学方法说，套套逻辑虽然没有解释力，因为不可能错，但往往提供一个重要的角度看世界，懂得加进内容的可以凭这角度推出可以被验证因而有解释力的理论来。

我于是加进两项局限：脑子了得可以发明毁灭自己的武器，自私会增加交易或社会费用。这样看，脑子了得不会毁灭人类，自私也不会，但二者的合并，人类自我毁灭绝对可以发生。不适者淘汰这个套套逻辑还是不可能错的。

十三、父母儿女（四篇）

曾因酒醉鞭名马

一九九〇年三月三十日

　　我是个失败过很多次的人。失败本来是一件痛苦的事，然而，这痛苦很短暂，过不了多久又再尝试。对我来说，胜利的欢欣比失败的痛苦远为持久，所以虽然败多胜少，但在心底里老是觉得自己是个优胜者。

　　这可能是天生的品性吧。我的儿子跟我一样，对失败处之泰然，不断尝试。记得八二年回港后，我建议儿子以考试的办法进入本地的中学。到一所颇有名望的学校去查询有关入学的资格，校长很客气，说我的儿子在美国长大，英语不用考了，但数学要考。然后他拿一份数学试题的实例给我看，我一看就知道儿子不可能及格。美国小学所教的数学是理论，不是数学问题的解答，所以香港初中的数学比美国的深得多，而我见到的试题大都是儿子从未学过的。

　　回到家里，对儿子说："明天你要考数学——但不用准备了，你是不可能及格的。"他没有回应。到了凌晨四时，我见到他的房间有灯光，跑进去看看。原来他正拿着一本美国小学的数学课本在温习。我百感交

467

集，怜惜地说："我不是说过准备也没用吗？那些数学你根本没有学过，怎可以在几个小时内修补呢？"他说："我也知道没有用，但不想使你失望。"后来十题中他只懂三题，一败涂地。晚饭后，儿子跑进我的书房里，坐在旁边，问："爸，你对我很失望吧。"我庄重地回答："怎可以这样说？你多长大一天，我对你的期望就多一点，怎会因为你考试考得不好就改变了主意？"

是的，克服困难的胜利使我有满足感。但每逢比赛、考试、研究——这些都是竞争——我要胜的是事物的本身而不是对手。例如下棋吧，我要争取的是一局好棋，走几步神来之着，对手是谁，名气大小，都不重要。搞摄影，我希望获得的是一些隽永之作，至于我是否比其他摄影者高明，倒无关重要。他人下了一局好棋，或拍得一帧佳作，我爱之如己出也。读大学时考试，我追求完美而有新意的答案，分数如何不介于怀。在课室上发问，我寻求的是一些新的角度，不管同学们怎样想。做研究，所得的结论要使自己有满足感。前辈或同行中的竞争者的结论如何，对我是很少影响的。

这种对事而不对人的竞争，胜与败的最后评判者还是我自己。例如，做学生时一篇文章获头奖，但我认为是二等货色，很失败，就不能不尴尬地写信去要求取消奖状。另一方面，这样为胜"事"而竞争，会使人觉得我喜欢独断独行，一士谔谔，有时甚至如醉酒步行，难以捉摸。这不是因为我故作神秘，而是因为对事不对人，使误会者觉得我是把他们轻视了。有某些自以为在跟我竞争的人，我根本不知道他们的存在。

对事的竞争，取胜绝不会比对人的容易，而二者的胜负分布也有不同。譬如下棋吧。我与棋王或普通棋手下棋，胜负的机会相差不很远。不管对手是谁，但求棋走得潇洒，妙着迷人而过瘾，往往给低手难倒了。但假若胜了棋王，而自觉下得平平无奇，我是会感到失败的。

这样的对事竞争，会使一些胜了我的人奔走相告，但名家却往往招架不住。在学术上，不少大师级的人物给我无意识地、不经意地"杀"下马来。本来是令人尴尬的行为，在美国的教育环境中，竟然得到不少大师的鼓励，花更多时间来教我。上赫舒拉发的课，我脑子集中在分析上，往往在无意间"逼"他将分析修改。传统接受了近二百年的佃农理论，因为我要解释一些中国农业的现象，就把这理论全盘推翻了。科斯为了盛极一时的"界外效应"理论不明所指，而说出他的困惑，这一提点，使我有所领悟而证明根本没有"界外效应"这回事。某些大师以为我有意针对他们，其实我对他们很敬佩，但老是提不起劲去细读他们所写的关于"界外效应"的文章。

我的兴趣很广泛。因为要胜事而无意识地把名家"杀"下马来的例子，在经济学之外还有五六样玩意。

郁达夫的诗潇洒绝伦，记得其中某首有一联"曾因酒醉鞭名马，生怕情多累美人"。名马我是鞭过的。虽然在鞭时没有喝酒，但也像醉酒那样，不知马是谁的，无意识地鞭下去。至于美人呢？她们毕竟是人而非事物，可不是我竞争的对象了。

* * *

写好了以上的文章，我好奇地重读郁达夫那首诗，发觉竟然适用于今日的中国，不胜感慨！但那差不多是六十年前所写的了。在这漫长的风风雨雨的日子里，炎黄子孙没有一天不遭受折磨，以致昔日的豪情烟消云散。我认为郁前辈所发的潇洒牢骚，在今天中国内地没有谁再可以发出来。兹录全诗如下：

不是尊前爱惜身，佯狂难免假成真。

曾因酒醉鞭名马，生怕情多累美人。

劫数东南天作孽，鸡鸣风雨海扬尘。

悲歌痛哭终何补，义士纷纷说帝秦！

后记

我那名为张思远的儿子在中学的成绩平平，但进入了西雅图的华盛顿大学就起飞了，本科毕业成绩冠于全校。跟着他两个博士一起读，花十年一起拿得医学博士与生物学博士，今天从事医药研究与发展，据说属世界级人马。

二○一九年七月八日

我的父亲

一九九一年一月二十五日

父亲积劳成疾，在三十七年前去世了。那时我十七岁。他享年仅六十一。患了肺病多年，到最后，五脏都有问题。医生说，父亲既不吸烟，也不饮酒，而又没什么奇难杂症，只因为工作过度，营养不好，于是孤灯挑尽，回天乏术也。

父亲有十一个儿女，我排行第九。他长于旧中国的家长制度中，年青时头上还留过辫子。他比母亲大十三岁，我出生时他四十多岁了。在有众多孩子的中国家庭里，排行低的没有什么人管教。我在十六岁之前，没有正正式式地跟父亲谈过几句话。母亲一向勤于自己的工作，而孩子又那么多，对我也就无暇管束了。家中各人见父母不管我，除了骂我顽皮之外也没有什么管束的行动。可以说，从童年到青年，大部分时间我是个"自由"人，但也因此养成很强的自主性。

话虽如此，从青年时起，我就觉得父亲是我所知的最伟大的人。他十二岁那年从惠州跑到香港来工作，在一个富人之家当役童。父亲名张文来，是一个

473

客家式的名字。"文来"二字不知是谁起的，很古雅，是我听过的客家之"文"字辈中最有文采的了。

富人有点良心，让当役童的张文来跟他本人的儿子一起到湾仔书院就读。可惜读了三年，就要停学了。原来我的父亲貌既不惊人，才也不出众，沉默寡言，手脚笨拙，反应迟钝。朋友们给他起了一个外号，叫做"大懵来"！在湾仔书院读到第三年，富人的儿子考试不及格，不能升级，富人就大发脾气，招"大懵来"到面前，问："你及不及格？""及格。""那么你考第几？""第一。"富人一巴掌打在"大懵来"的脸上，说："胡说八道，为什么要骗我？"富家子在旁代为解释："他真是考第一呀！"富人说："他生成这样子，考第一也没有用，下学年不要再到学校去！"这样，我的父亲就没有再进学校了。

很多年后，父亲告诉我，富人因他读书考第一而给他一巴掌；不过这一巴掌倒打醒了他，使他发愤图强。虽然在本世纪初的香港，出头的机会有的是，但要图强也不是那么容易。父亲离开富人的家后，转做挑石块与用锤子碎石头的工作。后来他的右肩比左肩低，是由于挑石的损害所致。其后他在西湾河的街旁摆卖香烟，再其后转到天祥洋行当电镀学徒。

父亲好学，其勤奋与耐力是我平生所仅见。自觉是"大懵"，他就将勤补拙。他的英语大部分是自修得来的。若夸口一点说，我的英语文字在美国略有微名，但几年前重读先父在四十年代所写的商业英文书信，自问不及！是的，父亲的英语说得不好，英文下笔时很慢，但写成后的文字是博士级。行文诚恳、清楚、畅通；文采斐然。他的中文也如是，且字体魄力雄强，可与书法家相提而并论。

在天祥洋行当学徒时，父亲不只学电镀，也利用工余时间自行研究电镀。有了心得后，他半翻译、半自著地写了一本电镀入门的中文书，成为香港工业发展初期的电镀经典之作。父亲去世后，香港的电镀行业尊敬他，把他的生日作为师傅诞，直至今日还是如此。天下师傅多的是，但父亲被同行纪念，可不是因为他的电镀技巧超人一等，而是因为他对同行的忠厚有口皆碑，他们于是就对之尊师重道起来了。三十年代初期，父亲离开了天祥，创办"文来行"，卖电镀原料，也向买者免费指导电镀的方法。

五十年代初期，我很多时在文来行见父亲向电镀行业的工作者解释技术上的问题。有一天，我们几个孩子在店中活动，一个不相熟的人走进来，高声嚷道："张文来在哪里？"他跟着跑到父亲面前，神气十足地将一个手电筒搁在父亲面前的桌上，说："你觉得怎么样？"父亲把电筒拿起来看了良久，点点头，那位不速之客把电筒拿回后，仰天大笑而去。

我们几个孩子破口大骂，说这个人没礼貌，不识规矩。父亲轻声说："你们少说几句吧。这个人的电筒，在镀了铬的面上局部‘上’了黑色，没有半点瑕疵。这种上色的技术我研究了多年也办不好。香港没有谁能胜他。他感到骄傲，溢于言表，是应该的。"

我认为今天香港在国际上有那样的经济地位，是因为这个城市曾经有不少像我父亲和那位不速之客那样的人。

（二）

我在上文提及，我长于中国传统的家庭，而且在家里众多孩子之中是排行第九的；因为父亲儿女多，便一向对我少注意。但在他去世前的一年，他却对我关怀备至，突然对我重视起来了。

在中、小学时，我念书的成绩不好，家里的人都知道；父亲认为我没有希望，理所当然。我在皇仁念书时，逃学多，上课少。我逃学，是为了要跟容国团研究乒乓球，跟徐道光下象棋，跟舒巷城谈诗论词，也跟欧阳拔英学书法。某日，一位亲戚到家里找父亲，当时只有我一人在家，于是我写下一纸，说某人曾经到访。父亲看了该字条后，遍问家中各人：纸上的字是不是阿常写的。过了几天，另一位朋友到访，问及文来行的台湾分行地址，父亲说："叫阿常来写地址。"家人都觉得奇怪。那时是晚上，我已入睡，而地址谁不会写？但父亲坚持要我写，那么姊姊就把我推醒，写地址去也。

我抹抹惺忪的睡眼，把他们说着的地址写下来。父亲说："拿给我看看写得对不对。"姊姊说："我看过，是对的。"父亲说："你懂什么？给我看看。"他看了好一阵，问我："你的书法从哪里学来的？""跟欧阳先生学。""学哪家字体？""先学曹全，再学张迁，现在学的是娄寿。""学碑？为什么不学帖？""欧阳先生说字的基础是汉碑。"父亲点点头，不再说什么了。后来欧阳先生告诉我，父亲曾多次找他，问了很多关于我的事情。

过了几个月，父亲身体欠佳，病重，进了一个时期医院后回家休息，再不回店工作了。那时我没有学校收容，闲来在家，父子对谈的机会大大地增加了。老父幼子论世事，说前途，使我对父亲有难以形容的亲近感。

一天，母亲说："你爸爸在家里闷得发慌，他自称是象棋高手，你可不可以跟他下棋，替他解闷？"我于是拿了象棋，跑进父亲的房间，摆开棋盘，对父亲说："阿妈要我跟你下棋。"他喜形于色，说："你也懂得下象棋？"我坚持让他先行，然后以列手炮连胜他三局。他问："你的象棋从哪里学来的？""跟徐道光较量过，几天前他胜了李志海。"

父亲听着，说："你读书不成，但我也读不到几年书。你不喜欢读书，不读也罢。多年以来我不管你，没有留心你的发展，见你在校成绩不好，就认为你没有希望。现在我对你的看法改变了。我认为你是可造之材，前途比我认识的所有青年还要好。你不读书，到文来行学做生意，也是好的。但你可不要忘记，我对有学问的人五体投地！"

这几句话改变了我的一生。父亲死后，我到文来行工作了两年，其后有机会到北美求学；灯前夜读，要休息时，想着父亲的话，疲倦之身又往往振作起来，走到书桌前，聚精会神地把书再打开。一九六二年的春夏之交，我跑到洛杉矶加州大学的外国留学生管理处，索取移民局所需的学生纸。该处的女秘书说："处长要见你。"我以为大难将至，殊不知处长说："我要跟你握手，因为三千多外籍学生中你的成绩最好。事实上，我没有见过这样成绩的学生。"一时间我想起昔日父亲的话，禁不住流起泪来。

像父亲从前一样，一九四八年起我也是到湾仔书院念书的。有一回，我在家中偷面包给一位同学吃。母亲发现了，大兴问罪之师。父亲要见我，把我吓得魂飞魄散。父亲说："你为什么要偷面包给同学吃？"我回答说："他的成绩很好，但没有钱吃午餐。"父亲说："这样的学生是应该帮助的。你替我每月给他三十元吧。"

抗日战争期间，听说日军快要到香港岛来，母亲买了大量的花生麸、油、盐之类的维生食品。香港沦陷后，在西湾河澳背龙村所在的山上，父亲把这些粮食与邻居分享。一九五四年，他死后的清晨，我家门前挂上白布，邻居都知道发生了什么事。过了一天，白布满山皆是，到了晚上，我听见邻家的哭声。在殡仪馆的晚上，我见到一位白发苍苍的工业界知名人士，跪在父亲的棺前哭泣。

父亲是信基督教的。他是现今还在的圣光堂的执事。教我书法的欧阳先生，曾经是广西的一位县长，年纪老了，来到香港，不名一文，衣食无着。父亲照顾了他。父亲与世长辞时，欧阳先生以他最擅长的石门铭字体写了一副挽联："五年海角我栖迟，推食解衣，至荷高谊；一旦天堂主宠召，抚棺凭吊，难尽哀思。"

我的女儿

一九九二年五月二十二日

龙生九种，各各不同！我只有一儿一女，但还是各自不同。哥哥比妹妹大十四个月，对他俩，我无分彼此——同样的爱，同样的教导。然而，哥哥与妹妹的个性各走极端，没有相似之处。

哥哥兴趣广泛，妹妹对任何事都缺少兴趣；哥哥凡学习什么都全力以赴，妹妹不闻不问，"一于少理"——她求学也似乎只是为了"应酬"爸爸；哥哥好奇，有书必读；妹妹呢，不到考试临头，连书也懒得翻一下，课外读物更不用说了。

是的，我很少见到一个作风比我女儿更散漫的青年。去年圣诞，她回港一行，我到机场接机，见到她有两大皮箧行李。我把行李一提，感到轻得出奇，回家后打开一看，原来内里的衣物乱七八糟，像废物那样七零八落。女儿的房间，更是奇观也。衣服、杂物铺满了一地，连床上也是杂货摊似的。她睡的地方，只占床上的一小角！

481

女儿十九岁了。她三岁时进了西雅图的一所幼儿学校——那是当地华盛顿大学为一些特别幼儿而设的。她九个月时，未学行就学会讲话，但因为家中不说英语，初进幼儿班时英语完全不懂，于是在班内哭个不停。哭了一个星期，幼儿学校的校长给我电话，说我女儿这样哭不是办法，而又因为教师与她言语不通，无从劝导，希望我每天早上能陪同女儿上课。我于是每天陪着女儿上课数十分钟，但当她发觉我溜走了，就大哭依旧。如是者过了三个月，教师和我都束手无策。一天，女儿在班内突然不哭了，对老师开口说话，一口流利的英语把老师和我吓了一跳。

华大的幼儿学校是为天才儿童而设的——叫做"实验学校"——要进去不容易。因为我当时在华大任教，该幼儿学校就额外通融，特许我的儿女无须考试而取录。女儿读了一年，幼儿学校的校长对我说："你的女儿是个天才，我们想把她特别处理，要尝试一个新的教天才的方法。"我吃了一惊，坚持女儿不是天才，婉谢了。这是个高明的否决。后来女儿到了十多岁时，问她什么也说不懂，向她解释一些问题，说来说去她也不明白，令我既头痛也担心。但见她学校成绩很不错，也就算了。

我这个凡事不懂的女儿，有一种特别的功能。有一回，在香港的英童中学读书时，数学要大考。明天要考试，她今天才发觉自己不明白。临急抱佛脚，她请了一位补习先生，教了她两个小时。就这样，考该试的成绩是全班之冠。

自小请人教女儿弹钢琴，她学得很懒散，勉强学了八年，我不再坚持，放弃了。我见女儿对画无师自通，画得很不错，就极力劝她拜黄黑蛮为师。黑蛮教得很用心，大赞她的进境。殊不知女儿静静地对也在学画的一位朋友的太太说："你不用再买宣纸了，我可以将全部宣纸送给你！"

十七岁，女儿进了华大，问她要选修什么，她说不知道。于是随便选科。她的法文成绩如有神助，于是每个学期都选一科法文，贪懒而非好学也。她与哥哥是一起进入华大的。兄妹同选一科只有一次，那次选的是人类学。大家要交文章习作，哥哥老早就写好了，天天修改，修改了一个月才交出去，获一百零三分——那三分是特别奖。妹妹等到交习作的前一天，晚上十时才开始动笔，一个小时后就睡觉去也。她那习作所获的，也是一百零三分。妹妹于是向哥哥哈哈大笑。

前年圣诞节，我到西雅图与儿女相聚，见到计算机打字机旁搁着一篇文稿，一读之下，甚感诧异。该文行文简洁，内容充实，清楚明白，文采斐然。我想，这不可能是儿女写的吧？或许他们练习打字，把他人的文章作"练打"之用。殊不知一问之下，才知道是女儿写的。

我于是带着沉重的心情，要女儿坐在身旁，对她说："你写文章的天分很高，应该是你祖父遗传的吧？像你那样毫不做作的文字，我也不容易写出来。我唯一的批评是，形容词可以不用就不用；在你那篇习作里，有几个形容词是可以省去的。你应该考虑一下选修英文创作。"

自此以后，女儿果然多选修一些英文科目，而且阅读得较多了。她交出去的文章习作，大都获得满分。作文获满分是不容易的事。但愿我这个对什么学问都没有兴趣的女儿，会在文字上找到她的兴趣。

英文很难学。由于学术上的需要，我曾经下过二十年的英文苦功。跟一般人一样，我初学时英文写来有点花拳绣腿，左扭右曲，不能单刀直入。我要经过很多时日，才知道简练之可贵，才懂得把要说的话，简洁地直说出来。

女儿懒惰成性——懒读，也懒写。在中学时不知文章为何物，她进了大学，要交出作文功课，就下笔成文。这个现象的唯一解释，是女儿把任何事都看得很简单。对她来说，世界上似乎没有什么复杂的事。要她清理自己房间的杂物，她就一脚两脚地把杂物扫进衣柜去。她写文章似乎也如是。毫无机心地下笔，文章写来好像"不食人间烟火"，不用转弯抹角而复杂化。那是没有受到"污染"的文字了。

是的，无论怎样复杂的问题，我的女儿总是有她自己的一套简单的看法。自己认为好的就说好，坏的就说坏；对的、错的、美的、丑的、清楚的、难明的，女儿似乎都把这些各归各地处理。在日常生活中无所事事的她，下笔时句法"直入"，用字肯定，如刀落下，切得深，读得明。于是，文章读来使人有入木三分之感。

真的，文章之道，有时应该是这样简单的吧。

后记

女儿在西雅图华大读本科的成绩仅略逊于她的哥哥，而她用英语下笔的文采如有神助，应该是她的祖父遗传给她。本科后女儿决定不进入研究院！我感到可惜，但不勉强。今天女儿是两个天赋有可观的孩子的母亲。

二〇一九年七月八日

子欲养而亲不在

一九九二年九月二十八日

这篇文章发表时，母亲大概已去世了。

执笔写此的前一天，不省人事近二十日的母亲，血压的上压下降至六十多度，群医束手；她老人家看来不容易多活一两天。

昨日到医院看母亲五次，在床前替她朗诵《圣经》，也在她的耳边高声说了好些爱她的话。我每次这样说时，她的血压上升五六度。昏迷不醒多天的母亲，似乎还能听到什么。

晚上我睡得不好，因为每分钟都担心医院会打电话来。清早起来后给医院挂个电话，知道母亲还在，但绝不是"健"在了。既然医生说她复苏的机会是零，我实在不应对母亲的病继续"关切"的。然而，正如罗曼·罗兰所说："绝望之为愚妄，正与希望相同。"愚妄地，我总是希望有奇迹出现，希望母亲能清醒两三分钟，对我粲然一笑，让我能对她诉说那一大堆我似乎还没有说得清楚的话，使她欣然而去。

时间就是那样无情。数十年来，我要对母亲表达自己对她的爱，机会有的是，但放过了；我总是觉得没有尽一己本分去做，或做得不够，远为不够的。今天，我要做的，要表达的正多，但太迟了。我老是想，只要多添两分钟的时间，我就可以一洗前非。然而，这只是妄想而已！

自八九年六月四日母亲在西湾河的街旁跌倒，进院留医已有三年多了。在这期间，我对她说我爱她，何止千遍。说一声爱，何其容易也。母亲从来没有说过爱我，但在行动上她对我无微不至。

我深感遗憾的是，母亲健在时，我没有好好地以行动表现我对她的爱。这一点，母亲是不同意的。在医院中，她重复又重复地对医生和护士们细说我从幼年起怎样孝敬她。说的大都是些陈年"典故"，我自己也记不起来了。连自己也记不起的事，有等于无，是不足以自我安慰的。

母亲今年九十二岁，算是长寿了。然而，近数年来，我不是期望她能享永寿之年，而是希望她能愉快地度过最后的日子。在医院卧病三年多了，最后的十多个月里不能说话，不能进食，自己不能呼吸，但大部分时间她脑中还是很清醒的。这样的生活，长寿一年或短寿一年似乎不大重要，重要的是在清醒时感到开心。我为母亲最后的一点愉快尽其最大的努力，但总是觉得有所不逮。这可不是说母亲是一个难于满足的人。正相反，近三年来，她很容易就笑逐颜开，只要说一两句她喜欢听的话，她就落力地点头，笑得甜甜的。我于是安排太太与儿女，多抽点时间到医院去探望，而我妹妹是医院的护士长，当然更加卖力了。他们都说，母亲卧病时一反常态，成了一个容易开心的人。话虽如此，我还是觉得自己做得不够，远为不够的。在内心深处，我实在有点难以形容的内疚。

毫无疑问，母亲是唯一可以想也不想就为我作出任何牺牲的人。虽然我自己的儿女也曾对我这样说过，但我总是有点疑问。只有母亲——我是毫无疑问的。对一个肯为我作出任何牺牲的人，我根本不可能作出足够的回报，不能不无愧于心。

树欲静而风不息，子欲养而亲不在，奈何！

十四、结语篇（三篇）

七十自述：我是怎样研究经济的？

二○○五年十一月十五日

（一）

天才的定义，是先知先觉。定义说，我不是天才！我的经济思想永远起于外人的感染或提点。后知后觉，本领是"觉"得快，一位高人还没有说完我就想象到没有人到过的地方。老师说不容易教，但喜欢教，朋友则认为是脱缰之马，无可救药，但欣赏我天马行空。

还有两项本领。其一是学得快。两年的微积分课程我曾经在一个星期内自修找到要用的，但用后一个星期就忘记了。学得快，暂时用不着的通常不管，临急抱佛脚，知道可以这样过关，求学时只集中于自己有兴趣的。

其二是年轻时，记忆力奇怪地可以收发自如——要记久可久，记暂可暂。调查研究记文件，知道只要记几个月，可以记数以百计的，研究做好后几天就忘记了。写论文从来不先做密密麻麻的笔记：脑子仿佛录音带，要记得就录下来，要忘记就洗掉。是说年轻时，五十岁后渐渐退化，今天荡然无存了。

一九五九年，还有两个多月二十四岁，进入了洛杉矶加大做本科生，先读商，一个学期后转经济。年岁让同学五年可不是真的让：曾经逃过难，挨饥抵饿，也做过生意，对世界的认识比同学高很多。这根底影响了后来选走实证研究的路。不久前科斯对他的助手说，经济的实证研究没有谁超越张五常。

两年本科读得杂。经济为主，校方规定起码要选四科副修。在历史与数学之间选了历史。老师阿伦（W. R. Allen）说，一个经济学者不知历史是天下奇闻。连经济史、思想史与艺术史，一共修了十科，比正规的本科经济还要多。有兴趣，过目不忘，历史读得比经济还要好，而在图书馆内喜欢选历史书籍解闷，加起来是半个史学家。

一九六一进入了研究院，认真学经济。两项发展对我后来的研究思维有大影响。其一是高级的理论课程愈读愈糊涂：老是不明白为什么会有产品市场与生产要素市场之分。老师说来说去听不懂。这使我意识到马歇尔的新古典理论架构，伟大中有大不足。后来一九八三年发表《公司的合约本质》，推翻了该架构，再后来进入了新纪元，以三卷本的《经济解释》提供新架构，前后一贯，没有半点勉强接驳的痕迹。

第二项发展可能更重要。这是科学方法论引起的验证问题。曾经吵了十多年的经济科学方法大辩论是老师阿尔钦一九五〇年的一篇文章搞起来的。更重要是二十世纪的逻辑学大师卡尔纳普（R. Carnap）当年在洛杉矶加大任教，做本科生时修过他的课。经济系的布鲁纳（K. Brunner）教授也在旁听。可以说，当年在该校的经济研究院，我和几位同学对科学验证的方法知得广泛而深入。

Brunner 是了不起的经济学者，是二十世纪货币理论的顶级人物。他处理学问的严谨，对逻辑的要求，是我平生仅见。一九六三的春季他教宏观经济，我在座，学期中途，投资与储蓄相等这个均衡老话题吵了起来。书本的解释，用上 ex-ante、ex-post 等字眼，无理说不清，同学们给 Brunner 骂了整个小时。最后教授澄清，看得到的投资与储蓄永远相等，因为是同一回事，但看不到的"意图"投资或储蓄，只在均衡点上相等。我立刻想到"微观"经济的需求与供应那方面去：购买量与销售量看得到，永远相等，因为是同一回事，但需求量与供应量是意图之物，看不见，真实世界不存在，说在均衡点上相等只是逻辑上的概念。

均衡只是一个概念，看不见，真实世界不存在，想到这一点，对自己有很大的冲击。到图书馆考察，知道均衡（equilibrium）是从物理学搬过来的术语。

物理的均衡是看得到的，是真现象，但经济学的均衡是空中楼阁，是概念，真实世界不存在。肯定了这一点，我发觉数之不尽的经济文章得个"讲"字，半点解释力也没有。

怎会有那么多人发神经呢？找老师阿尔钦诉苦，原来他对经济学的"均衡"在真实世界不存在早就想过，大家研讨后，同意所谓"均衡"者，是指有可以被事实推翻的验证含意，而"不均衡"则是说理论无从验证，没有解释力。后来自己再想几年，得到的结论，是不均衡起于局限条件指定得不够，要达到理论的均衡点，我们要把有关的局限条件加上去，直至可以推出被事实验证的含意——那就是理论逻辑所说的均衡了。

一九六九年的春天，驾车带科斯从温哥华去西雅图，途中他说经济学的"均衡"没有用途，应该取缔。我对他解释了不均衡是指没有可以验证的含意，而均衡是说指定的局限条件足够，推得出可以验证的假说。大家于是同意，只有在这样的理解下，经济学的均衡概念可以保留。

经济科学的进展令人失望。四十年过去了，今天的学子甚至专家有多少个知道经济的均衡只是概念而非事实呢？前些时写了两篇文章批评博弈理论，其中提到需求量只是概念，看不见，不是真有其物，据说传到北大的网站，同学们把我骂个半死。难道北大的同学戴上新发明的数码眼镜，可以看到鬼魂乎？他们的老师究竟是教什么的？

后知后觉，当年得到老师 Brunner 的提点，知道重要，做梦也想着什么看得见什么非事实，然后推到很远很远。理论往往从抽象起笔，但验证却要用可以观察的变量，于是，抽象与验证的转接要靠局限条件的引进，是要可以观察到的局限，其转变要可以量度，一般需要简化，至于怎样选择局限条件，怎样算是有关，怎样算是无关，怎样简化，皆要以理论的约束为依归。

我在何谓"量度"这个话题下过大功夫，对边际变动的处理有广泛的理解，比靠数学的边际分析高出太多了。到后来，怎样推出可以被事实验证的假说我想得快，局限条件的加加减减熟如流水行云。

一九六九年，在研究公海渔业的租值消散这话题上，执到宝，知道这消散可以通过多种竞争准则，知道只有市价这准则没有租值消散，知道有应该消散而不消散的租值存在，理论不可能对，再过两年知道消散的租值一定是在局限下最低的。这些加起来帮一个大忙，很大的。从解释现象的角度来衡量理论或假说，通不过上述的租值消散的逻辑，一定错。要知道理论可否解释世事还要加工，但要知道理论的经济内容是否错则易如反掌。惹来非议，因为听人家的理论或假说，往往只听几句就知道是错，忙顾左右而言他。

（二）

我是洛杉矶加州大学最后一个不用选修微积分而拿得经济学博士的人。今天数学用于经济大行其道，但此行也，历史不是那么久。我做研究生的六十年代初期，代数不成而还读出成绩的，几何一定好得出奇。想当年，几何曲线我可以多条用得到处飞。

然而，写博士论文《佃农理论》，整个结构与答案我先用脑子想出来，以几何证之只用了一个晚上。后来赫舒拉发说我的理论应该可用微积分证出，找数学书翻阅，再证出来。后来又用另一套几何曲线再证。心底里有点不服气，既然脑子可以想出来，何必用数学证来证去，多此一举？跟着一九六九写成今天还受到重视的《合约的结构与非私产理论》，想得通透，整篇写好了初稿，手痒起来，要学人家加些方程式进去，于是自己发明。华大同事西尔伯贝（E. Silberberg）见到，说："这样难看的方程式，你从哪里找来的？"我问："数学对吗？"他答："对是对，但那么难看，见不得人。"我说："是我自己发明的，你不妨替我改进。"他改了，美观得多，但细想后我还是用自己难看的，因为要保存自己的发明。一九七二写好了《蜜蜂的神话》，为了解释方便用了一幅几何图表。科斯说："这样漂亮的文章，为什么你要用几何污染它？"一九八三年发表《公司的合约本质》，为科斯的荣休而作，半个符号也不敢用。后来杨小凯把该文翻成数学发表，竟然批评我不懂得用数。思想是我的，半点也没有想错，小凯的数学证来证去只证明我对，就想不出理由自己要用数学了！

有些人——百年一见——像阿罗，数学经济神乎其技，在我面前表演过，天才无疑问。我认为阿罗值得拿第二个诺贝尔奖。但如果把一个经济难题放在面前，想斗想，他不一定想得比我快，或比我深入。有些人，像弗农·史密斯（V. Smith），曾经对我说没有方程式不能想，拿得诺奖是他的本领，替他高兴，但我自己推理时是不用方程式的。

毫无疑问，思想的方法因人而别，达者为师，很难说哪种方法比较优胜。七十年代中期我写过一篇关于座位票价的文章，供应需求变化复杂，弹性系数记不起多少个，很适宜用方程式处理。但我就是不用，单凭文字思想一个周末完稿。后来一位同事用数学证来证去，找不出错处。

一九六八年，在芝大，哈里·约翰逊（H. Johnson）说我是发展经济理论的希望，但要多学数。一位数学教授跟着自荐，要教我数，细想后没有学。当时决定了走实证研究的路，理论愈简单愈好，用不着数。后来我把用得着的经济理论简化为一条向右下倾斜的需求曲线，把所有局限作为价格处理，变化万千，困难是局限变化的考察。到了西雅图华大，同事巴泽尔（Y. Barzel）更不鼓励我学数。他认为要用数我可以发明，而以方程式思考不可能想得像我那样生动过瘾，变化自如。

经济研究，思考方法不同要用不同的工具，而研究目的有别，理论的掌握有不同的重点。有时同一问题，从不同的角度入手，或用上不同的工具，分析会不同，但大家处理得对，结论应该一样。科学逻辑使然也。科斯喜欢从成本入手，我永远是需求定律，结论若有分歧，一般是因为大家的假设不同。

搞理论经济是怎样入手的？我不是专家，你要去问阿罗，或问萨缪尔森。福利经济呢？我劝你不要搞。不可能有客观结论的经济分析，无聊玩意而已。搞实证经济——经济解释——回报率最高，也用不着天才，但要在真实世界到处跑。实证经济我是专家，告诉你怎样入手，怎样发展下去吧。

搞实证经济的第一步，是要找到一个需要解释的现象或例子。一定要是实例，虽然在推理时想象的例子可以用。这入手的实例要有趣味，要奇异，要没有人成功地解释过。实例是否重要不要管，因为开头看似不重要的，最后推出的理论假说可能有重要的一般含意。

奇异与有趣重要，因为推出新意比较容易，而完工后的文章有吸引力。困难是研究的人对选出来的实例要知得很多，有关的其他行为或现象也要跟进。对实例一知半解，容易误导，解释的假说跟着错。昔日伯恩斯坦（M. Burnstein）解释全线逼销，施蒂格勒（G. J. Stigler）解释电影套售，特尔沙（L. Telser）解释零售限价，皆有趣而又奇异的上佳实例，可惜这些大师调查得不够详尽，忽略了实例的一些重要细节，分析于是出错。然而，错归错，他们的思维对我有启发，我是感激的。这样看吧，搞纯理论，弄错了拿零分，见笑天下，但搞验证或解释，大错特错也有机会获五十分。

曾经说过，最愚蠢的学者，是那些试图解释从来没有发生过的事。如此类推，发生过的事我们不容易看得准，看错了重要的细节，受到误导，推理出错，与解释从来没有发生过的只是远近之分。这解释了为什么我那样执着，坚持对世事的调查要彻底，亲自跑到街头卖桔、卖玉。可以说，凡是动笔分析的现象，我的所知一定达到专家水平，往往比行内的人知得还要多。

是非常头痛的学问。现象或行为的重要细节稍有差池，为之解释而推出来的理论假说可以因为一小点误导而铸成大错。这解释了为什么我从来不用访问或民意调查那类资料，而当我深入调查某行业时，口述提供的资料我要再三地从其他渠道审核才相信。七十年代后期研究石油工业，获得的关于石油的质量与价格的数据绝对是顶级、可靠，但以这些作统计的回归分析，我对这技巧抱怀疑，要从其他角度再考证。政府或机构提供的数据，是怎样搜集而获得的，我必定查根问底，他们不从实解释我会把数据丢进废纸箱。人的生命短暂，中计几次就日暮黄昏。

曾经提及，一九六九年从芝加哥转到西雅图任职，之间的暑期空出两个月回港度假，看看母亲。当时已经发表了今天被誉为是应用价格理论的经典之作的《佃农理论》，又在芝大的经济研究院教过理论，怎样打折扣也算是个经济学专家，应该有本领解释一般的市场现象。然而，当时在香港观察到的，十之八九我不能解释。我想：物理学家不会这样尴尬吧。结论只有两个。其一是经济理论根本不管用，若如是，我要另谋高就了。其二是经济理论其实可作解释，只是经济学者对世事知得不多，理论太复杂，是以为难。若如是，我要多到街头巷尾跑，不断地把理论简化。

后来在街头巷尾的真实世界跑了三十多年，把经济理论简化得只剩需求定律与局限变化，解释现象得心应手，引以为傲。这发展过程不幸地惹来非议。不少人说我放弃了学术，到处跑街赚钱，或说我的数学不成，没有学报发表我的文章。皆胡说八道。

(三)

说喜欢在街头巷尾跑，找资料，求灵感，试验证，是说喜欢在日常生活的场地观察，好奇地看世界。一门实证科学（empirical science）不能没有实验室。经济学的实验室不是什么政府统计部门，也不是校园里的办公室，而是大家日常生活的场地。到处跑的治学态度会使不知就里的外人误解，但有三个明显的好处。

其一，现场考察，细节可以信手拈来，辅以不耻下问，现象的可靠性格外高。好比六九与七五年在香港跑工厂，调查件工合约，得到启发，八二年写成今天受到重视的《公司的合约本质》。朋友告诉我其他学者对件工的分析，老实说，我认为他们不清楚件工是怎样的一回事。

其二，考察街头巷尾的现象成本低，变化多，种类不同，细心观察不难发觉有趣的现象琳琅满目。有时不劳而获。好比七五年在香港，我无端端地察觉到较佳的座位票价偏低，只几分钟想出答案。跑了几晚电影院作验证，回美后一个周末完稿。这篇有趣文章七七年发表，今天行内朋友认为是珍品，一些说是后来有人获诺贝尔奖的效率工资理论的前身。

其三，街头巷尾的现象一般是小现象，但麻雀虽小，五脏俱全，解释了小现象可以用同一解释推到大现象去。很多很多的小现象，加起来是一个小世界，放而大之，就成为自己的宏观经济学，与学院教的是两回事。比方说，九六年末我说香港会有多年的经济不景，九七年说香港的失业率会从百分之二升到百分之八以上，此外对中国的经济发展推测过无数次，很少错，而这些是用上自己从小世界推出来的大宏观。

一九六八年决定不走纯理论的路，因为觉得不容易有大作为。早一年，写好了论文《佃农理论》，知者哗然，使我以为是创立了一个新理论。但老师阿尔钦说，是传统的，结论与前人不同，因为前人把传统的用得不对。没有错，我的佃农理论来来去去只用一条众所周知的向右下倾斜的边际产出曲线，可以看为是向右下倾斜的需求曲线，其他加进去的全部是传统的局限，没有新意，我只把这些配合得精确，新的理论验证含意就跑出来了。后来几次认为自己是踩中了新理论——例如公海捕鱼的租值消散——但细看不是，自己的贡献只是把传统的旧物搞出新变化，前人没有那样想过，算是创新，但新理论却谈不上。

说过了，比起物理学，经济学的理论浅得很。经济学的困难是实验室只有真实的世界，不容易控制变量，调查不易，而局限条件的考察与处理相当头痛。然而，考察现象与鉴定局限的困难正是经济研究的趣味所在。我不傻，不会毫无兴趣地在街头巷尾跑了数十年的。

回头说自己作实证研究的起点，永远是一个有趣而奇异的实例，以解释这实例或现象入手。这解释有时来得容易，有时难于登天。为恐费时失事，我们当然要估计解释某现象的困难程度，局限考察的时间要多少，想一下找到了答案其贡献价值为何。说实话，这些估计不容易准确，往往令自己失望。然而，与行内的朋友相比，从命中率看，我又觉得自己可能一马当先。后来想通了，一个经济学者穷毕生之力，可以解释清楚一个有趣而奇异的现象，于愿已足。这样看，我是个非常幸运的人。

为一个奇异的现象找到了解释，其理论假说多多少少有点新意。做验证，找不到反证的实例，就达到重要的派彩关头了。自己的思想有多少重量要到这一点才可以衡量。是的，有了足以解释一个现象的假说，我们要把这假说一般化，推到其他有关的现象去。要讲彩数，也要讲推理一般化的真功夫。

很多时候是失望的。假说验证过了关，一般化地推下去，可能被其他实例否决。遇到这样的不幸，要客观地考虑，看看自己提出的某方面过关某方面过不了的假说应否保留，或在哪方面可以修改然后再推下去。有时假说容易一般化，找不到反证的实例，但假说的本身不够新奇，或浅得老土，或他人早就说过了，会有空走一趟的感受，不好过。

成败得失，思想之外要讲自己的品味。选择需要解释的例子讲品味；有了解释的假说，一般化向哪方面推也要讲品味；要修改假说使之一般化，哪方面要保留，哪方面要放弃，推理本领之外品味也重要。品味这回事，不容易明白，我自己的处理是凭直觉走，那就是自己认为是过瘾的方向了。

成功地一般化的思想是否重要，能否传世，往往要很久之后才知道的。经得起时日蹂躏的思想来得不易。一些思想或假说红极一时，但过了十年八载不知所终。另一些初看平平无奇，但过了一些时日，注意的人愈来愈多。这方面我也幸运，到今天还没有一篇认真动笔的英语文章惨遭淘汰，只可惜行内的众君子不早一点拍掌。

在我这辈子的学术生涯中，碰出大彩的实例，莫如科斯一九五九年考察的音波频率，一年后他大补一手，写出后来被称为科斯定律的大文。虽然今天科斯还在投诉其影响力不够，我认为他是过于苛求了。想当年，他的大文一出，其重要性我立刻知道，花了三年时间研读，行内不少朋友也同样重视。受过批评，遭到漠视，而我自己也曾指出其逻辑有错，但不管怎样说，科斯定律会被将来的经济思想史誉为二十世纪最重要的思维。这里要说的，是这思维起于一个小而奇异的音波频率在空中互相干扰的实例。

我自己因为台湾的土地改革，当局管制农业产出不跌反升，想出了佃农理论；因为母亲没有见过父亲而嫁给他，使我从交易费用的角度解释了中国的传统盲婚合约；因为香港战后的天台木屋怪现象，创立了价格管制理论；因为花中的糖浆可以成交，发表了《蜜蜂的神话》；因为中国不让恐龙蛋出口，推出了贪污的一般理论；因为公海捕鱼的租值没有全部消散，提出了合约结构的理念……如此种种，以英文动笔的有十多篇，大约十篇看来会传世。

街头巷尾数十年，有趣而又奇异的例子实在多。多年以来，我通常有十个八个这样的实例在脑中转，一时想想这个，一时想想那个。年轻时，想通了一个，清楚了，可以一般化，认为有重量，就动笔为文。到了中年，解通了的实例愈来愈多，写之不尽，于是英文按笔不动，等到六十五岁，以中文写三卷本的《经济解释》，选较为重要的一口气地写了出来。医疗的发达，使我当年推断自己六十五岁还健在，果然还健在。

有些朋友说我在六七十年代作出过重要的经济学贡献，之后不再。这观点是不对的。六七十年代的作品近于学生习作，可观，但不够大气，没有洋洋大观的经济范式。六十七岁完工的三卷本《经济解释》，融会贯通地提供了一个新而完整的理论架构，示范的实例无数，前无古人，比六七十年代的零散作品高得多了。是从街头巷尾跑出来的。

一蓑烟雨任平生

二〇一六年八月

（按：二〇一五年十二月一日，我八十岁，科斯在美国创办的学报 *Man and the Economy* 二〇一六年六月以一整期的文章为我打个招呼，当然是颂赞之辞了。该学报的主编王宁向我提出长达八页纸的问题，要求我回答，都是关于我的已往典故。我动笔回答了三几个问题后，认为过于零散，遂决定给他写这篇不长的学术自传。他第一个问题是问在中学时，我是不是个丙等学生。原文英语，作者自己翻为中文，顺便作些修改。）

说我在中学时是个丙等学生是不对的。我没有在中学的第一年升过级。后来一九五七到五九年我在多伦多补修过一些中学课程。在该市我遇到一位名叫王子春的人。知道加拿大不会有大学收容我，他协助我申请美国的大学。这样，一九五九年的秋天我进入了洛杉矶的加州大学，近二十四岁，成为一个超龄的本科生。该校当时对超龄的申请者有格外宽松的取录准则。

509

一、引言

没有机会再见到子春是我深深的遗憾。七年前，我有机会见到他的弟弟子辉，知道子春已经谢世了。我欠子春实在多，因为他相信我。他认为虽然我超龄而又没有大学收容，只要有机会，在学问上我会超越他认识的所有正规成长的学者。

我抱歉在洛杉矶、芝加哥与西雅图那二十三个年头，很少与子春联系。那段时期我忙于读书与研究，研究与读书。最后一次跟子春联系是一九八二年，我寄给他刚出版的《中国会走向资本主义的道路吗？》那本小书。他回信说那是一位大师的作品，而如果我的推断准确，将会名留青史。

二、在荒野长大

童年时，自己有兴趣的玩意我一律比其他孩子优胜。但我是不幸的。虽然出生于一个富裕的家庭，刚满六岁日军占领了香港。一九四二年我的母亲带着她的十个儿女中的七个逃难到中国内地去。我们是难民，经历了三年的饥荒日子。这里那里母亲把我放进学校，每一两个月要转校，哪个课室有空位就把我放进去，是哪一级没有谁管，也没有选择。一九四四至四五那一整年，我没有机会吃过一碗饭，晚上在广西的一条贫困的小村落的一间土房的地上睡，日间在田野游荡，偷取那些贫苦农民的什么东西给自己和妹妹吃。

那时，因为营养不足，我的手与脚开始腐烂。一位医生对我的母亲说妹妹和我不会活下来。但母亲是个勇敢的人，她决定让我背着妹妹在荒野觅食。她认为这样搏一手总要比没有机会生存优胜。奇迹地，妹妹和我今天还活着。

在那可怕的岁月中，有两件事给生命一点意思。其一是在那没有纸笔的小村落，有一位也是逃难来的曾经是教中国古文的老师。他带着几本古文与诗词的书，晚上我替他找到些枯枝生火，他喜欢借着火光朗诵。很多个晚上他这样朗诵，不到一年我记得不少古文与诗词。后来一九八三年底，开始用中文动笔时，我把古文与白话文合并的风格获好评。很多中文字我不懂得怎样写，因为我的中文是听回来而不是读回来的。一个讲座教授需要雇用外人修正别字是好些年香港的街坊闲话——这可没有阻碍中国内地的一些大学老师要求学生阅读我的中语散文。后来我索性学习中国的书法。虽然五十五岁才开始学，今天我的书法作品在拍卖行出售，收到的钱捐出去。相宜的，但卖得出去。

第二件事是在田野流荡了一年，我对中国农植的认识掌握到一手的资料。后来在一九六六年的秋天，用中国的农业数据验证佃农理论的多个假说时，我对那些数据的阐释显示着的洞察力与想象力，使老师阿尔钦（Armen Alchian）与芝加哥大学的两位约翰逊（Harry Johnson 与 Gale Johnson）大声叫好——后者竟然邀请我在芝大教了一科农业经济。这些农业数据的阐释可见于一九六九年在芝大出版的《佃农理论》的第八章。没有在那广西的贫困小村饥荒过一年，该章不可能写出来。

三、学校的失败与街上的成功

一九四五到五四年，我读过三间学校。一间是广州近郊的佛山华英附小，其他两间是香港的湾仔书院与皇仁书院。这三间都是有名的老字号，我的表现在三间皆劣等！然而，这三间的每一间都有一位老师不管我的失败，对我说有朝一日在学问上我会走得很远。一九八二年回到香港大学做经济学的讲座教授，我找到两位当年在香港教我的老师——湾仔书院的郭炜民与皇仁书院的黄应铭——感谢他们在我求学失败之际给我的鼓励。当我在二〇〇五年找到那位在佛山华英附小的吕老师的所在时，却听到他在二〇〇三年谢世了。我欠着这个人，因为一九四八年他不给我及格时，对我说将来在某时某地，我会以思想知名，超越了他认识的所有学者。在我离开华英之前，吕老师带我到校园的一个静寂的角落，要我跟他一起坐在一块石板上，向我解释，说我读书失败是因为我想得过于奇异了。他说华英附小没有老师可以教我，包括他自己。但他猜测将来在某个地方我可能遇到一个可以教我的人。当时是乱世，共产党快到广州，很多人都在逃。我也如是，一九四八年从广州回到我出生的香港。我十二岁。

当年我在学校的失败可能被街头巷尾的成功抵销了。十一岁我是广州的中国跳棋冠军；十五岁，为了要赚点零用钱，我可以闭目跟三位下象棋的人一起对弈三局。一九五二年我教一位比我年轻三岁的没有学校收容的孩子乒乓球，这个徒弟一九五九年在匈牙利获得世界乒乓球的男子单打冠军。在香港我以钓技雄霸筲箕湾海域，以弹珠子与掷毫雄霸西湾河的沙地，以放风筝雄霸天台，而奥背龙村的山头飞鸟都给我捉光了。一九五五年，十九岁，我拿起一部摄影机，第一天尝试就摄得两帧作品入选香港沙龙，而且两帧皆刊登在该年的国际摄影年鉴上。只在学校我失败。但因为有街上的多项成功，我不认为自己是个失败者，很想知道需要做些什么才能东山再起。

四、父亲的鼓励

我的父亲只有机会读过两年书。凭自修他的中、英二文都写得漂亮。他不爱说话，有自己执着的原则，是香港工业发展初期的一个有成就的商人。父亲谢世后，香港的电镀行业把他的诞辰称为师傅诞。作为一个大家庭的父亲，他很少在我童年成长时跟我说话。他一九五四年谢世，我被逐出校门的那一年。我十八岁。

父亲谢世前两个月，召唤我到他入住的医院的房间去看他。那是第一次父亲与儿子的认真谈话了。只有他和我两个人。他说历来知道我在学校的成绩差，因为生意忙碌，他抽不出时间教导我，表示歉意。他说曾经放弃了我这个幼子，认为没有希望，但他是改变了这想法。他说一年来他邀请了知道我的人去见他，问了很多关于我日常做些什么，得到的观点是我是他平生知道的最有前途的青年。

最后父亲说："在学校读书不成不代表事业的终结。医生们说我只有几个月的生命。我离开后你要到我的商店工作、学习，等待另一个机会再去争取学问。你要记住，我平生最敬重的是一个有学问的人。"

三年后这另一个机会出现了。我为父亲遗留下来的生意，花了二十多天的旅程到加拿大多伦多去，为的是要跟该市的一位镍条出口商讨论镍条进口香港的问题。因为美国的压力，当时镍条不能运到香港。两天后我想出解决的办法，多伦多的出口商接受。但那时，我决定不回香港，默许地放弃了父亲的生意我应分得的权利，换取每月一百加元的生活费资助。在多伦多我求学无门，在挣扎。一年后我遇到王子春。当时二十二岁。

五、在学校为何失败

今天，作为一个老人，回顾已往，我不难解释为什么早年我在学校失败。两个原因是明显的。其一是在战乱逃难期间，我惯于在荒野流荡，而战后我继续这样做。我喜欢逃课，独自在田野间漫游，或在海旁静坐，或垂钓，或遐思，或什么也不干。当其他孩子放学时，街上的游戏又热闹起来了。第二个原因，是当年我在课室上提出问题，老师往往给我处罚，认为我问的与老师教的不相干。大多数的老师对我仇视。这跟后来我在美国求学时的际遇不同。一九六二年的秋天的一个晚上，第一次旁听赫舒拉发（Jack Hirshleifer）的课，我提出一个看来是与教的不相干的问题，赫师立刻站起来，问我的名字。当在学生名单上找不到（因为我是旁听生），他细心地写下，问清楚"张"字的拼法。他跟着奔走相告，对同事说他见到一位想得奇异的来自中国的学生。

六、从阿伦（William Allen）到阿尔钦

在洛杉矶加大读本科，起初我选主修商科。过了不久我认为会计很沉闷。另一方面，教经济第一科的

阿伦教得精彩，我就改选经济作为主修课程了。二十四岁，比同级的同学我超龄很多，知道自己是到了要拼搏的时候。我合共选修了五六科阿伦教的。教经济史的史高维尔（Warren Scoville）鼓励我考虑进入研究院。他没有王子春对我的本领估计得那么夸张，但几次他要我听清楚：如果我尝试读博士我会走得很远。

若干年后，西雅图一位同事对我说史高维尔不是阿尔钦的亲密朋友，但史老师对我说如果我进入研究院我要追随阿尔钦。他说阿尔钦是世界上最优越的几个经济学者中的一个。因此，一九六一年本科毕业时我的研究院选择只是洛杉矶加大，不作他想。阿尔钦当时造访斯坦福，我要等他回校。本来我打算获取硕士后回到香港去，但一九六二年获硕士后阿尔钦还要多一年才回校。我因而决定改读博士，而在等待阿师回校的那一年中，我多作旁听、阅读、思考。多了一年的等待与准备，而所有修过的高级课程皆名列前茅，到阿师回校时我的准备是足够的。

七、研究院的老师

硕士那一年，教我理论的老师是鲍特文（Robert Baldwin）。他教马歇尔（Alfred Marshall）、鲁宾逊夫人（Mrs. John Robinson）、希克斯（John Hicks）与萨缪尔森（Paul Samulson）的作品。鲍特文说我是他教过的最好学生。等待阿尔钦，我旁听赫舒拉发的课。赫师教费雪（Irving Fisher）与弗里德曼（Milton Friedman）。我重复赫师的课六个学期。在他的课我成为一个明星学生，因为赫师喜欢要求我提问或回答。这样，他的课有时成为他和我两个人的对话。赫师没有对我说过我是他教过的最好学生，虽然他对他人这样说。后来在寄往西雅图给诺斯（Douglass North）的一封信中，赫师把我与费雪相比！

我要特别说一下当时加大研究院的另一位老师布鲁纳（Karl Brunner）。布老师初时不喜欢我，但后来改变了，寄到西雅图给我一封大赞我的文章的信。布老师是我知道的对逻辑要求最强烈的经济学者。虽然在洛杉矶加大时我认为他的逻辑要求是过于夸张，后来自己的发展使我愈来愈欣赏布鲁纳的逻辑思考与要求。我遗憾自己一九六六年写佃农作为博士论文时，布老师已经离开了加大。

我不同意布老师的思考方法，从思考的起点就坚持要通过严谨逻辑那一关。我喜欢先让预感或直觉走一程，让某些假说浮现出来。当然，进入了分析与辩证时，严格的逻辑一定要引进。解释一个现象我喜欢考虑几个不同的假说，让思想自由浮动，然后选择一两个假说做严格的分析。我的作品展示着的严谨逻辑是源于布老师的影响。

八、没有谁鼓励我学数

在洛杉矶加大我没有修过一科数学或统计学。我是该校最后一个没有选修过微积分而获得经济学博士的人。做本科生时，我问阿伦老师，数学与历史之间，我应该选哪方作为副科，他建议历史。今天回顾，那是上佳的建议，可见于我后来的经济学作品一律有着丰富的事实内容。在研究院没有老师要求我学数，而我自己觉得有需要时我可以容易学。得到朋友的协助，我花了两个星期自修微积分，用以证明佃农理论的几个要点。但引进数学之前我知道该理论是对的，用上的方程式只是为了粉饰橱窗。博士后有一段时期我发明自己的数学，想着既然牛顿可以发明数学我也可以。但到了西雅图同事西尔伯贝（Eugene Silberberg）说我的方程式虽然对，很难看，我就不再发明了。同事麦基（John McGee）与巴泽尔（Yoram Barzel）更不鼓励我学数。他们认为既然我可以凭想象与直觉推理，用数可能压制着一个想得奇异的有趣脑子。哈里·约翰逊读了我的《佃农理论》的第八章后，怀疑统计学的回归分析究竟有没有用途。另一方面，一九七七年我为一家石油公司做顾问时，要用回归统计来分析原油的质量与油价的厘定，巴泽尔给我上了两课，毕业了。巴兄后来几次对人说他没有见过另一个人可以学得那么多那么快。

九、阿尔钦与赫舒拉发的入室弟子

回头说阿尔钦，他教的经济学全部是他自己的，没有其他！当时我已经选修过所有研究院的理论课程，只能旁听阿尔钦。一九六三年起我也旁听了他六个学期。课堂上，阿师有两个规定：其一是旁听生不能坐在前面的第一排，其二是旁听生不能在课堂上提问。我因而选择一个靠近室门的座位。下课时，我跟着阿师离开课室，在步行到他的办公室的五分钟时间向他提问。初时他会反问我有没有读过某些有关的读物，我答没有，他不再说。为此我先作准备，到图书馆细读跟我要提问的有关资料。阿师于是回答了，永远是那么有趣，那么刺激。这样过了几个月，阿师邀请我走进他的办公室，约一年后他让我坐下来跟他研讨经济。

一九六六年的春夏之交，在长滩，我写好了《佃农理论》的第一长章，把文稿寄到加大给赫舒拉发与阿尔钦，然后驾车从长滩到洛杉矶加大问意见。我先见赫舒拉发，他把该章捧到天上去。跟着见阿尔钦，他交回给我的文稿满是问号与修改，离别时我差不多流下泪来。

回到长滩的家，晚饭后我坐下来，细读阿尔钦在文稿上的每一项质疑，到我全部消化时，看手表，已是过了一夜的上午十一时了。我于是给阿师一封短信，答应下一稿将会有大改进。一个月后，我寄出了第二稿。过了几天再到加大。先见赫师，他说："天才，史提芬，天才！"跟着见阿师，他只是说："将来你找工作要我写推荐信时，我会说你可以想得清晰也写得清晰。"

当我交出《佃农》最后验证的第八章时，阿师要我联络台湾的有关当局，问清楚他们搜集农业资料的方法。当所有我引用的资料获得阿师认可时，他只是说："我们一向知道你是可造之材，所以多给你压力，现在你明白好的研究是怎么样的一回事。"我重视现象细节的习惯是源于这经历的。

阿尔钦有小孩子的好奇心，提问像小孩子那么简单、直接。这是为什么一九七六年的一次为祝贺阿师的会议中，我交出的文章以一个小孩子会问的为题：《优座票价为何偏低了？》。该会议休息时，我跟阿师的深交梅克林（William Meckling）一起喝咖啡。他对我说："史提芬，千万不要改变你选择题材的品味与分析的风格。你的品味那么有趣，只有阿尔钦才可以教出这样的一个学生。"

十、长滩与德沃夏克（Eldon Dvorak）

一九六五是我知道的最容易找经济学教职的一年。该年初我还没有动笔写博士论文，就收到阿拉斯加、英国与澳大利亚三个地方的三间大学的聘用合约。我没有给他们求职信，而他们没有问我的读书成绩，没有见过我这个人，就寄聘书来了。该年的秋天我选到长滩的加州州立大学做助理教授，主要是因为该校离洛杉矶加大只一个小时车程，让我容易地跟阿尔钦及赫舒拉发讨论写博士论文。在长滩，我的大幸是跟德沃夏克共用一个办公室。他是那位后来把美国西部经济学会搞得庞大的人。到了长滩几个月，德沃夏克就对同事们说，有朝一日，长滩大学会因为我在那里教过而知名。当然是夸张之言，但对我没有不利之处。一九六六年德兄和一些长滩的学生联手，推举我获得加州十八间州立大学的最佳经济学教师奖。对我有助，因为一个中国人在西方找教职，英语说得够不够好是问题，而该奖显示我说的英语学生听得懂。

在长滩每星期教十二课是频密班次，德兄的职位高，维护着我，让我先选授课的时间。一九六六年的初春，我从某刊物读到台湾一九四九年引进的土地改革，把地主的分成率减到远低于原来的，农业的产量因而大升了。听来不成理，我于是走进图书馆，看看有什么资料可以支持或否决台湾当局的说法。

该校的图书馆刚好有一整套《台湾农业年鉴》，其中有非常详尽的关于台湾每个地区的每项农植的每年的每亩产量。我起初以为是台湾的政治宣传，要示范他们的土地改革成功。但经过几个星期的仔细审查，我找不到假造数字的证据：在分成租管下，台湾的农业产量的确是跳升了。我想，那么详尽的数字，很难说谎话而又不让我找到矛盾的。

一九六六年三月的一个晚上，我坐下来，在白纸上首先推出自由市场的佃农分成率，然后引进政府的分成率管制。让我惊奇是政府这样管农业的产量竟然上升了。只一个晚上我推出这理论，再花两天的时间反复审核该理论的每一点，找不到错处。我于是邀德沃夏克坐下来，要求他细心听我推出来的分析。我解释得很慢，一步一步，每一步都停下来，等到他明白而又同意才继续。过程中他提出很多问题，我会说："慢一点吧，德兄，慢一点。"每一小变我要求他清楚地明白。三个小时后，他说："史提芬，你这个理论将会引起地震。"

那是一个简单的理论，近于浅显，但不容易接受。一九六六年五月我在洛杉矶加大的一个研讨会上解释该理论，在座的数十位教授与研究生一律不同意。一九六八年十月，该理论的第一篇文章在芝大的《政治经济学报》排在首位刊出，不少读者提出异议。当时该学报的主编是蒙代尔（Robert Mundell）。他问我要不要回应，我说不要。

我会永远开心地记着德沃夏克。一九六七年的春天，他替我在大学申请得五百美元的经费，在长滩的艺术博物馆举办摄影个展。因为经费不足，他亲自在家中的车间替我的摄影作品造画框。后来该个展成为长滩艺术博物馆历来最成功的展出，当地的报章以头条报道，不少参观者从远方来，而展期延长两次。

十一、我与科斯（Ronald Coase）的交往

一九六二年，我影印了科斯一九六〇年发表的关于社会成本的文章，天天带着，一遍一遍地读，读到纸张成为碎片。这是因为我不明白当时兴起的外部性话题。是热门的，奇怪当时我没有跟阿尔钦研讨，更奇怪是一九六七年我发觉科斯从来没有听过"外部性"这一词。洛杉矶加大的教授都说他们知道外部性是什么，但没有谁可以回答得我满意。因为不知外部性为何物，一九七〇年我发表《合约的结构》，一九七三年发表《蜜蜂的神话》，一九七八年发表《公损之谜》。这些作品今天在好些研究院的读物表出现。

我对科斯一九六〇年的鸿文的深入理解触发了一个有传奇性的友情，很大机会在中国将来的经济历史有记载。始于一九六七年的秋天，我走进科斯在芝加哥大学法律学院的办公室，介绍自己，说："科斯教授，我的名字是史提芬·张，阿尔钦的学生，曾经花了几年时间读你的《社会成本》。"他坐着，在阅读，抬起头来，问："我那篇文章是说什么呢？"我答："你是说促成合约的局限条件。"他站起来，说："终于有人

明白我了。我们一起去进午餐吧。"

十二、可喜的分配与科斯的错失

能够与科斯在芝加哥大学的校园一起漫步，研讨经济，是我平生追求学问的一个亮点。大家讨论经济学的将来，我说他一九六〇年的文章会改变经济学。半个世纪过去，如果同学们不怕麻烦，在中国的网页搜查，会发现我被誉为合约经济学的始创人，科斯始创交易费用，而阿尔钦始创产权经济学。我对自己分得的满意，但乐意跟科斯交换。至于阿尔钦的产权思维，我认为不容易推出可以验证的假说，所以愈来愈少用。然而，阿师在价格与竞争这些话题上的洞察力，是那么漂亮、有趣，我是愈来愈多用了。选择一个靠近课室门口的座位给我很大的回报。

一九八一年我动笔写中国的去向时，无意间一脚踏中一个重要的发现：科斯一九六〇年的鸿文有一处大错。那是如果交易费用是零（科斯定律的假设）不会有市场！后来科斯与阿罗（Kenneth Arrow）都同意这一点。然而，我要到约二十年后才意识到这发现非常重要。我是把租值消散算进交易费用之内才知道的。但我还要多等几年，才推出一个漂亮的"交易费用替代定律"：市场的出现是源于一种交易费用（市场运作的费用）替代另一种（租值消散）。

十三、芝加哥学派

科斯在为我的英语论文结集写的一个序言中，提到我在芝加哥时吸收了八位大师的思想，包括他自己的，加以伸延，占为己有。那是芝加哥学派的顶峰时期，有一组经济学人才的组合超越了历史上的任何一组。我可以大胆地推断这样的一组人才是永远不会再出现了。

但这芝加哥学派当时正在下降的边沿。宇泽弘文（Hirofumi Uzawa）跟我同年（一九六九）离开芝大。蒙代尔一两年后离开。跟着弗里德曼与戴维德（Aaron Director）退休。哈伯格（Arnold Harberger）转到洛杉矶加大，格里利克斯（Zvi Griliches）转到哈佛。哈里·约翰逊在芝大的时间不多。虽然后来替代的大师都了不起，但弗里德曼、戴维德、哈伯格这几位的离开代表着一个思想范畴的终结。一个经典的思想组合是在那时破碎了。要建立一个有历史意义的学派，把一组天才放在一起有其必要，但不足够。当哈伯格劝我留在芝大时，他指出一九六七至六九期间芝大的经济系的学者阵容从来没有被超越，也恐怕永远不会再出现。

在芝加哥，我是一个被一群巨人包围着的小人物。跟一个非常好的同事麦克洛斯基（Donald McCloskey）共用一个办公室，他教我怎样写好英文。

我崇拜施蒂格勒（G. J. Stigler）的英语文采，要仿效他的。施兄是天才人物，属于商学院那边。我喜欢到他的办公室给他嘲弄一下。有一次，施兄走进我的办公室（麦克洛斯基在旁听着），说："史提芬，我拥有一个伟大经济学者需要的所有条件，只是没有创意！"我回答："施兄，我这个人满是创意，但其他什么也没有！"他知道我仰慕他。为了要他知道我也有处理经济思想史的本领，我写了一长章细说佃农理论发展的思想史，详细地从斯密跟踪到约翰逊。施兄读了该章的文稿后，我得意洋洋地去找他，对他说经济思想史要像我那样处理才对。他知道我胜了他一着，说："但你说马歇尔明白成本的概念是错的。马歇尔不懂成本。"他跟着到书架上拿下马氏的巨著，翻开一页，指出其中一句显示马氏不懂成本。是的，施蒂格勒不仅是个天才，他是我有幸认识的几个超凡学者中的一个。

十四、弗里德曼

虽然弗里德曼后来成为我的深交（他与太太罗丝飞到西雅图主持我的婚礼），在芝大时，因为太忙他没有给我多少他的时间。弗里德曼教我一个经济学者的灵魂之价应该是高的，所以不要说自己不相信的话。阿尔钦给我在地上画了一条线，约束着一个经济学者应有的界限：可以提出政策建议，但不要跨越该线去从事政策活动。我为自己能在整个追求学问的过程中，没有一次违反过弗里德曼与阿尔钦在这些方面的指导，感到骄傲。

我也应该提到在多伦多时，我做过几个月的灯光人像摄影师，有职业水平的。在洛杉矶加大做研究生时，有一组在加州南部喜欢搞艺术摄影的拜我为师，发展出一个新的有趣风格。一九八八年的秋天，在香港，我为弗里德曼摄了一帧灯光人像。他非常喜爱，立刻说他永远不会给媒体另一帧他自己的照片。言而有信，我给他摄的今天随处可见。我也给他的太太罗丝（Rose）摄了一帧，他和她一起摄了一帧。有网页扩散着这些摄像，弗老夫妇和我的友情将会传进将来的历史去。当然，历史也可能记录着一九八八年我带弗老与罗丝到北京会见一位总书记，一九九三年再带他们到北京会见另一位总书记，但从历久传世这方面衡量，这些跟总书记的会面比不上我的摄影与一对传奇的夫妇。

十五、奈特（Frank Knight）与戴维德

一九六八年，在蒙代尔家中的酒会，我有机会见到奈特，立刻向他表达自己的仰慕之情，也对他说他一九二四年发表的关于社会成本的文章，深深地影响了我。我不明白为什么瑞典的诺贝尔委员不给他那个奖——该奖在经济学推出后奈特还有几年才谢世。我

自己有一项很大的荣誉。那是在维基百科的"奈特"那一项，说奈特影响了五个经济学者，弗里德曼、布坎南（James Buchanan）、科斯、施蒂格勒、张五常。

除了科斯，芝大的法律学院还有戴维德。戴老对真理的坚持使我见而生畏。他的智慧简直有摧毁力。一九六九年的春天，我在施蒂格勒的工作室提供《合约选择》的文稿作讨论。过了一天，我在芝大的教师餐厅独自吃午餐。见戴老慢步走来，我立刻礼貌地站起。戴老说："你昨天的文章是我几年来读到最好的。"然后他转身离开。我独自站着，禁不住流下泪来。戴老喜欢我的作品。这是我的经济学文章的风格与特性历久不变的一个主要原因。

在洛杉矶加大做研究生时，我对戴维德的捆绑销售的口述传统知得很熟。事实上，是捆绑销售的知识使我在一个晚上把佃农理论推出来。起码有三本书说我的佃农理论是科斯定律的伸延，可能对，但真正触发了该理论的破案关键，是捆绑销售。

回头说那天晚上在长滩，使我感到困惑的是传统的市场分析必定有一个量与一个价，但分成合约却没有价。我因而想到那分成合约必定有其他条件的指定才能运作。这是说，分成合约一定有一个结构。捆绑销售的合约明显地有一个结构。这样推理，我需要做的只是在分成合约中多加一个条件，立刻找到在均衡点上分成合约跟固定租金合约与工资合约相同。

好些年后我在西雅图巴泽尔的家跟戴老进晚膳，膳后他问我怎样看他提出的关于捆绑销售的假说。我回应说把纸卡捆绑着电脑的租用，阐释为以纸卡的用量来量度电脑使用的频密度，是天才之见，但跟着说是为了推行价格分歧却是错的。电脑的月租所有用户一样，纸卡之价也一样，何来价格分歧呢？如果价格分歧是从其他没有定价的特质算出来，那么所有我们在市场购买的物品也可算出价格分歧了。我当时也对他说，传统的以需求弹性系数不同来解释价格分歧的理论，全部是废物。

戴老跟着问为什么万国商业机器会用纸卡捆绑着电脑的租用，我说那应该是电脑的保用合约。把纸卡之价调校为略高于市价，电脑用得较为频密的租户是交了较高的保养费，而维修保养的本身却是免费的。

十六、离开芝大到西雅图

当一九六九年的春天我正式找学术教职时，我已经获得八位大师的友情与指导。在洛杉矶加大我有阿尔钦、布鲁纳、赫舒拉发与鲍特文；在芝加哥我有弗里德曼、施蒂格勒、科斯与戴维德。没有任何学生，不管是何时，不管是何地，曾经有这样的幸运际遇。难怪巴泽尔一九九五年在一本书中提到："当史提芬一九六九年来到西雅图时，以我今天之见，他已经是行内的产权及交易费用的第一把手了。"

科斯与一些朋友对我离开芝大感到困惑，而我不能说自己毫不惋惜。说芝大邻近的居住环境不好是对的，而西雅图有一个美丽的海。然而，我对研究工作是那么热衷地投入，这些不可能是我离开芝大的真理由。经过多年的回顾我终于明白，我离开芝大是要多些独自思考的时间。芝大的工作室、外来的演讲与文稿的评审实在过于频密，而我喜欢的独自思考是不要受到外人的影响。当然，每有新意我喜欢找同事研讨，但思想时我要独自魂游。也是一九六九年，我决定不再读他家的作品，想着一个人有阅读的时候也有思想的时候，而思想时最好不读。每有新意，我会求教同事这新意有没有前人说过，很少遇到我自己想出来的不是原创。只有一次，当我写好一篇关于人与人之间互动的文稿，一位同事说其中的一个要点布坎南与斯塔布尔宾（William Stubblebine）已经说过了。

十七、西雅图十三年

一九六九年抵达西雅图，我遇到巴泽尔这个重要的同事。巴兄有一个奇妙的脑子，可以在一个论证中找出最微小的错失。当我想出一些新观点，例行地找他讨论，如果他不反对我知道自己是想得坚固了。在二〇一五年写诺斯的悼文中，我表达了感激诺斯之辞，因为他维护我。那是不发表文章就要消失的时期，但诺斯与院长贝克曼（George Beckman）分别对我说该发表规则与我无干。我要做的只是自己的事，而正教授这个级别我到了华大几个月他们无端端地给了我。当年我在西雅图发表的一系列文章，今天一律成为经典。

在西雅图我们有一组好同事与一些超凡的学生。我有两位博士生，昂伯克（John Umbeck）与荷尔（Christopher Hall），天赋甚高。可惜我不是个可取的论文导师，因为读他人的论文我的脑子老是流浪到很远的地方，如果一个写论文的跟着我的脑子流浪，他的论文会永远写不完。还有，在判断上我作了一项严重的错失，以为那么容易就找到一个昂伯克与一个荷尔（是的，荷尔因为成绩欠佳已经离校，我力排众议，求他回来，然后要求同事们把他作为明星看），我以为还有很多像他们的会出现。后来证实我是妄想，像昂伯克与荷尔那么独特的学生我之后再没有遇上。

需要特别一提的是我一九七四年发表的《价格管制理论》。不少人说那是我发表过的最重要文章，我自己可不那样看。然而，每页算，该文是我写得最辛苦的。其实文稿我没有完成，只是遗弃了。当时科斯为他主编的《法律经济学报》催稿。今天回顾，我应该接受哈里·约翰逊的建议，把该文毁掉，然后由第一页从头再写。但当时我确是耗尽气力了。

　　这篇创新文章不是源于科斯的启发——有些人这样看——而是源于香港出现的天台木屋这个怪现象。当年香港二战前的楼宇，在二战后被管制着的租金只有市值的十分之一。那十分之九是无主租值，理应消散。然而，这应该消散的租值好一部分被租客的分租与天台木屋的僭建挽救了。减少租值消散的行为是争取利益极大化的结果，有多种方法业主与租客可以尝试，是在哪些局限下我们可以推断分租与天台僭建这些行为的出现呢？我的价管文章提出两个定理，让我们推断哪些减低租值消散的行为会出现。

　　巴泽尔在不久前提到，我在西雅图那段日子是他和我的学术作品产出最丰盛的时期。在我这边，用英文发表的无疑对。一九八二年回到香港任教职后，我的中语文章继续迈进，直到二〇一四年底，而二〇一六年又把这重近两公斤的《经济解释》再修了。懂经济学而又懂中英二语的朋友认为，我以中文下笔的学术贡献跟英文的贡献是三与一之比。

　　在西雅图十三年，要不是有两项巨大的研究项目左右着，我的英语文章会多很多。第一项是研究发明专利与商业秘密的租用合约，得到可观的研究金资助。可惜过于困难。我购得数百份租用专利与商业秘密的合约，但助手和我读不懂内里说的科技是些什么，而请专人解释的成本是太高了。第二项是巨大的石油工业的研究，属反托拉斯的顾问工作。得到的资料绝对顶级，而我写下的两份厚厚的研究报告，关于石油的价格厘定与换油的合约安排，阿尔钦读后说是他见过的最精彩的实证研究，可惜因为顾问合约的规定，皆不能发表。

十八、华盛顿学派

一九九〇年，诺斯在一本书中提到有一个处理交易费用的华盛顿大学路向，而我是该路向的始创人。可能因为这个说法，九十年代后期我听到有一个"华盛顿学派"，或"华盛顿新制度经济学派"。萧满章说该学派的独特处是注意件工合约；巴泽尔会说主要是产权的分析；而诺斯会说是交易费用。

我怎样看呢？要是真的有一个华盛顿学派，我认为其独特之处应该是对租值消散的重视。租值消散这个理念始于十九世纪的范杜能（von Thünen），一九二〇年庇古（Arthur Pigou）以两条公路示范，奈特一九二四年毁灭了庇古之说，戈登（H. S. Gordon）一九五四年引用于公海渔业。"租值消散"（dissipation of rent）一词是戈登首先提出的。

当一九六九年的春天我再读戈登的经典之作时，发觉他说的均衡点言不成理。我因而写了一篇关于合约结构与非私产理论的文章，提供一个正确的租值消散的均衡分析。那是在我转到西雅图之前。在西雅图，租值消散的继续发展有如下几项：（一）在非私产或公共财产的局限下，有不少情况租值不会完全消散。因此，在某些情况下非私产有其可取处。（二）如果市价不用作竞争准则，其他准则某程度必会导致租值消散。（三）减少租值消散是个人争取利益极大化的含意，所以分析政府管制带来的效果应该从这途径入手。我后来以此解释中国昔日的等级排列权利是为了减低租值消散。离开西雅图后我想到（四）：交易费用一定要包括所有一人世界不存在的费用。租值消散不会在一人世界出现，所以租值消散是交易费用的一种。大约再过二十年我想到（五）：市场的出现是源于市场的交易费用替代没有市场必会出现的租值消散——这就是我曾经提出的交易费用替代定律。最后，记不起是何时看到的一个重点，（六）：如果在一个分析的均衡点有应该消散的租值，但没有消散，该分析一定错。

据我所知，没有其他大学或学术组合对租值消散的分析有浓厚的兴趣，但当年在西雅图华大，我和巴泽尔及其他同事是惯性地讨论。华大的经济系当年还有其他不寻常的取向，例如同事之间喜欢验证假说，漠视功用分析等，而租值消散这个话题更是当年的华大独有。

十九、到香港观察中国

离开西雅图转到香港大学做经济学讲座教授的决定，比离开芝加哥转到西雅图的决定更困难。科斯鼓励我去，但诺斯认为留在美国我有机会获诺贝尔经济学奖。然而，受到阿尔钦与戴维德的影响，我追求的是真理，不是名头，何况经济学的诺奖很有点虚无缥缈，难以捉摸。我的母亲年老了，要多看她；我历来对炎黄子孙关心。在这些之上，一九八一年我写好一九八二年出版的小书，肯定地推断了中国会改走市场经济的路。弗里德曼、贝克尔（Gary Becker）、舒尔茨（Theodore Schultz）等朋友皆认为我发神经，不可能对。我因而要到香港，近距离观察中国的去向。

一九八二年五月我抵达香港，很快就知道我要放弃用英文写作了。我当时没有用中文写过文章。做了一点准备后，一九八三年十一月动工，很快就出版了三本书：《卖桔者言》（一九八四）、《中国的前途》（一九八五）、《再论中国》（一九八七）。我下笔甚重，但善意明确。北京不仅不介意我的批评，他们提供助手协助。我要求什么资料他们立刻老实地提供。让我高兴的是他们盗印，《中国的前途》与《再论中国》他们每本复印二千，内里注明"内部阅读"。在二〇〇八年出版的为科斯写的《中国的经济制度》中，我回顾了上世纪八十年代的大事：

没有更好的时间，没有更好的地方，也许没有比我这个写手更好的推销员，在八十年代的中国推广科斯的思想。那时，国内的意识大门逐渐打开：同志们知道他们历来相信的不管用，要找新的去处。一九八二年五月，我获任香港大学的经济讲座教授，那是当时跟进中国发展的最佳位置。我对科斯的论著了然于胸，而众人皆知他是我的好朋友。我是个中国文化与历史专家，同志们不能对我说我不懂中国——他们对外人例必这样说。我可以用中文动笔，没多久就写出读者认为通俗、风格鲜明的文字。这一切之上是科斯的原创思想，当时容易推销。如果当时的中国像今天那样，我是不会那么幸运的。

首先是交易费用的思维。中国人在早前的制度中非常熟识那无数的琐碎麻烦，例如要背诵口号，要排队轮购，要搞关系，要走后门。他们每天要花几个小时做这些事。当我说如果这些费用减低，收入会飙升，就是最顽固的旧制度维护者也难以应对。当时的交易费用奇高，怪事天天有，这些大家都清楚，但我需要时间与多篇文章才能说服中国的朋友，如果制度不改，交易费用不会下降。这方面，应归功于我。

要改为哪种制度呢？不容易说服。我一九七九的文章指出的观点：市场价格是唯一不会导致租值消散的竞争准则，那些惯于排队数小时的人不难明白。然而，当我指出市价只能用于私有产权的制度，同志们不易接受。私字当头，在中国的文化传统里没有半点值得尊敬的含意，而私有产权更是直接地违反了在意识形态上对社会主义或共产主义的执着。

在这重要关键上，科斯的资产权利需要清楚界定这个思想大显神功。作为当时的经济科学推销员，我知道同样的产品有了个新的包装。一九八八年的秋天我带弗里德曼夫妇会见当时的中共中央总书记时，总书记急于向弗老解释资产权利界定的重要。这对话有存案，在好几个地方发表过。成功地推销科斯的经济观给总书记也应归功于我。

二十、终于写出巨著

今天算，我用中文写下约一千五百篇文章，其中不少结集在约二十本书中。散文随笔与经济分析约一半一半吧。二〇〇〇年我从香港大学退休，以中文动笔写一部巨著：《经济解释》。加上今天应该是最后的修改，这项巨大工程历时十六年，从三卷变为四卷再变为五卷了。有两个观察促使我这样做。其一是四十多年前的旧作今天不少在西方的研究院的读物表出现；其二是一九六九年在芝大出版的《佃农理论》那本小书，当时只卖几美元的，今天没有用过的在网上叫价二千美元，用过的也叫八百美元。自己争取了那么久的思想传世，这几年开始体现，所以我要把这本

《经济解释》从头再修一次。

人就是为了要追求些什么而活下去。追求思想传世可能是无聊之举，但比不上追求其他的更无聊吧。苏子云："泥上偶然留指爪，鸿飞那复计东西！"当年开始认真地读书时，我在想，要是有朝一日我能碰到一点运气，在思想创作上留下一些指爪，不管外人怎样看，是给自己做了一个交代。

写《经济解释》的意图始于一九六九。当年到香港度假，发觉自己不能解释无数的琐碎市场现象。我想，师友同事已经举我为一个顶级的价格理论专家，怎会那么不成气候了？一个物理学的本科生不会有这样的尴尬。从写《佃农理论》的经验我知道经济学可以解释或推断人类行为带来的现象。明显地，经济学的整体需要彻底地大修。

在西雅图，诺斯、麦基、巴泽尔等同事也一致认为需要彻底大修。他们都指着我为处理这项巨大工程的适当人选。想不到，从一九七〇年起，这工程会持续到今天。我曾经说过，可以解释人类行为的经济学只有几个要点。验证假说要重视可以观察到的事实；理论要简单才能处理复杂的世事，也才能把交易费用放进去；解释任何现象我们要考察跟该现象有关的细节。

在《经济解释》中，我分析的现象皆从真实的世界获取，假说的验证到处都是。传统分析的价格分歧、捆绑销售、全线逼销、倾销、财富累积、讯息费用与觅价行为、货币制度、国家的存在等，我选走的解释路向皆与传统的不同。我甚至指出在好些情况下边际成本曲线画不出来，而均衡这个理念要从适者生存这个角度看。

二十一、生命的凋谢与博物馆的构思

今天我八十岁，走进了生命的黄昏。回顾平生，我不可能活得更丰富。我用心地思考经济五十七年。没有科斯那么久，但够久了。那么多年到处观察，找寻资料，我弄得实在累。在那仿佛是着了魔的追求真理的过程中，我总要找些什么可以分心的玩意来让自己的脑子保持清醒。我于是尝试摄影、书法、散文、收藏艺术品与文物。后者我的成就超越了自己的经济学。为了表达高傲之情，我叫吴子建刻一个我写书法时用的闲章："不见古人"！这收藏的大成使我想到设立一间博物馆，把门票的收入捐出去协助穷乡僻壤的孩子读书。我不能忘记年幼时我是他们其中一个，老是想着如果他们长大后有我的机会，他们也可以成为学者。这些年我在中国内地到过一些贫穷的村落，高兴见到那里的孩子的生活情况远比我昔日在广西的际遇好，但还是认为他们应该有较好的求学机会。

事情是这样的。一九七五年，在西雅图，我对巴泽尔说到香港度长假时我会考察香港的翡翠玉石市场，从实物本身的特征来考察讯息费用。我不赞同当时盛行的以物价的方差或以人与人之间的讯息不对称来分析讯息费用导致的现象。我要找讯息费用奇高的物品入手。翡翠玉石之后，我转到产自寿山的田黄石、艺术收藏品，而上世纪八十年代中期起，中国的出土文物无数——皆讯息费用奇高的物品。

三个机缘的巧合促成我今天构思的博物馆。其一是我的母亲有一个基金，提供足够的钱作初步的可观收藏。当年收藏品的价钱相宜。其二是我猜中如果中国能发展起来，收藏品之价会大升。这让母亲基金的藏品在市场换取其他的。其三是中国的出土文物是那么多姿多彩，反映着一个伟大文化，我要设法为国家保存下来。

因为我集中于考察物品本身的特征与讯息费用的关系，过了十多年我成为一个无师自通的中国文物与艺术品的专家，想出自己的鉴辨方法。这是为了兴趣与学问的追求，究竟是不是真的专家我管不着。我只是机缘巧合，刚好在讯息费用这个话题下过功夫，刚好生活在人类的艺术文物最多姿多彩的地方，也刚好是中国的开放展示着她的光芒不可方物的已往。

母亲当年的愿望是把钱捐给教堂。但中国的农村少见教堂。我于是想到农村的孩子教育。没有人相信我正在构思的博物馆会有可观的门票收入。但当年也没有人相信我学经济学会学得好。除了本章提到的师友，我是个没有人相信的人。我的学问可信！

深圳是个现象吗？

二〇一九年四月二十日

（按：本文是二〇一九年四月二十日在深圳讲话的文稿，其中示范着的经济分析涉及国际上的收入分配与竞争的胜负衡量，可教。）

各位朋友，中国的经济出现了困难有几年了。有些地方出现了负增长。北京的朋友当然知道，但真实的数据不容易掌握。有三个原因。其一是农业不抽税，少了一项重要的数字。其二是流动人口多，他们的收入为几不容易知道。其三是数十年来中国爱用一个指标制，不达标没有奖金，干部们知道报低有害，报高无益。

论财富要从费雪教的看

客观地衡量，论财富比论收入可靠。这二者的衡量不一样，因为费雪解释得清楚：财富是预期收入的折现，而我们见到的国民收入可不是预期的。我认为从费雪的天才之见衡量，中国的财富是高于美国的。

543

如下几点可信。第一，中国的高楼大厦到处林立，其价高出美国不少。以房地产论财富，中国超出美国相当多是明显的。第二，中国的人口是美国的四倍，聪明的脑子无数。上苍有知，这些脑子的总市值——财富也——是超过美国的。其三，中国的文化厚度冠于人类，怎样算市值恐怕上苍也不清楚，只是听说几年前在英国某拍卖行的一个乾隆通花瓶，拍出逾五亿元人民币，是真价。

可惜有了上述，我还不能肯定中国的总财富高于美国。这是因为中国的科技知识不及美国，差很远。中国的大学教育办得不够好，是以为难。

给旧朋友下断言

两年前，我的博士论文《佃农理论》竣工五十周年，美国一些旧同事与旧学生到深圳来开一个关于《佃农理论》的会议，给老人家打个招呼。他们认为该陈年旧作是经济发展学说的分水岭，也是新制度经济学的中流砥柱。虽然经过那么长时日只被引用二千多次，该书或书中的文章还频频在西方的大学的读物表出现。看来《佃农理论》这件作品将会历久传世。这也应该算进炎黄子孙的财富吧。

在那次会议中，我有机会带几位来自西方的朋友到深圳南山的海旁一行，直截了当地对他们说："记着我说的吧。你们这一刹那站着的土地，就是这一点，分寸不差，有朝一日会成为整个地球的经济中心。"夸张吗？那当然。将会灵光吗？这类推断老人家很少错。三十年前我推断上海的经济将会超越香港；今天我推断深圳一带将会超越上海。困难重重，沙石多，但假以时日，我应该对。

这推断其实不难。国际经济发展的中心历来要靠一个湾区，举世皆然也。大家今天朗朗上口的粤港澳当然也是一个湾区，只是奇怪地"深"字不在其内。无可置疑，名字打不进"粤港澳"的深圳将会是这湾区的龙头。可不是吗？今天还在发展中的深圳的经济不仅超越了香港，也超越了整个台湾。两年前我推断十年后深圳一带会超越美国的硅谷。虽然目前中国的经济不好，还有八年，我认为在时间上这推断不需要改——除非北京的经济政策继续错下去。

与深圳的交往

从一些陈年旧事说起吧。我第一次到深圳是一九四八年的夏天。那时广州疏散，我的大哥带我回港，途中遇上十号风球，火车到深圳要停下来。大哥带着我在深圳找留宿一夜的地方。在狂风暴雨中步行，见到一间卖米的小店子，大哥说："这间房子要倒下来了。"果然，整间房子塌下，还竖着的是一个曲尺形的用作称米的磅。

我第二次到深圳是一九八二年回港任教职后不久，那是一别三十四年了。记得罗湖当时有一间电影院，满街都是单车，一辆汽车也没有。据说当时深圳有二十万人。三十七年后的今天上升了一百倍。一九八八年十月我带弗里德曼到深圳一行，他见到罗湖开始在兴建高楼大厦，不以为然——弗老历来认为政府倡导的皆不成气候。我没有告诉他我为什么不同意，因为一九八六年六月二十五日我在《信报》发表了《出售土地一举三得》，建议深圳通过出售土地的方法来解决发展经济需要的资金。文中我说一个不是美国人的人，只要钱够多，可以将整个美国的土地买下来！一九八七年初，因为读到该文，深圳政府邀请我到深圳研讨。我对他们说要先搞好有关的土地法律，要搞基建，要招标竞投，而最好是卖给外地的发展商。我毫不客气地直言，他们不会懂得怎样建造！当时我可没有想到，不到二十年中国的基建水平冠于地球。

深圳的朋友迫不及待，只几个月后他们就搞土地拍卖了。他们选一九八七年十二月一日，我生日那一天，在深圳举行土地拍卖，是中国的第一次。事前他们到香港大学找我，问哪里可以借得一个拍卖时用的木槌。我教他们到哪里去找。该槌今天竟然在深圳的主要博物馆展出，作为镇馆之宝，可见深圳的博物馆的文化水平有点问题（一笑）。

约法三章论中国

说起来，我和内地的干部朋友的交往是来得更早的了。一九七九年的秋天我到广州一行，就认识梁尚立。该年十月我发表了《千规律，万规律，经济规律仅一条》，是回应孙冶方先生的。当时我不懂得用中文书写，由我口述，杨怀康与侯运辉执笔。一九八二年回港做港大的经济讲座教授，在香港新华社工作的一位姓叶的女士找我——因为她是我在佛山华英念小学时的高中师姊——希望我能多为国家分析经济发展的路向。我对叶师姊说我没有用过中文动笔，要学一下。跟她约法三章：我可以不说，我可能说错，但我不能说我不相信的。从那时到今天，北京上头从来没干预过我说什么，只是下面自作聪明的人无数。

一九八三年的秋天，我在《信报》动笔写后来结集成书的《卖桔者言》，跟着的结集是《中国的前途》与《再论中国》。过程中查济民先生提供一些资助，让我聘用三位由深圳政府提供的替我找寻资料的助手。北京上头提供两位，不仅由他们出钱，而且我要在内地考察什么他们立刻处理。不是很舒适的考察。好比一九八六年我在北京首钢的宿舍住了两个晚上，不清洁，让我有卧薪尝胆的感受。我在首钢讲话时，建议中国的发展要把土地的使用权与所有权分离，他们不同意，但后来北京还是依我的。一九八六年十二月，在厦门，一位姓习的副市长请我和太太在鼓浪屿的一间古老的大宅的后园进午膳，谈得好，过了两天习先生又再请我俩进晚膳。考察温州时，那里的副市长带我和两位助手到雁荡山脚下的一间小宾馆住宿，倾谈到凌晨三时，该市长叫人拿出纸笔，请我题字。在感慨中我想起李白的诗，写下"雁荡奇峰高千尺，尚有温州待我情"。

当年在内地考察国家的经济发展，作点建议，可不是一律愉快。好比一九八七年在杭州参观一间国营的制药厂，在他们接待的会议中我直指他们漠视市场的引导不对，吵了起来。带我去的北京的李忠凡在座，替我们缓解气氛，今天还健在的王丽莉当时也在座，会记得这件事。为了真理我半步不让的个性，内地的干部朋友知道。他们不仅接受，而且教我很多。任何要求的文件或档案他们一律提供，但我总是认为文件怎样说跟实际上怎样做可以是很不相同的事，所以坚持要见到实践的一面。这解释了为什么我二〇〇八年出版的《中国的经济制度》，跟科斯与王宁二〇一二年出版的《变革中国》有那么大的分离。他们用的文件资料详尽，我却凭实地考察。将来写中国经济史的人这两本书都要参考，衡量起来可能很头痛。

地价、科技、恶法

回头说深圳，二〇〇六年初我见到那里的楼价开始稳步地上升，其图案反映着有商业价值的科技知识正在深圳急速地增长。这个话题上世纪七十年代我跟阿尔钦等人研讨过，得到启发：资金的回报是利息，劳力的回报是工资，而科技知识的回报减除研发者的收入，是跑到地价那边去。炒买炒卖的楼价（源于地价）上升其市价的方差会比较大。从那时起，我就开始注意几家今天在地球上得享大名的深圳科技企业了。无可置疑，自新世纪初到今天，整个国家的优质青年喜欢跑到深圳找工作。

二〇〇八年一月北京推出的新《劳动合同法》是一个灾难性的法例。推出此法的人不知道产品市场和生产要素市场是同一市场，只是为了减少交易费用，二者采用不同的合约安排。政府干预劳动或生产要素合约，这市场的交易费用必会提升。为了减低这交易费用的提升，工厂纷纷拆小，或搬到越南等地，或干脆关门去也。回归故里的劳动力不少，而为了生存工厂多安排生产线，要工人操作不停，学不到工业运作的商务知识。近几年，本来因为该劳动法而变得一片萧条的东莞，因为华为扩展到那里而见到起色。深圳受到该劳动法的不良影响比较小，因为该市有华为、腾讯、大疆、顺丰等，走的是科技较高的路线，在比例上受该劳动法的影响较小。我曾经建议采用以合约退出（contracting out）的方法来退出劳动法，即是工人与雇主之间如果有私订的合约，可以退出政府的劳动合同法。这合约退出的方法源自英国，香港昔日的租金管制曾采用。今天，如果中国的劳动市场采用此法，经济会立刻上升。

是不容易理解的问题。回顾中国开放改革的四十年，可取的经济政策大多是炎黄子孙自己想出来，但对经济为祸不浅的一律是从国外抄回来的。新《劳动合同法》是从外间百鸟归巢地抄；社保抄美国，搞得一团糟（北京可以考虑抄香港或新加坡的有清楚权利界定的强积金）；不久前推出的复杂新税制也抄自美国（北京应该抄香港）。崇洋媚外明显，但为什么要搞得这样复杂呢？我想到的一个答案，是开放改革了约二十年后，中国的利益团体增加了不少。这是一个经济发展得有看头的国家必会遇到的沙石。

东莞的存在有决定性

地理的形势非常好当然是深圳发展得有看头的一个重要因素。另一个可能更为重要的因素，是东莞就在隔壁。东莞不是一个普通的工业区，不是温州那样专于小商品，不是苏州工业园那样名牌满布，不是阳江那样专于一两项行业。东莞（某程度也要算进同在深圳隔壁的惠州）是无数种产品皆可制造，而且造得好、造得快、造得便宜。我认识不少在东莞设厂的朋友，非常相熟的一个造玩具，一个造模具，一个造餐具，一个造展出架。他们做得辛苦，但从他们那里知道，在东莞，厂与厂之间，厂与山寨之间的互相发放的方便是我平生仅见。我也对昆山这个大名的工业区有点认识，因为先父遗留下来的抛光蜡厂是在昆山。昆山多是台湾客，厂家一般专于自己的名牌，但论到行业的多元化与工作的互相发放的方便，东莞冠于地球应该没有疑问。

我肯定地推断深圳将会超越硅谷，主要是硅谷没有一个像东莞水平的工业区。不仅今天没有，永远也不会有。今天，东莞一间工厂专业员工的最低包食宿的工资，约美国西岸不包食宿的三分之一，而东莞的工业最低市价工资是远高于我也知道的江西与河南等地——高一倍多。这是地理的位置之别使然。

国际的工资比较

拿着东莞的一个劳动员工的最低市价工资（包括食宿）在国际上比较，东莞约美国的三分之一，约欧洲的先进国家的四分之一。另一方面，跟其他发展中国家相比，则又倒转过来：印度的工厂员工的最低工资，约东莞的三分之一，越南约东莞的四分之一，非洲约东莞的五分之一。换言之，从国际工业产出的最低层的市价工资看，东莞是一个非常重要的分水岭。我喜欢用这分水岭来衡量国际上的工业产出竞争，大概的产品胜负可以算得快。

让我解释清楚一点吧。目前东莞的工业的最低市价工资是发展中国家最高的，但跟发达国家却最少是一与三之比，有三分之二的阔度差距。把这分水岭强行收窄，中国的工业就会转到越南、印度等地方去。我们希望这阔度收窄，但要由阔度更大的国家——如越南、印度——在下面推上去。这解释了为什么十一年前我反对新《劳动合同法》反得那么厉害。经济学不是深学问，只是能把几个简单原则用出变化的学者凤毛麟角。

今天的深圳，因为有东莞与惠州的存在，在国际上竞争无疑是有着一个重要的甜头。这优胜之处会因为工作人员的知识层面的提升而逐步减少。换言之，工作人员的知识愈高，深圳与西方的先进之邦的工资差距愈小。升到最高的世界级人马，深圳的工资却又高于西方的先进之邦了。

零关税要加零手续才是零

是在上述的局限下，遇到这些日子美国推出的贸易战，我几番建议中国要立刻推出零关税。我构思的战略，是先从英国入手。该国历来近于零关税，中英互相零关税，英国当然会开心得笑出声来，何况他们目前遇到的脱欧困境，中英实行零关税会解决这困境的所有问题。这是雪中送炭了。不止此也，要是北京对欧洲的先进之邦说大家一起零关税，同时也要求它们抽英国零关税，他们一定会接受。这里我要强调，中国进口零关税，要加零手续才是零。这是我知道的中国：有任何麻烦手续利益团体会出现，要搞什么关系货品才能过关。这不是零关税。进出口的手续内地要学香港那么简单。

中国抽零关税会震撼世界。想想吧，虽然中国还算不上是一个富有国家，但市场大得离奇。如果我们不算那些价值奇高的高科技产品，只看日常用品——即是那些支持人民生活的主要部分——中国的市场约占地球的一半！有这样的优势当然有话事权了。所以我认为目前中美的贸易战很有点无聊。是的，我绝对不认为中国免税买进欧洲先进之邦的名牌珍品有任何害处。劳力士手表的真货今天的市价是内地倍于香港。内地免税进口劳力士，也是中国的香港人会到深圳来购买。购物天堂转到内地，香港会怎样？经济调整的弹性香港历来冠于地球，内地的大事开放国际贸易香港人会找到他们的门路，何况他们做劳力士的内地代理会赚得更多！不止此也，我主导了香港的经济学高考三十年，那里的商、政人士不少是我的学生，他们不会那样没出息。说不得笑，当年我在香港主导的高考今天在维基百科有介绍。

是的，我认为如果中国与西方的先进之邦提出互相零关税，特朗普的天才会变为泡影。这是因为美国没有多少像法国香水或劳力士手表那样的名牌消费品。他们有飞机，有农产品，有先进的医疗药物，也有比中国高明不少的大学教育。让美国以出售知识来赚取中国人的钱，不是皆大欢喜吗？

二十世纪的两大商业发明

说起来，整个二十世纪有两项价值连城的科技发明，皆出自该世纪的五十年代。其一是半导体的发明，导致今天盛行的数码科技与产品。其二是双螺旋的基因结构的发现，导致今天的医药发展。二者皆以人多好赚钱。

在数码商业这方面，中国做得好，冠于地球没有疑问。朋友们一致说用数码付账的普及中国自成一家，而深圳的项目如快递、网上游戏，什么智能工具、无人机等皆可观——也有令我看得目瞪口呆的医疗仪器。从数码协助商业的用途看，因为多服务一个消费者的边际成本是零，中国因为人多今天占了先机是理所当然的。

困难是第二项二十世纪的重要商业——基因的研究带来的医药发展。这方面中国远为困难。这是因为数码商业的表表者要讲够聪明，但不需要读很多书，二十岁出头可以是能手。医药呢？要成为世界级的人马三十年寒窗苦读是起码的要求。这方面，中国的大学办得不够好。不少中国的学子在美国学有所成，听说不下三千个，但因为种种原因他们不愿意回归。在生物与医药这些方面我知得比较多，因为我带到美国求学的外甥与自己的儿子皆以此为生计，听说今天他俩属世界级人马。

从我自己的专业看，我确实认为中国的大学办得不够好。北京的朋友知道大学教育与研究重要，愿意花很多钱，中国的学子够聪明也没有疑问，只是大学的制度办得不好。几年前我出版了一本题为《科学与文化》的书，作了解释，也作了建议，可惜北京的朋友不重视。

没有本地人有利也有害

是一个近于天方夜谭的故事，但确是发生了。深圳的有利之处是天时地利之外，深圳本土没有深圳人——今天可能一个也没有！美国有种族歧视，那里的政府出尽九牛二虎之力也驱之不去。上海说不上有多少种族歧视，但或多或少他们歧视不是上海人。今天的深圳没有深圳人，歧视的问题不存在是一个难得的优胜处。这优势带来的不幸，是深圳不仅没有自己的文化，连中国的文化也搞得不好。人类历史上我们很少见到一个经济发达而文化尘下的地方。不仅深圳的多间博物馆一律没有看头，那里的音乐厅、剧场等，其层面皆与上海或北京相去甚远！目前看深圳的经济发展，没有歧视的利是高于文化欠奉的害，因为我们见到举世的企业家都跑到深圳来看看究竟是发生着些什么事。

解除汇管是前海的前途

最后要说的，是关于深圳的前海。这话题非常重要，因为据我的理解，前海的设立是要搞一个国际金融中心，把人民币推出国际。当然，没有这样的金融中心人民币也可以推出去，但由北京的央行看着前海不仅有助，而且会有较大的作为。

要把人民币大事推出国际不是那么容易，因为任何货币在国际上要替代美元美国一定反对。这反对是合情合理的。从我知道的经济学衡量，美国今天搞的贸易战属无聊之举，对美国人民的生活不会有助。然而，人民币推出国际，某程度一定会取代国际上的美元。你在市场卖花生，我也在同一市场卖花生，大家的利益怎会不出现冲突呢？

印制钞票的成本近于零，外人可以接受多少你就赚多少，打回头你就赚了利息。何况中国是那么大的一个国家，国际上不普遍地接受人民币不成话。但真的要把人民币大事推出国际，解除所有外汇管制是必需的。我们也要注意，美国没有什么外汇储备，原因是国际接受美元，他们不需要有外汇储备。不久前看资料，在国际上的美元储备约百分之六十二，人民币只约百分之二。那么大的分离对中国的外贸发展不利。

中国要解除所有外汇管制，让人民币推出国际这个观点，一九八八年弗里德曼就说要办。当时弗老可没有想到上文我提出的卖花生的问题：人民币被杀下马来可以是灾难。几年前，前海试行解除外汇管制——这是人民币推出国际必要做的——一下子央行的外汇储备流失得快，上头鸣金收兵。

经济逻辑是这样的。一、人民币要大事推出国际，全面解除外汇管制是需要的。二、解除汇管的初期，央行的外汇储备会流失，也一定。三、外人接受人民币，央行的外汇储备会回升。四、调整人民币的进出口与央行外汇储备的一个法门，是调校人民币对外币的汇率。五、人民币一定要稳定地保值才可以减低在国际上竞争的风险。因为上述，人民币还远没有美元的一般接受性，推出国际要先下一个锚。

说货币想到弗里德曼

已故的二十世纪的货币大师弗里德曼是我的深交，他健在时屡次建议人民币要解除所有外汇管制，

557

也同意人民币要下一个稳定的锚。但弗老又说像中国那么大的一个国家，要找到一个交易费用够低的锚近于不可能。在人民币下锚这个重要话题上我想了多年，终于想出以一篮子物品的物价指数为锚这个交易费用近于零而又是万无一失的方法。是朱镕基总理在上世纪九十年代处理好当时溃不成军的人民币给我启发的。这方法我不厌其烦地解释过多次，网上有载，这里不再说。

（按：无锚货币称 fiat money，人民币今天是，美元也是，但后者一九七二年之前不是。港元一九七一年之前有锚，一九八三年十一月之后也有锚，七一至八三没有。小经济易下锚，大经济难找锚下。这个不简单的问题当年我跟香港的前后三位财政司、撒切尔夫人的经济顾问、英国央行的首席顾问、弗里德曼等人有深入的争论与研讨。）

我不同意弗老的只有一点。我认为货币的主要用途是协助贸易或投资，不应该一石二鸟地也用作调控经济。按我提出的下锚方法把人民币推出国际，要让人民币的汇率自由浮动，也要让中国的利率自由浮动。我也认为依我说的方法，下了锚，把人民币推出国际，其成果会比大家想象的来得快，来得大。这是因为满布地球的有点钱的炎黄子孙无数，人民币的币值够稳定，给祖宗一个面子何乐不为？

深圳是个现象吗？应该是。如果前海能成功地把人民币推出国际，不管用哪个法门，一定是。